南海Ⅰ号沉船考古报告之二

——2014~2015 年发掘

（下）

国家文物局水下文化遗产保护中心
广 东 省 文 物 考 古 研 究 所
中 国 文 化 遗 产 研 究 院 编著
广 东 省 博 物 馆
广 东 海 上 丝 绸 之 路 博 物 馆

文物出版社

Archaeological Report on Nanhai Ⅰ Shipwreck Series Ⅱ: Excavation of 2014-2015 (Ⅱ)

by

National Center of Underwater Cultural Heritage

Guangdong Provincial Institute of Cultural Relics and Archaeology

Chinese Academy of Cultural Heritage

Guangdong Museum

Maritime Silk Road Museum of Guangdong

Cultural Relics Press

南海Ⅰ号

沉船考古报告之二

2014~2015年发掘

第五章

陶瓷器（续）

第五节　闽清义窑瓷器

　　义窑瓷器数量众多，型式各样，属于大宗外销瓷船货。该船装载的义窑瓷器主要是碗类。比较集中分布于船舱 C11 左右两小舱、C12 右小舱、C13 左中右三小舱，也有部分与其他船货混装于船舱 C4 中。发掘过程中，发现这些青白釉碗的堆放方式是套装成摞成组，成行成列码放，从上到下层层堆放。义窑瓷器，一般灰白胎，胎质较粗糙，青白釉，但釉色各有差异，呈青白色、青黄色、青灰色、米黄色、灰黑色等。外腹部一般素面，内壁刻划弦纹、卷草纹、花卉纹等。按器形及纹样可分弦纹碗、出筋葵口碗、篦划草叶纹葵口碗、刻划花海棠纹葵口碗、刻划花荷花纹葵口碗、刻划花牡丹纹葵口碗六类。值得注意的是出土的义窑器物有不少生烧现象。这说明船上的义窑货物质量参差不齐，这种现象与当时窑业生产时，窑主和订烧者分离，瓷器的成品无论质量好坏均由订烧方所有并运输外销的生产、销售方式有关。同时，也从侧面显示了瓷器外销市场的旺盛需求，即使质量较差甚至是半成品亦有可能被市场接纳。

311

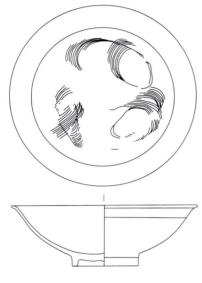

311】 C13b ① : 536 （1/3）

312

312】 C13b ① : 538 （1/3）

一 青白釉弦纹碗

圆口，斜弧腹，矮圈足。口沿内侧有一圈弦纹。青釉深浅不一，各有差异。器外施釉不到底，底足露胎。器形较小，口径一般为12.9~15.7厘米。依据腹部纹饰差异，可分为两型：

A型 腹内饰篦划草叶纹，数量较少。灰白胎偏米黄，胎质较粗糙。器表布有砂眼。敞口，器壁较厚。器外壁轮制痕迹明显，底部刮削明显。

311】 C13b ① : 536，残。灰白胎偏米黄，胎质较粗糙。青黄釉青黄不均，器外施釉不到底，底足露胎。器表有少量砂眼现象。器表可见成圈轮制痕迹，足部刮削痕迹明显。特别是口沿外轮制不平滑，留有成圈折痕。敞口，口沿外撇，斜弧腹，器内腹底自成一体，底面内凹，底心微凸。外底由

于刮削而呈凸凹不平状。矮圈足，圈足修整厚薄不一。口沿内侧有一圈弦纹，腹内壁饰三组不甚规则的交叉篦划草叶纹，纹样潦草。器外腹壁近底处隐有竖向篦划纹。口径14.6、足径5.2、通高4.6、足高0.8、足壁厚0.5、胎厚0.3~0.6厘米。

312】 C13b ① : 538，完整。灰白胎偏米黄，胎质较粗糙。青黄釉偏青，器外施釉不到底，底足露胎。器表有少量砂眼现象。器表可见成圈轮制痕迹，足部刮削痕迹明显。敞口，口沿外撇，斜弧腹，器内腹、底自成一体，内底内凹，外底由于刮削而成的尖底被挖掉而呈凸凹不平状。矮圈足，圈足修整厚薄不一。口沿内侧有一圈弦纹，弦纹处下有折痕。腹内壁篦划月牙状草叶纹，器外腹壁近底处隐有竖向篦划纹。口径15、足径4.8、通高4.4、足高0.8、足壁厚0.4、胎厚0.3~0.5厘米。

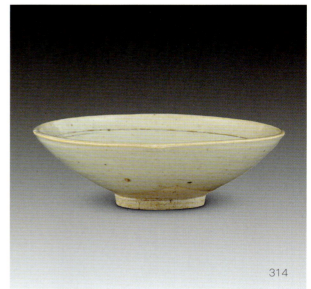

313

314

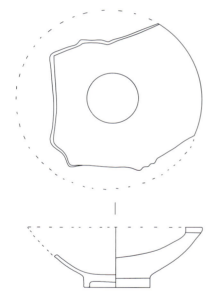

313】 C11c① : 484 (1/3)

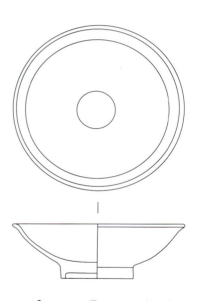

314】 C11a① : 538 (1/3)

B 型　腹内素面。按形制差异分为六个亚型：

Ba 型　敛口，斜弧腹，器壁较厚。

313】 C11c①：484，残。灰白胎偏黄，胎质较粗糙。生烧，青釉偏淡黄，施釉很薄，釉色近于胎色，器表有滴釉现象。器表隐有轮制折痕，足部刮削明显。敛口，内底刻划一圈，底面较平，外底外凸。矮圈足。器表内外均不见弦纹。口径15.2、足径5.4、高 4.9 厘米。

314】 C11a ①：538，完整。灰白胎偏白，胎质较细腻。青釉偏淡青，施釉不均匀，厚薄不一，器表有滴釉现象。器物外表轮制折痕明显，足部刮削明显。器壁较薄。敛口，尖圆唇，内底刻划一圈，底面微凹。外底由于刮削而成的尖底被挖掉呈不平状。口沿内侧弦纹出现一段复线。口径 14、足径 5.2、高 4.6 厘米。

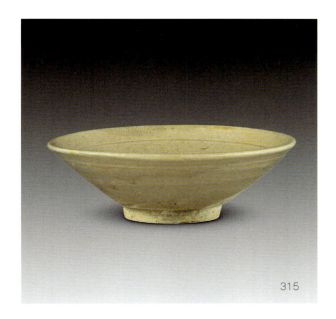

315

316

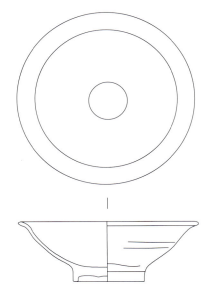

315】T0302③：323（1/3）

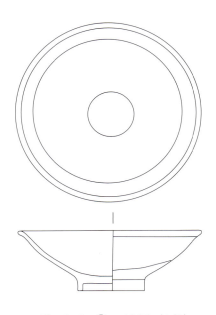

316】C13a①：1665（1/3）

Bb型　敞口，斜弧腹，器壁较厚。

315】T0302③：323，完整。灰白胎偏米黄，胎质较粗糙。青釉偏清淡，施釉不均匀，厚薄不一，有一定的层次感，近口沿处釉层较厚，有滴釉现象。器表隐有轮制折痕，足部刮削明显。敞口，圆唇，矮圈足。内底刻划一圈，高出一小台面，外底由于刮削而成的尖底被挖掉呈现出不平状。口沿内侧有一圈弦纹。口径14.4、足径5.6、高5厘米。

316】C13a①：1665，完整。灰白胎偏青灰，胎质较粗糙。青釉偏黄，施釉较为均匀。露胎器表刮削痕迹明显。敞口，圆唇，矮圈足，内底刻划一圈，底心下凹。碗内腹底部残留稻壳灰叠烧痕迹。外底由于刮削而成的尖底被挖掉呈现出台面状。口沿内侧有一圈弦纹。口径14.8、足径5.1、高4.8厘米。

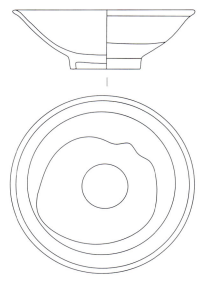

317】　C13a ①：1661（1/3）

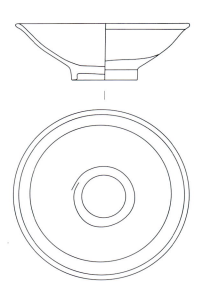

318】　C13a ①：185（1/3）

　　317】C13a ①：1661，完整。灰白胎偏灰，胎质较细腻。青釉偏青灰，器表有滴釉现象。器表轮制痕迹明显，刮削痕迹明显。敞口，口沿微外撇，尖圆唇，矮圈足。内底与腹部交接处有一圆圈折痕，底心微下凹。外底由于刮削而成的尖底被挖掉呈现出凹凸不平状。口沿内侧有一圈弦纹，弦纹若隐若现，间有戳点。底足部浸染有红色铁锈。口径14.6、足径5.4、高4.7厘米。

　　318】C13a ①：185，较为完整，仅口沿处有一道缺口裂痕。灰白胎偏白，胎质较细腻。青釉泛白，呈光亮的青白色，施釉比较均匀，器表比较光滑，仅有个别地方因胎中大块颗粒而稍显不平，有部分滴釉现象。器表轮制痕迹明显，刮削痕迹明显。敞口，圆唇，矮圈足，口沿外侧有一圈折痕。内底刻划一圈，底面有一小台面下凹。外底由于刮削而成的尖底被挖掉呈现出小台面状。口沿内侧有一圈弦纹。口径14、足径5.1、高5厘米。

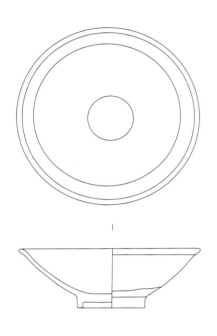

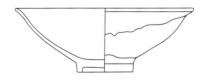

319】 C11a① : 931 (1/3)

320】 C11c① : 624 (1/3)

Bc型　敛口，深弧腹，器壁较薄。

319】C11a①：931，口沿两处裂痕。灰白胎偏白，胎质较细腻，质地较致密，器壁较薄。青白釉，釉质晶莹。器表黏附少量粉砂，不够光滑，还有少量砂眼。器表轮制痕迹明显，足部刮削痕迹明显。圆唇，内底刻划一圈，形成一小台面。外底由于刮削而呈现尖底状。圈足修整较为规整。口沿内侧弦纹粗细深浅不一。口径14.4、足径5.3、高4.9厘米。

320】C11c①：624，完整。灰白胎，底部露胎部分浸染成黄褐色，胎质较细腻，质地较密，器壁较薄。釉色呈黑色，疑为长时间海底浸泡而成，生烧，釉层很薄，脱釉严重。釉面黏附粉砂，致使器表不够光滑，还有少量砂眼现象。口沿内外发现有成圈滴釉现象，滴釉呈乳清色。尖圆唇，内底刻划一圈，形成一小台面。外底由于刮削而呈现小尖底状。口沿内侧一圈弦纹。底部隐有竖向篦划纹。口径14.3、足径4.8、高5.2厘米。

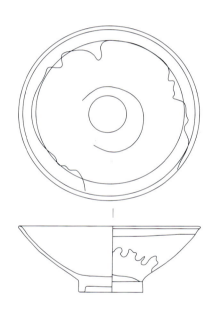

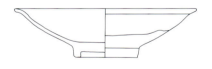

321】 C11a① : 859 (1/3)

322】 C11c① : 107 (1/3)

321】 C11a①：859，完整。米黄胎，胎质较细腻，质地较致密，器壁较薄。青釉，生烧，夹杂成片的褐色釉层。釉层较薄。器表有不少砂眼、滴釉现象。器表轮制痕迹明显，足部刮削痕迹明显。尖圆唇。内底刻划一圈，形成一小台面。碗内腹底处还残留一圈稻壳灰的叠烧痕迹。外底由于刮削而呈现尖底状。口沿内侧一圈弦纹。口径14.4、足径5.2、高5.2厘米。

Bd 型 敞口，浅腹，器壁较厚。

322】 C11c①：107，完整。灰白胎偏灰，胎质较细腻，质地较致密，胎体厚重。青白釉，釉层较厚。釉面黏附小颗粒物，致使器表不够光滑。器表有少量砂眼、滴釉现象。器表轮制痕迹明显，足部刮削痕迹明显。窄平折沿，圆唇。内底刻划一圈，底心下凹。碗内腹底处还残留一圈稻壳灰的叠烧痕迹。外底由于刮削而成的尖底被挖掉呈现出凸凹不平状。口径14.4、足径5.2、高4厘米。

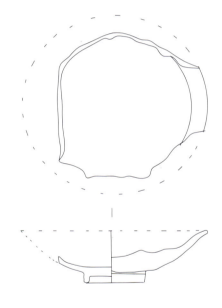
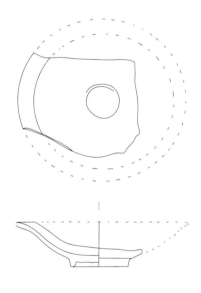

323】 T0502 ④：1141 （1/3）　　　324】 T0402 ④：387 （1/3）

323】 T0502 ④：1141，口腹部有残损。灰白胎偏黄，胎质较细腻，质地较疏松。青黄釉，生烧，釉层不厚。器表有不少滴釉现象。器表轮制痕迹明显，足部刮削痕迹明显。口沿外撇，圆唇。口沿外唇下有一圈折痕。内底刻划一圈不甚明显，底心下凹。外底由于刮削而成的尖底被挖掉呈现出凸凹不平状。口径 13.8、足径 4.8、高 4 厘米。

324】 T0402 ④：387，口腹部有残损。灰白胎偏灰，胎质较细腻，质地较致密。青釉，釉层不厚。釉面黏附小颗粒物，致使器表不够光滑。器表有不少砂眼现象。器表轮制痕迹明显，足部刮削痕迹明显。口沿外折，尖圆唇。内底刻划一圈，底面较平。外底由于刮削而成的尖底被挖掉呈现出凸凹不平状。口径 13.8、足径 5.7、高 3.8 厘米。

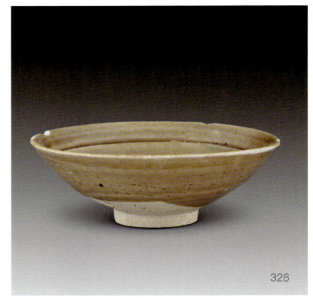

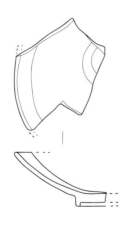

325】　T0402②：320（1/3）

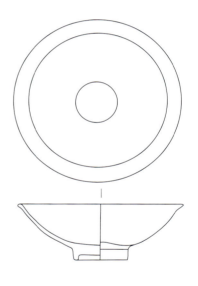

326】　C13c①：1036（1/3）

Be 型　斜直口，斜直腹。

325】T0402②：320，口、腹、底部皆残损。灰白胎偏灰，胎质较细腻，质地较致密。青釉，生烧，釉层不厚。器表有少量砂眼现象。器表轮制痕迹明显，足部刮削痕迹明显。小口，圆方唇。内底刻划一圈。底部隐有竖向篦划纹。口径 13.8、足径 5.7、高 4.4 厘米。

Bf 型　小口微外撇，器壁较厚。

326】C13c①：1036，口沿多处残损。灰白胎偏灰，胎质较细腻，质地较致密。青釉，釉层较厚，釉质莹润饱满。尖圆唇，内底高出一小台面，底心微下凹，外底由于刮削而成的尖底被挖掉呈现出凸凹不平状。器表光滑。弦纹填满青釉，呈深色。口径 12.9、足径 4.4、高 4.6 厘米。

二　青白釉出筋葵口碗

青白胎，胎质较细腻致密。青白釉，釉层较薄，施釉直至圈足外壁。葵花形口，各花口对应有 6 条出筋线。矮圈足。按照腹部差异可分两型。

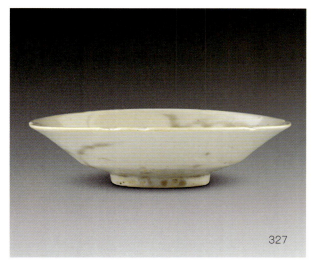

327

328

327

327】　C9a③：441

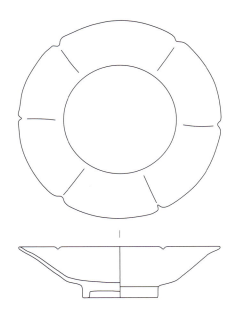

328】　C9a③：447（1/3）

A 型　浅折腹。

327】C9a③：441，口沿磕破一块。青白胎，胎质较细腻致密。青白釉偏白，釉层较薄，釉色莹润光亮，施釉直至圈足外壁。口沿内外有成圈的流釉现象，内外流釉相接，且口沿内流釉面积较大。内底釉面黏附灰渣等小颗粒物，致使器表不够光滑。器表有少量砂眼现象。器表轮制痕迹明显，足部刮削痕迹明显。葵花形口，口沿微外撇，圆唇，各花口对应隐有6条出筋线。浅折腹，内底刻划一圈，底面微下凹，底心有一凸结。外底由于刮削而成的尖底被修整成小平台状。矮圈足，圈足壁较薄，且呈侈口状。口径16、足径6、通高4、足高0.5、足壁厚0.3、胎厚0.3~0.5厘米。

328】C9a③：447，完整。青白胎，胎质较细腻致密。青白釉偏青，釉层较薄，釉色莹润饱满，施釉直至圈足外壁。口沿内外有成圈的流釉现象，流釉层不太厚，内外流釉相接，且口沿内流釉面积较大。器表轮制痕迹明显，足部刮削痕迹明显。葵花形口，口沿微外撇，尖圆唇，各花口对应有6条出筋线。浅折腹，内底刻划一圈，底面微下凹，底心有一凸结。外底由于刮削而成尖底状。矮圈足，圈足壁较薄，且呈侈口状。口径15.9、足径5.9、高4厘米。

329

330

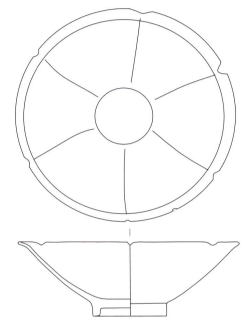

329】 T0502④：62 （1/3）

330】 C9a②：87 （1/3）

B 型　深弧腹。

329】 T0502④：62，口沿、足部磕破几处。青白胎，胎质较细腻致密。青白釉偏白，釉层较薄，施釉直至圈足外壁。口沿内外有成圈的流釉现象，内外流釉相接，口沿外流釉至圈足外壁，且流釉面积较大。部分釉层黏附含灰渣等小颗粒物，致使器表不够光滑。器表有少量砂眼现象。器表轮制痕迹明显，足部刮削痕迹明显。葵花形口，口沿外撇，尖圆唇。各花口对应有 6 条出筋线，出筋不到底。深弧腹，内底刻划一圈，底面微下凹，底心有一凸结。外底由于刮削而成尖底状。矮圈足，圈足壁较薄，且呈侈口状。口径 17.3、足径

6.1、高 6 厘米。

330】 C9a②：87，完整。灰白胎，胎质较细腻致密。青白釉偏青，釉层较薄，施釉直至圈足外壁。口沿内外有少量流釉现象。部分釉层黏附少量含灰渣等小颗粒物，致使器表不够光滑。器表有少量砂眼现象。器表轮制痕迹明显，足部刮削痕迹明显。葵花形口，口沿外撇，尖圆唇。各花口对应有 6 条出筋线，出筋不到底。深弧腹，内底刻划一圈，底面微下凹，底心有一凸结。外底由于刮削而成小尖底状。矮圈足，圈足壁较薄，一段变形外塌，且呈侈口状。口径 18.2、足径 5.9、通高 6.5、足高 0.8、足壁厚 0.3、胎厚 0.3~0.6 厘米。

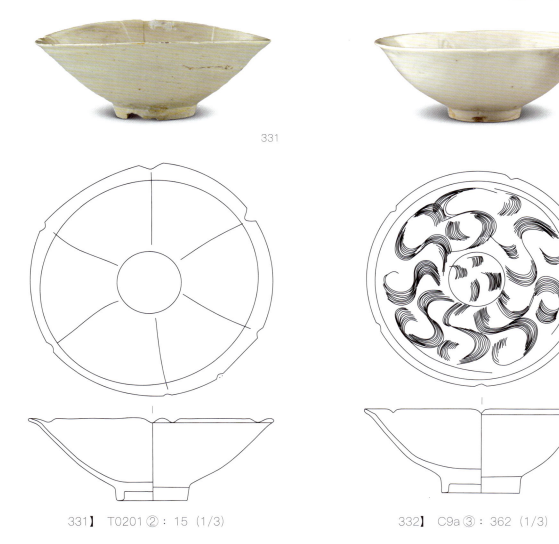

331

332

331】 T0201 ② : 15 （1/3）

332】 C9a ③ : 362 （1/3）

331】 T0201 ②：15，口沿、足部磕破几处。浅灰胎，胎质较细腻致密。青白釉偏灰，釉层较薄，施釉直至圈足外壁。口沿内外有少量流釉现象。部分釉层黏附少量含灰渣等小颗粒物，致使器表不够光滑。器表有少量砂眼现象。器表轮制痕迹明显，足部刮削痕迹明显。口沿烧制变形，呈椭圆形。葵花形口，口沿外撇，尖圆唇。各花口对应有 6 条出筋线，出筋不到底。深弧腹，内底刻划一圈，底面微下凹，底心有一凸结。外底由于刮削而成小尖底状。矮圈足，圈足壁较薄，且呈侈口状。口径 19、足径 6.4、高 6.8 厘米。

三　青白釉篦划草叶纹葵口碗

葵花形口，深弧腹，矮圈足。腹内壁饰成组的刻划草叶纹。

332】 C9a ③：362，完整。灰白胎，胎质较细腻致密。青白釉，釉层较薄，施釉直至圈足外壁，但未满施圈足外壁。口沿内外有少量流釉现象。部分釉层黏附少量含灰渣等小颗粒物，致使器表不够光滑。器表有少量砂眼现象。器表轮制痕迹明显，足部刮削痕迹明显。葵花形口，口沿微外撇，尖圆唇。深弧腹，内底刻划一圈，底面微下凹，底心有一凸结。外底由于刮削而成小尖底状。矮圈足，圈足壁较薄，且呈侈口状。腹内壁篦划八组 S 形草叶纹，内底篦划有 4 组月牙形状草叶纹。口径 18.3、足径 5.9、通高 6.9、足高 1.1、足壁厚 0.2、胎厚 0.3~0.7 厘米。

333

334

333】 C12c ① ：982 （1/3）

334】 T0101 ③：38 （1/3）

333】 C12c ① ：982，完整。灰白胎，胎质
较细腻致密。青白釉偏黄，釉层较薄，施釉直至圈
足外壁。口沿内外有少量流釉现象。部分釉层黏附
少量含灰渣等小颗粒物，致使器表不够光滑。器表
有少量砂眼现象。器表轮制痕迹明显，足部刮削痕
迹明显。葵花形口，口沿外撇，尖唇。深弧腹，内
底刻划一圈，底面微下凹，底心有一凸结。外底由
于刮削而成小尖底状。矮圈足，圈足壁较薄，且呈
侈口状。口沿内侧有一圈未闭合的弦纹，腹内壁篦
划 7 组 2 字形或 3 字形草叶纹，内底篦划 6 组月牙
形篦划草叶纹。口径 18.9、足径 6.1、通高 6.6、足
高 1、足壁厚 0.2、胎厚 0.3~0.7 厘米。

四　青白釉刻划花海棠纹葵口碗

灰白胎，胎质较细腻致密。青白釉。葵花形

口，口沿外撇，矮圈足。碗内器表满饰刻划花海
棠纹。按腹部差异，可分成两型。

A 型　浅腹。

334】 T0101 ③：38，口腹部有所残损。灰
白胎，胎质较细腻致密。青白釉偏白，釉层较薄，
施釉直至圈足外壁。口沿内外有少量流釉现象。部
分釉层黏附少量灰渣等小颗粒物，致使器表不够光
滑。器表轮制痕迹明显，足部刮削痕迹明显。葵花
形口，口沿外撇，尖唇，浅弧腹。内底刻划一圈，
底心有一凸结。外底由于刮削而成近平底状，底心
微凸。矮圈足，圈足壁较薄，且呈侈口状。碗内
器表满饰刻划花海棠纹，纹样构图清晰，腹底纹
饰一体，由底部中心旋转出六条 S 形双线分隔符，
分隔符间饰以篦划草叶纹，整体呈六瓣海棠。线
条纤细，简洁随意。口径 17.3、足径 5.4、通高 5、
足高 0.7、足壁厚 0.2、胎厚 0.3~0.7 厘米。

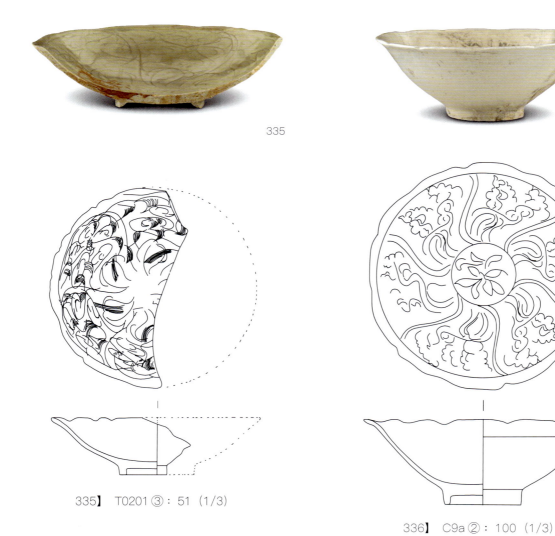

335

336

335】　T0201③：51（1/3）

336】　C9a②：100（1/3）

335】T0201③：51，口腹部有所残损。灰白胎偏灰，胎质较细腻致密。青白釉偏青，釉层较薄，施釉直至圈足外壁。口沿内外有少量流釉现象。部分釉层黏附少量灰渣等小颗粒物，致使器表不够光滑。器表轮制痕迹明显，足部刮削痕迹明显。葵花形口，口沿外撇，尖唇，浅弧腹。内底圆弧，底心有一凸结。外底由于刮削而成的尖底被铲掉而呈近平底状。矮圈足，圈足壁较薄，且呈侈口状。碗内器表满饰刻划花海棠纹，纹样构图比较清晰，腹底纹饰一体，由底部中心旋转出六条S形双线分隔符，分隔符间饰以篦划草叶纹，整体呈六瓣海棠，但线条随意潦草。口径17、通高5、足径5.9、足高0.7、足壁厚0.2、胎厚0.3~0.6厘米。

　　B型　深腹。

336】C9a②：100，口沿磕破一角。灰白胎偏米黄，胎质较细腻致密。青白釉泛灰，釉层较薄，施釉直至圈足外壁，但未满施圈足外壁。口沿内外有少量流釉现象，釉面浸染黄色铁锈。器表开细碎纹片，有少量砂眼现象。器表可见轮制痕迹，足部刮削痕迹明显。葵花形口，口沿外撇，尖圆唇，深弧腹。内底刻划一圈，底心微凸。外底由于刮削修整而成近平底状，底心微凸。矮圈足，圈足壁较薄，且呈侈口状。碗内器表满饰刻划花花卉纹，线条简练，纹样由两部分组成：底部为折枝荷花；腹部以底部中心旋转出六条S形双线分隔符等分，分隔符间饰以篦划草叶纹，整体呈六瓣莲花（海棠）。口径19、通高7.4、足径6、足高0.8、足壁厚0.2、胎厚0.3~0.6厘米。

338】　C12c①：1013（1/3）

337】　C9a③：72（1/3）

五　青白釉刻划花荷花纹葵口碗

灰白胎，胎质较细腻致密。青白釉。葵花形口，口沿外撇，矮圈足。碗内器表满饰刻划花荷花纹。按腹部差异可分成两型。

A 型　浅弧腹。根据荷花纹差异可分两亚型。

Aa 型　荷花纹为两枝叶一朵折枝荷花。

338】　C12c①：1013，完整。灰白胎偏白，胎质较细腻致密。青白釉偏青，釉层较薄，施釉直至圈足外壁，但未满施圈足外壁。口沿内外有不少流釉现象，致使局部釉色不均。器表釉层黏附少量灰渣等小颗粒物，致使表面不够光滑。器表轮制痕迹明显，足部刮削痕迹明显。葵花形口，口沿外撇，尖圆唇，浅弧腹。内底刻划一圈，底心微凸。外底由于刮削修整而成近平底状，底心微凸。矮圈足，圈足壁较薄，且呈侈口状。碗内器表满饰刻划和篦划两枝叶一朵折枝荷花，花朵全开，线条简洁流畅形象。口沿内侧隐有一圈断断续续的弦纹。口径 16.9、通高 5、足径 5.8、足高 0.8、足壁厚 0.2、胎厚 0.3~0.6 厘米。

337】　C9a③：72，口沿磕破一处。灰白胎偏米黄，胎质较细腻致密。青黄釉，釉层较薄，施釉直至圈足外壁，但未满施圈足外壁。口沿内外有少量流釉现象。器底釉层黏附少量灰渣等小颗粒物，致使表面不够光滑。器表开细碎纹片，有少量砂眼现象。器表可见轮制痕迹，足部刮削痕迹明显。葵花形口，口沿外撇，圆唇，深弧腹。内底刻划一圈，底心微凸。外底由于刮削修整而成近平底状，底心微凸。矮圈足，圈足壁较薄，且呈侈口状。碗内器表满饰刻划花花卉纹，线条简练，纹样由两部分组成：底部为折枝荷花，花纹形象逼真；腹部以底部中心旋转出六条 S 形双线分隔符等分，分隔符间饰以篦划草叶纹，整体呈六瓣海棠。口径 18.8、通高 7、足径 6.1、足高 0.8、足壁厚 0.2、胎厚 0.3~0.5 厘米。

339　　　　　　　　　　　　　　340

339】　T0301 ③：47（1/3）

340】　C12c ①：644（1/3）

Ab 型　荷花纹为三枝叶一朵折枝荷花。

339】T0301 ③：47，完整。灰白胎偏灰，胎质较细腻致密。青白釉偏青，釉层较薄，施釉直至圈足外壁，但未满施圈足外壁。口沿内外有不少流釉现象，致使局部釉色不均。器表釉层黏附少量灰渣等小颗粒物，致使表面不够光滑。器表轮制痕迹明显，足部刮削痕迹明显。葵花形口，口沿外撇，尖圆唇，浅弧腹。内底刻划一圈，底心微凸。外底由于刮削修整而成近平底状，底心微凸。矮圈足，圈足壁较薄，且呈侈口状。碗内器表满饰刻划和篦划两枝叶一朵折枝荷花，花朵半开，线条简洁流畅形象。口沿内侧隐有一圈断断续续的弦纹。口径 16.5、通高 5、足径 5.6、足高 0.6、足壁厚 0.3、胎厚 0.3~0.5 厘米。

340】C12c ①：644，完整。浅灰胎，胎质较细腻致密。青白釉偏青，釉层较薄，施釉直至圈足外壁，但未满施圈足外壁。口沿内外有不少流釉现象，致使局部釉色不均。器表有少量砂眼现象，釉层黏附少量灰渣等小颗粒物，致使表面不够光滑。器表轮制痕迹明显，足部刮削痕迹明显。葵花形口，口沿外撇，尖圆唇，浅弧腹。内底刻划一圈，底心微凸。外底由于刮削修整而成尖底状。矮圈足，圈足壁较薄，且呈侈口状。碗内器表满饰刻划和篦划的三枝叶一朵折枝荷花，花朵半开，线条粗浅，形象虚浮。口沿内侧隐有一圈断断续续的弦纹。口径 17.8、通高 4.8、足径 6、足高 0.8、足壁厚 0.2、胎厚 0.3~0.5 厘米。

341】 C9a ② ：124 （1/3）　　　　342】 C9a ② ：279 （1/3）

B 型　深腹。根据荷花纹差异可分成两亚型。

Ba 型　荷花纹为三枝叶一朵折枝荷花，花瓣全开。

341】C9a ② ：124，完整。灰白胎，胎质较细腻致密。青白釉，釉层较薄，施釉直至圈足外壁，但未满施圈足外壁。口沿内外有轻微流釉现象，致使局部釉色深浅不一。器表有少量砂眼现象，釉层黏附少量灰渣等小颗粒物，致使表面不够光滑。器表轮制痕迹明显，足部刮削痕迹明显。葵花形口，口沿外撇，尖圆唇，深弧腹。内底刻划一圈，底心微凸。外底由于刮削修整而成尖底状。矮圈足，圈足壁较薄，且呈侈口状。碗内器表满饰刻划和篦划三枝叶一朵折枝荷花，花朵六瓣全开，线条粗浅，简洁流畅。口径 18.4、通高 6.8、

足径 6、足高 1、足壁厚 0.4、胎厚 0.3~0.6 厘米。

342】C9a ② ：279，口腹部有所残损。灰白胎，胎质较细腻致密。青白釉，釉层较薄，施釉直至圈足外壁，但未满施圈足外壁。口沿内外有轻微流釉现象，致使局部釉色深浅不一。器表釉层黏附少量灰渣釉渣等小颗粒物，致使表面不够光滑。器表轮制痕迹明显，足部刮削痕迹明显。葵花形口，口沿外撇，尖圆唇，深弧腹。内底刻划一圈，底心微凸。外底由于刮削修整而成尖底状。矮圈足，圈足壁较薄，且呈侈口状。碗内器表满饰刻划和篦点三枝叶一朵折枝荷花，花朵六瓣簇拥全开，线条细且篦点而成，简单明了。口径 18.8、通高 7.5、足径 6.5、足高 0.9、足壁厚 0.2、胎厚 0.3~0.5 厘米。

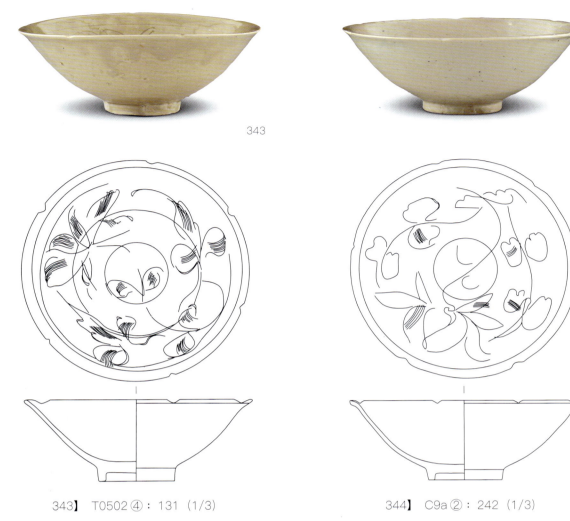

343】 T0502 ④：131 （1/3）

344】 C9a ② ：242 （1/3）

343】 T0502 ④：131，完整。灰白胎，胎质较细腻致密。青白釉偏青，釉层较薄，施釉直至圈足外壁，但未满施圈足外壁。口沿内外有轻微流釉现象，致使局部釉色深浅不一。器表釉层黏附少量灰渣等小颗粒物，致使表面不够光滑。器表轮制痕迹明显，足部刮削痕迹明显。葵花形口，口沿外撇，尖圆唇，深弧腹。内底刻划一圈，底心微凸。外底由于刮削修整而成近平底状，底心微凸。矮圈足，圈足壁较薄，且呈侈口状。碗内器表满饰刻划和篦划三枝叶一朵折枝荷花，花朵六瓣全开，线条刻划有力，简单流畅。口沿内侧有两圈断断续续的弦纹，内腹壁中部也有一圈弦纹。口径18、通高7、足径5.8、足高0.9、足壁厚0.3、胎厚0.3~0.6厘米。

Bb 型 荷花纹为三枝叶一朵折枝荷花，花

瓣半开。

344】 C9a ② ：242，完整。灰白胎，胎质较细腻致密。青白釉，釉层较薄，施釉直至圈足外壁，但未满施圈足外壁。口沿内外有轻微流釉现象，致使局部釉色深浅不一。器表有少量砂眼现象，特别是内底釉层黏附少量灰渣等小颗粒物，致使表面不够光滑。器表轮制痕迹明显，足部刮削痕迹明显。葵花形口，口沿外撇，尖圆唇，深弧腹。内底刻划一圈，底心微凸。外底由于刮削修整而成凸凹不平状。矮圈足，圈足壁较薄，且呈侈口状。碗内器表满饰刻划和篦划三枝叶一朵折枝荷花，花朵七瓣半开，含苞花心，线条浅显，但不失简单流畅。口沿内侧有一圈断断续续的弦纹。口径18.5、通高6.7、足径5.9、足高0.8、足壁厚0.3、胎厚0.3~0.6厘米。

345　C9a ② : 325 （1/3）

346　C9a ② : 273 （1/3）

345】C9a ②：325，完整。灰白胎，胎质较细腻致密。青白釉偏灰，釉层较薄，施釉直至圈足外壁，但未满施圈足外壁。口沿外有轻微流釉现象，致使局部釉色深浅不一。器表有少量砂眼现象。器表轮制痕迹明显，足部刮削痕迹明显。葵花形口，口沿外撇，尖圆唇，深弧腹。内底刻划一圈，底心微凸。外底由于刮削修整而成尖底状。矮圈足，圈足壁较薄，且呈侈口状。碗内器表满饰刻划和篦划三枝叶一朵折枝荷花，花朵七瓣半开，线条纤细浅显，简单流畅。口沿内侧有一圈断断续续的弦纹。口径18.4、通高6.7、足径5.8、足高0.8、足壁厚0.2、胎厚0.4~0.6厘米。

346】C9a ②：273，完整。灰白胎偏米黄，胎质较细腻致密。青黄釉，釉层较薄，施釉直至圈足外壁，但未满施圈足外壁。口沿内有轻微流釉现象，致使局部釉色深浅不一。器表有少量砂眼、开细碎纹片现象，局部釉层黏附少量灰渣等小颗粒物，致使表面不够光滑。器表轮制痕迹明显，足部刮削痕迹明显。葵花形口，口沿外撇，尖圆唇，深弧腹。内底刻划一圈，底心微凸。外底由于刮削修整而成近平底状，底心微凸。矮圈足，圈足壁较薄，且呈侈口状。碗内器表满饰刻划和篦划三枝叶一朵折枝荷花，花朵八瓣半开，线条纤细分明，仍有含苞，简单流畅。口沿内侧有一圈断断续续的弦纹。口径19.5、通高7.2、足径6、足高0.9、足壁厚0.3、胎厚0.3~0.5厘米。

347 348

347】C12c①：1412 (1/3) 348】C9a②：208 (1/3)

347】C12c①：1412，完整。灰白胎偏浅灰，胎质较细腻致密。青白釉，釉层较薄，施釉直至圈足外壁，但未满施圈足外壁。器表尤其内底釉层黏附大量灰渣等小颗粒物，致使器表粗糙不够光滑。器表轮制痕迹明显，足部刮削痕迹明显。葵花形口，口沿外撇，尖圆唇，深弧腹。内底刻划一圈，底心微凸。外底由于刮削修整而成近平底状，底心微凸。矮圈足，圈足壁较薄，且呈侈口状。碗内器表满饰刻划和篦划三枝叶一朵折枝荷花，花朵六瓣半开，仍有含苞，线条随意浅淡，勉强成花。口沿内侧隐有一圈弦纹。口径 18.6、通高 6.5、足径 6、足高 0.8、足壁厚 0.2、胎厚 0.3~0.5 厘米。

六　青白釉刻划花牡丹纹葵口碗

灰白胎，胎质较细腻致密。青白釉。葵花形口、口沿外撇，深弧腹，矮圈足。碗内器表满饰刻划三枝叶一朵折枝牡丹花，花瓣半开，花苞外卷。按腹部深浅可分成两型。

A 型　浅腹。

348】C9a②：208，口沿磕破一角。灰白胎，胎质较细腻致密。青白釉偏浅灰，釉层较薄，施釉直至圈足外壁，但未满施圈足外壁。口沿内外有不少流釉现象，致使局部釉层厚薄不一。器表有少量砂眼现象，釉层黏附少量灰渣等小颗粒物，致使表面不够光滑。器表轮制痕迹明显，足部刮削痕迹明显。葵花形口，口沿外撇，尖圆唇，浅弧腹。内底刻划一圈，底心微凸。外底由于刮削而成凸凹不平状。矮圈足，圈足壁较薄，且呈侈口状。碗内器表满饰刻划和篦划三枝叶一朵折枝荷花，花朵半开，线条粗浅繁复。口径 17、通高 5.3、足径 6.1、足高 0.8、足壁厚 0.3、胎厚 0.3~0.5 厘米。

349

350

349】 C12c ① ： 929 （1/3）

350】 C9a ② ： 297 （1/3）

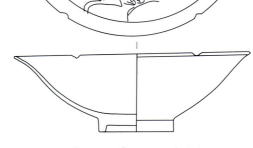

B 型　深腹。刻划潦草，线条随意者，如：

349】 C12c ① ： 929，完整。灰白胎偏浅灰，胎质较细腻致密。青白釉偏青，釉层较薄，施釉直至圈足外壁，但未满施圈足外壁。口沿上有一段脱釉粘物现象，疑为匣钵装烧时意外所致。器表有少量砂眼现象。器表轮制痕迹明显，足部刮削痕迹明显。葵花形口，口沿外撇，尖圆唇，深弧腹。内底刻划一圈，底心微凸。外底由于刮削修整而成近平底状，底心微凸。矮圈足，圈足壁较薄，且呈侈口状。碗内器表满饰刻划和篦划三枝叶一朵折枝牡丹花，花瓣半开，花苞外卷，线条纤细，浅淡随意，勉强成花。口沿内侧有一圈弦纹。口径 19.2、通高 7.4、足径 6.3、足高 0.9、足壁厚 0.2、胎厚 0.4~0.6 厘米。

刻划讲究，线条清晰，生动形象者，如：

350】 C9a ② ： 297，完整。灰白胎，胎质较细腻致密。青白釉，釉层较薄，施釉直至圈足外壁，但未满施圈足外壁。口沿内外有轻微的流釉现象，致使釉色深浅不一。器表有少量砂眼现象，内底釉层黏附少量灰渣等小颗粒物，致使器表粗糙不够光滑。器表成圈轮制痕迹明显，足部刮削痕迹明显。葵花形口，口沿外撇，尖圆唇，深弧腹。内底刻划一圈，底心微凸。外底由于刮削修整而成近平底状，底心微凸。矮圈足，圈足壁较薄，且呈侈口状。碗内器表满饰刻划和篦划三枝叶一朵折枝牡丹花，花瓣半开，花苞外卷，牙胚状蕊芯，线条纤细，繁盛随意。口沿内侧隐有一圈未闭合的复线弦纹。口径 19.1、通高 6.5、足径 6、足高 0.9、足壁厚 0.3、胎厚 0.4~0.6 厘米。

351】 C9a ② ：316 (1/3)

352】 C9a ② ：312 (1/3)

351】 C9a ②：316，完整。灰白胎，胎质较细腻致密。青白釉偏青，釉层较薄，施釉直至圈足外壁，但未满施圈足外壁。口沿内外有轻微的流釉现象，致使釉色深浅不一。器表釉层黏附少量灰渣等小颗粒物，致使器表粗糙不够光滑。器表轮制痕迹明显，足部刮削痕迹明显。葵花形口，口沿外撇，尖圆唇，深弧腹。内底刻划一圈，底心微凸。外底由于刮削修整而成近平底状，底心微凸。矮圈足，圈足壁较薄，且呈侈口状。碗内器表满饰刻划和篦划三枝叶一朵折枝牡丹花，花瓣半开，花苞外卷，柱云状蕊芯，线条纤细，繁盛随意。口径 18.5、通高 6.8、足径 5.7、足高 0.6、足壁厚 0.2、胎厚 0.3~0.5 厘米。

352】 C9a ②：312，完整。灰白胎，胎质较细腻致密，胎体厚重。青白釉偏青，釉层较薄，施釉直至圈足外壁，但未满施圈足外壁。口沿内外有流釉现象，致使釉色深浅不一，釉层厚薄不均。器表有少量砂眼现象，内底釉层黏附少量灰渣等小颗粒物，致使器表粗糙不够光滑。器表成圈轮制痕迹明显，足部刮削痕迹明显。葵花形口，口沿外撇，尖圆唇，深弧腹。内底刻划一圈，底心微凸。外底由于刮削修整而成近平底状，底心微凸。矮圈足，圈足壁较薄，且呈侈口状。碗内器表满饰刻划和篦划三枝叶一朵折枝牡丹花，花瓣半开，花苞外卷，云草状蕊芯，线条纤细浅淡，繁盛随意。口沿内侧有一圈弦纹。口径 18.8、通高 6.9、足径 6.1、足高 0.9、足壁厚 0.2、胎厚 0.3~0.6 厘米。

353

354

353】 C9a ② : 280 （1/3）

354】 C9 ① : 121 （1/3）

　　353】C9a ② : 280，完整。灰白胎，胎质较细腻致密。青白釉，釉层较薄，施釉直至圈足外壁，但未满施圈足外壁。口沿内外有轻微的流釉现象，致使釉色深浅不一。器表有少量砂眼现象。器表轮制痕迹明显，足部刮削痕迹明显。葵花形口，口沿外撇，尖圆唇，深弧腹。内底刻划一圈，底心微凸。外底由于刮削修整而成近平底状，底心微凸。矮圈足，圈足壁较薄，且呈侈口状。碗内器表满饰刻划和篦划三枝叶一朵折枝牡丹花，花瓣半开，含苞花心，花苞外卷，近圆形蕊芯，线条纤细，圆转较多，纹路清晰流畅，繁盛随意。口沿内侧有一圈弦纹。口径 18.3、通高 6.8、足径 6、足高 1、足壁厚 0.2、胎厚 0.4~0.6 厘米。

　　354】C9 ① : 121，完整。灰白胎，胎质较细腻致密。青白釉偏青，釉层较薄，施釉直至圈足外壁，但未满施圈足外壁。口沿内外有轻微的流釉现象，致使釉色深浅不一。器表釉层黏附不少灰渣等小颗粒物，致使器表粗糙不够光滑。器表轮制痕迹明显，足部刮削痕迹明显。葵花形口，口沿外撇，尖圆唇，深弧腹。内底刻划一圈，底心微凸。外底由于刮削修整而成近平底状，底心微凸。矮圈足，圈足壁较薄，且呈侈口状。碗内器表满饰刻划和篦划三枝叶一朵折枝牡丹花，花瓣半开，花苞外卷，近圆形蕊芯，线条圆转较多，粗浅随意。口沿内侧隐有一圈弦纹。口径 18.9、通高 7、足径 6、足高 1、足壁厚 0.3、胎厚 0.3~0.6 厘米。

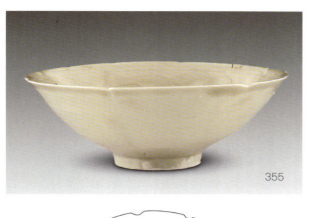

355

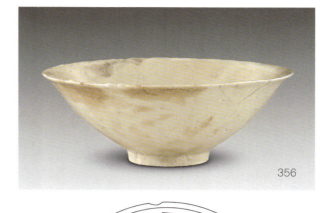

356

355】 C12c① : 998 (1/3)

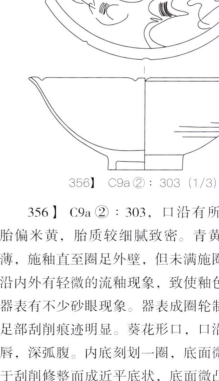

356】 C9a② : 303 (1/3)

355】C12c①：998，口沿有所磕破。灰白胎，胎质较细腻致密，胎体厚重。青白釉偏青，釉层较薄，施釉直至圈足外壁，但未满施圈足外壁。口沿内外有轻微的流釉现象，致使釉色深浅不一。器表尤其内底釉层黏附大量灰渣等小颗粒物，致使器表粗糙不够光滑。器表轮制痕迹可见，足部刮削痕迹明显。葵花形口，口沿外撇，尖圆唇，深弧腹。内底刻划一圈，底心微凸。外底由于刮削修整而成尖底状。矮圈足，圈足壁较薄，与底有裂痕，且呈侈口状。碗内器表满饰刻划和篦划三枝叶一朵折枝牡丹花，花瓣半开，花苞外卷，近圆形蕊芯，线条纤细，繁盛随意。口沿内侧隐有一圈未闭合的弦纹。口径18.8、通高6.8、足径6、足高0.9、足壁厚0.2、胎厚0.4~0.6厘米。

356】C9a②：303，口沿有所磕破。灰白胎偏米黄，胎质较细腻致密。青黄釉，釉层较薄，施釉直至圈足外壁，但未满施圈足外壁。口沿内外有轻微的流釉现象，致使釉色深浅不一。器表有不少砂眼现象。器表成圈轮制痕迹可见，足部刮削痕迹明显。葵花形口，口沿外撇，尖圆唇，深弧腹。内底刻划一圈，底面微凸。外底由于刮削修整而成近平底状，底面微凸。矮圈足，圈足壁较薄，且呈侈口状。碗内器表满饰刻划和篦划三枝叶一朵折枝牡丹花，花瓣半开，花苞外卷，卷草状蕊芯，线条纤细，但有些生硬。口径18.8、通高7.2、足径6、足高0.9、足壁厚0.3、胎厚0.4~0.6厘米。

第六节　其他窑口瓷器

一　福建地区窑址青瓷

　　该类型青瓷碗在船货中所占的比重较少，在船舱分布也集中在船艉的 14 号舱和右侧翼舱。出土时多以十个为一摞摆放，且发现有类似稻草的包装残留物。绝大部分是撇口，仅有几件为敛口，斜弧腹，内平底或凸或凹，外壁口沿下有修刮出一圈宽且浅的凹槽，由于内外底径都较小、圈足细高，使得整个碗形状近似"斗笠"。内壁纹饰多为风格简单随意甚至凌乱的刻划花四瓣荷花和荷叶，荷花荷叶之间多刻划有单个叶片，也有少量的篦划卷草纹，外壁多划有六至十组竖条纹。修坯欠精细，器表欠平滑，外壁多留有旋坯痕和跳刀痕。圈足外撇，挖足较深，足心旋刈后呈乳状，修足较差。釉层较薄，多为青黄和青灰釉，施釉外壁不及底，足部露胎。胎质较粗糙，烧制温度不高，多为灰色胎。

　　福建地区烧制这类青瓷的窑口有很多，在闽北山区和闽南沿海地区都有大量发现，两宋之际至南宋中期正是福建青瓷发展的繁盛时期，产品通过海上丝绸之路大量外销，然而"南海 I 号"目前出土的这类青瓷不多，这是一个值得我们思考的问题。

357

358

357】 C14a① : 790 (1/3)

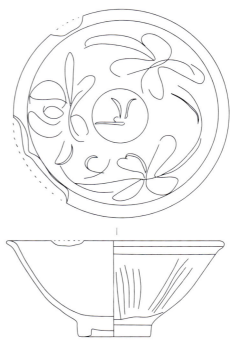

358】 C14a① : 222 (1/3)

（一）A 型 撇口

Aa 型　弧腹上部较直。以下按纹饰组合列出。

1. 一花一叶纹。

357】C14a①：790，完整，青釉泛灰，灰色胎。口径 17.4、足径 5.8、高 8 厘米。

2. 一花两叶纹。

内壁刻划有一朵四瓣荷花和两片荷叶。

358】C14a①：222，残，碗底饰有一片荷叶。米黄釉，灰黄胎。口径 17、足径 5.9、高 7.7 厘米。

359

360

359】 C14a①：1028 (1/3)

360】 C14a①：338 (1/3)

359】C14a①：1028，青中泛黄釉，深灰色胎。口径 17.3、足径 5.5、高 7.2 厘米。

360】 C14a①：338，完整。碗底饰有一朵荷花。纯青色釉，灰色胎。口径 17.3、足径 5.3、高 7.2 厘米。

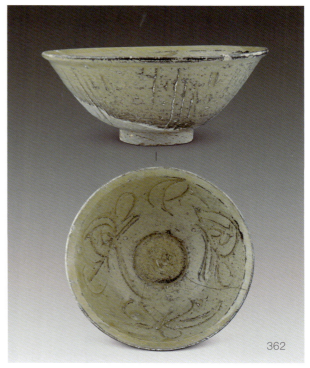

361】 C14a① : 255 (1/3)

362】 C14a① : 1011 (1/3)

3. 一花三叶纹。

361】C14a①：255，完整，青釉泛黄，灰色胎。
口径 17.2、足径 5.5、高 7.5 厘米。

4. 两花一叶纹。

362】C14a①：1011，完整。青釉泛黄，
灰色胎。口径 16.8、足径 5.6、高 7.3 厘米。

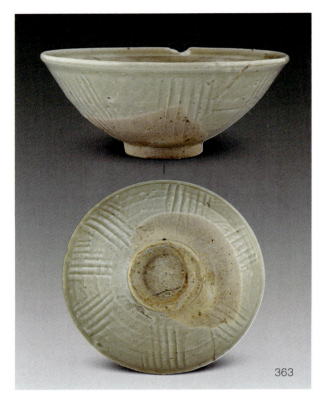

363

364

363】　C14a①：821（1/3）

364】　C14a①：1246（1/3）

363】C14a①：821，青灰釉，灰色胎。口径16.7、足径5.5、高7.4厘米。

5. 两花两叶纹。

内壁刻划有两朵四瓣荷花和两组荷叶纹。

364】C14a①：1246，完整。青黄釉，灰色胎。口径17.4、足径5.5、高7.5厘米。

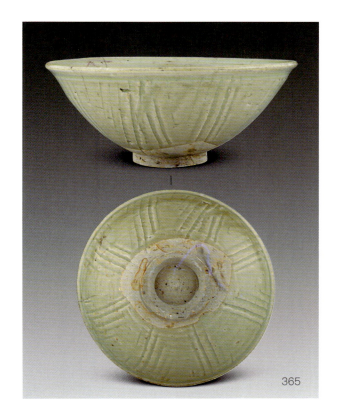

365】　T0402 ② ：286（1/3）

366】　C14a ① ：237（1/3）

365】T0402 ②：286，完整。青釉泛绿，灰色胎。口径 17.7、足径 5.5、高 7.6 厘米。

366】C14a ①：237，完整。荷花带茎。青中泛黄釉，灰色胎。口径 17.2、足径 5.5、高 7.2 厘米。

367】 C14a ① ：336 (1/3)

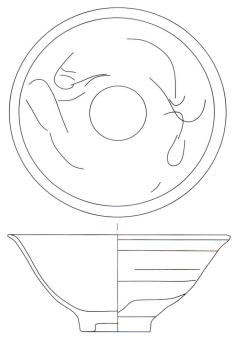

368】 C15b ① ：288 (1/3)

6. 双荷花纹。

367】 C14a ① ：336，完整。内壁刻划有两朵写意的荷花，样式为"括号"中间一个"中"。米黄釉，灰黄胎。口径 17.9、足径 5.7、高 7.9 厘米。

7. 两叶纹。

内壁刻划有两组荷叶纹。

368】 C15b ① ：288，完整。碗底饰有两片荷叶。黄褐釉带黑，灰黄胎。口径 17.4、足径 5.5、高 7.7 厘米。

369】 C14a① : 342 (1/3)

370】 C14a① : 337 (1/3)

369】C14a①：342，完整。青釉泛黄，灰色胎。口径 17.2、足径 5.7、高 7.7 厘米。

8. 三叶纹。

内壁刻划有三组荷叶纹。

370】C14a①：337，完整。碗底饰有一片荷叶。青釉，深灰胎。口径 17.3、足径 5.5、高 7.2 厘米。

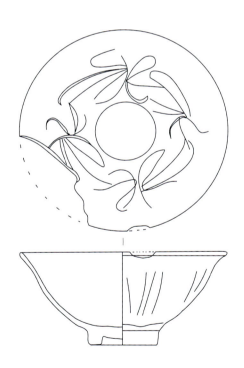

371】 C15b① : 10 (1/3)

372】 C14a① : 833 (1/3)

9. 四叶纹。

内壁刻划有四组荷叶纹。

371】C15b①：10，残，青釉泛灰，灰色胎。口径 16.8、足径 5.5、高 7.6 厘米。

10. 团叶纹。

372】C14a① : 833，完整，内壁刻划有一圈凌乱的相互叠压的荷叶纹。米黄釉，灰黄胎。口径 18.3、足径 5.9、高 7.6 厘米。

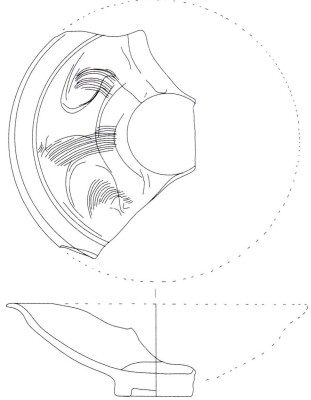

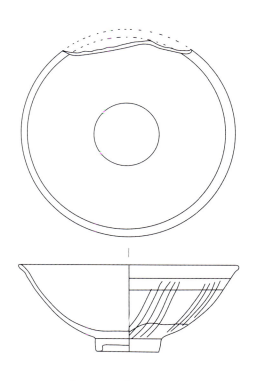

373】 C10c ① : 329 (1/3)

374】 C15b ① : 105 (1/3)

11. 篦划纹。

373】 C10c ① : 329，残，内壁口沿下有两道弦纹，内壁刻划有篦划纹。米黄釉，灰黄胎。口径残 22.9、足径 6、高 7.4 厘米。

12. 内壁素面。

374】 C15b ① : 105，残，碗内外多处积釉形成釉滴。青黄釉，灰色胎。口径 17.3、足径 5.3、高 6.9 厘米。

375

376

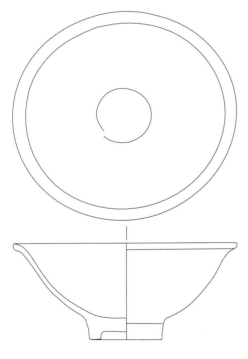

375】 C14a ① ：985（1/3）

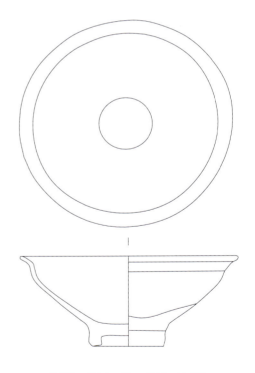

376】 C14a ① ：218（1/3）

13. 内外素面。

375】C14a①：985，完整，口沿近平。青黄釉，灰黄胎。口径18、足径5.7、高7.8厘米。

376】 C14a ① ：218，微残，圈足挖足深，深于圈足高。青灰釉，灰色胎。口径17.2、足径5.8、高7.4厘米。

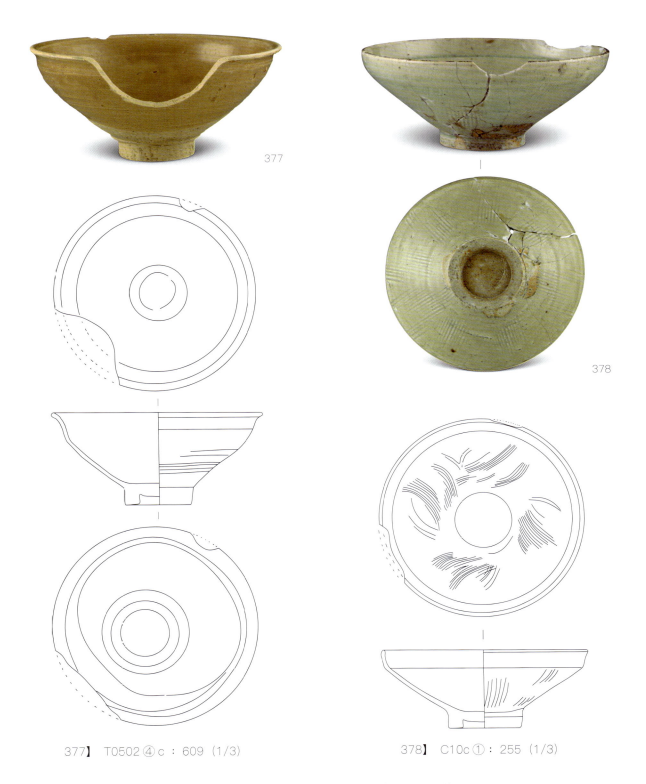

377】　T0502④c：609（1/3）

378】　C10c①：255（1/3）

Ab 型　束颈，弧腹上部微鼓。

377】T0502④c：609，残，素面。黄褐色釉，黄褐色胎，胎质较细腻疏松。口径 16.8、足径 5.2、高 7.6 厘米。

（二）B 型　敛口

378】　C10c①：255，残，内壁刻划四组篦划草叶纹。青釉偏绿，温润莹亮，灰白胎。斜腹上部微鼓，圈足较矮。口径 16.7、足径 5.9、高 6.5 厘米。

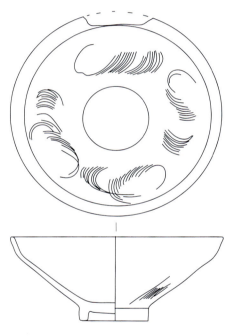

379】　T0402②：179（1/3）

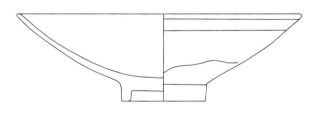

380】　C14a①：732（1/3）

379】　T0402②：179，残，内壁刻划四组篦划草叶纹。青釉，灰白胎，斜腹上部微鼓。口径16.5、足径5.5、高6.9厘米。

二　福建南安罗东窑瓷器

该类青白瓷器数量不多，仅见碗类。主要集中分布于船舱C12b小舱、C14a、c两小舱，部分散落于船体表面。

碗，圆敞口，斜弧腹，矮圈足。口沿内侧饰有一圈弦纹。青白釉深浅不一，各有差异。内施满釉，外施釉不到底。器物外表轮制折痕明显，足部刮削明显。器形较大，口径一般为21.5~23.8厘米。依据腹内有无纹饰可分为两型。

A型　腹内素面。

380】　C14a①：732，口沿一处小缺口。灰白胎偏灰，胎质较细腻，质地较致密。青釉偏乳青色，釉层不厚。口沿内外有成圈的流釉现象。内底釉面黏附灰渣等小颗粒物，致使器表不够光滑。器表有少量砂眼现象。器表轮制痕迹明显，足部刮削痕迹明显。圆敞口，圆唇，深弧腹。口沿外侧有一圈折痕。内底刻划一圈，底面下凹。外底由于刮削而呈小尖底状。口沿内侧一圈弦纹，弦纹深浅不一，线条较粗。口径22.8、足径6.7、高7.1厘米。

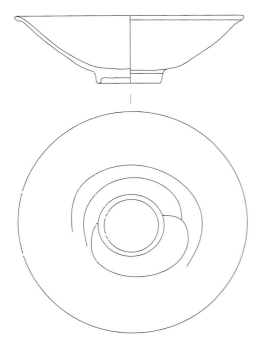

381】　C14a ① ：682（1/4）

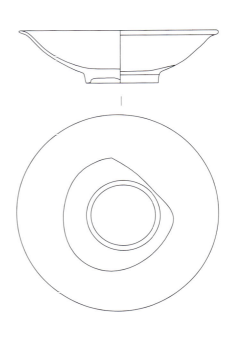

382】　T0302 ③ ：525（1/4）

381】 C14a ① ：682，完整。灰白胎偏米黄，胎质较细腻，质地较致密。红褐釉，釉层不厚。口沿处内外有成圈的流釉现象，内外流釉相接，且口沿内流釉面积较大。器外表有不少砂眼现象。器表轮制痕迹明显．足部刮削痕迹明显。圆敞口外撇，圆唇，深弧腹。口沿外侧有部分折痕。内底刻划一圈，底心有一凸结。外底由于刮削而成的尖底被铲掉呈现出凸凹不平状。口沿内侧一圈弦纹，线条细且浅，若隐若现。口径 23.2、足径 7.1、高 7.1 厘米。

382】 T0302 ③ ：525，口部口沿磕破一处，口腹部还可见几道裂痕。深灰胎，胎质较细腻，质地较致密。整体厚重。青白釉，釉层不厚。内底釉面黏附少量灰渣等小颗粒物，致使器表不够光滑。器表有少量砂眼现象。器表轮制痕迹明显，足部刮削痕迹明显。圆敞口外撇，圆唇，深弧腹，圈足外侈。口沿外侧有部分折痕。内底刻划一圈，底面较平。外底由于刮削而成尖底状，周围还残留刮削折痕。口沿内侧一圈弦纹，线条细且浅，若有若无。口径 21.5、足径 7.6、高 5.7 厘米。

383

384

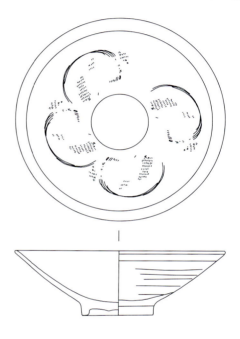

383】 C14a①：450 (1/4)

384】 C14a①：699 (1/4)

B 型 腹内饰篦划篦点纹。

383】C14a①：450，完整。灰白胎，胎质较细腻，质地较致密。青白釉，夹杂暗斑，部分地方呈黄褐色，釉层不厚。器表釉面黏附少量灰渣等小颗粒物，致使器表不够光滑。器表还有少量砂眼现象。器表轮制痕迹明显，足部刮削痕迹明显。圆敞口外撇，圆唇，深弧腹，矮圈足。口沿外侧隐有部分折痕。内底刻划两圈，底面微凹。外底由于刮削而成的尖底被铲掉呈现出凸凹不平状。口沿内侧一圈弦纹，线条宽且浅，若有若无。内腹壁饰三组由"3""6"形组成的复合篦划纹和一组简易篦划纹。口径 22.3、足径 6.8、高 7.3 厘米。

384】C14a①：699，完整，但外腹壁有裂痕。灰白胎，胎质较细腻，质地较致密。青釉，夹杂暗斑，部分地方被铁锈浸染呈黄褐色，釉层不厚。口沿处内外有成圈的流釉现象，内外流釉相接，且口沿流釉面积较大。器底釉面黏附少量灰渣等小颗粒物，致使器表不够光滑。器表还有少量砂眼现象。器表轮制痕迹明显，足部刮削痕迹明显。圆敞口外撇，圆唇，深弧腹，矮圈足。口沿外侧有明显的折痕。内底刻划两圈，底心下凹。外底由于刮削而成的尖底被铲掉呈现出小台面状。口沿内侧一圈弦纹，线条清晰。内腹壁饰四组半环卷云状篦划纹。口径 21.9、足径 7.5、高 7.2 厘米。

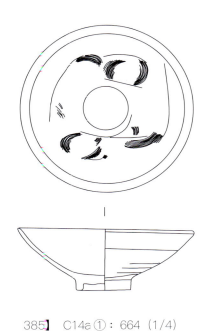

385】 C14a ① : 664 (1/4)

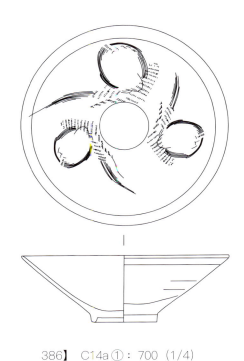

386】 C14a ① : 700 (1/4)

385】 C14a ①：664，完整。灰白胎，胎质较细腻，质地较致密。青釉偏黄，釉层不厚。口沿处内外有成圈的流釉现象，内外流釉相接，且口沿内流釉面积较大。器表还有少量砂眼现象。器表轮制痕迹明显，足部刮削痕迹明显。圆敞口外撇，圆唇，深弧腹，矮圈足。口沿外侧有明显的折痕。内底刻划两圈，底心下凹。外底由于刮削而成的尖底被铲掉呈现出凹凸不平状。口沿内侧一圈弦纹，线条清晰。内腹壁饰两组"b"状篦划纹。器外腹壁隐有竖向篦划纹。口径 22.5、足径 7、高 6.7 厘米。

386】 C14a ①：700，完整。灰白胎，胎质较细腻，质地较致密。青白釉，夹杂暗斑，部分地方被铁锈浸染呈黄褐色，釉层不厚。口沿处内外有成圈的流釉现象，内外流釉相接，且口沿流釉面积较大。器底釉面黏附少量灰渣等小颗粒物，致使器表不够光滑。器表还有少量砂眼现象。器表轮制痕迹明显，足部刮削痕迹明显。圆敞口外撇，圆唇，深弧腹，矮圈足。口沿外侧有明显的折痕。内底刻划两圈，底心下凹。外底由于刮削而成的尖底被铲掉呈现出凹凸不平状。口沿内侧一圈弦纹，线条清晰。内腹壁饰三组"b"状篦划纹。口径 23.2、足径 7.1、高 7.4 厘米。

387

388

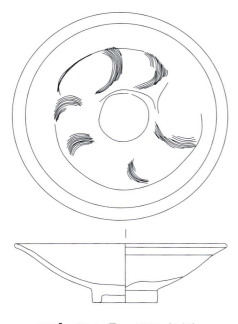

387】　C14a ①：1060 （1/4）

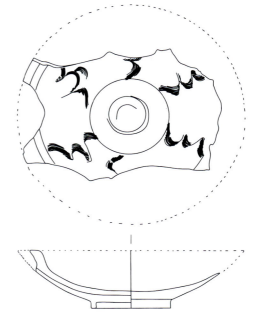

388】　T0502 ④：1157 （1/4）

387】C14a ①：1060，完整。灰白胎，胎质较细腻，质地较致密。青白釉，夹杂暗斑，部分地方被铁锈浸染呈黄褐色，釉层不厚。口沿处内外有成圈的流釉现象，内外流釉相接，且口沿内流釉面积较大。器表釉面黏附少量灰渣等小颗粒物，致使器表不够光滑。器表还有少量砂眼现象。器表轮制痕迹明显，足部刮削痕迹明显。圆敞口外撇，圆唇，深弧腹，矮圈足，足壁厚薄不一。口沿外侧有明显的折痕。内底刻划两圈，底心下凹。外底由于刮削而成的尖底被铲掉呈现出凸凹不平

状。口沿内侧一圈弦纹，线条清晰。腹内饰月牙状篦划纹。口径 22.4、足径 7.2、高 6.5 厘米。

388】T0502 ④：1157，口腹部残破大部分。灰白胎，胎质较细腻，质地较致密。青黄白釉，釉层较薄，施釉直至圈足壁。器表轮制痕迹明显，足部刮削痕迹明显。圆敞口外撇，圆唇，弧腹较浅，矮圈足，足壁较薄。内底刻划两圈，底心有一凸结。外底由于刮削而成尖底状。口沿内侧一圈弦纹，线条细且浅。腹内饰六组较为规则的折线状篦划纹。口径 22.7、足径 7.7、高 6.4 厘米。

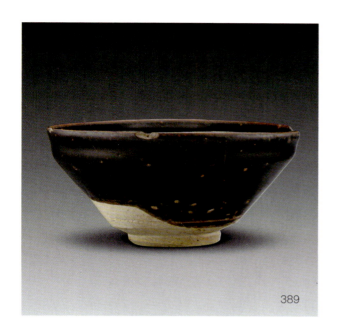

389

390

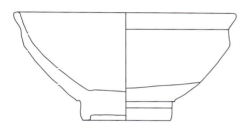

389】 T0501 ④：285 （1/2）

三　福建东张窑瓷器

此类黑釉瓷器数量不多，仅见少数几件盏。主要分布于船舯，其中一件底部有墨书"直"。

389】 T0501 ④：285，黑釉直口盏，直口，圆唇，折腹，腹上部陡直，圈足浅挖。胎质坚硬致密，胎色青灰。除外壁下腹以下全体施黑釉，釉色黝黑光亮，中腹外壁还有流釉痕，内外釉下开片裂痕形成很多银灰色窑变效果。外壁露胎处制作弦纹等既显。口径 11.8、高 6、足径 4.4 厘米。

390】 T0502 ④：1180，黑釉直口盏，直口，圆唇，折腹，腹上部陡直，圈足浅挖。胎质坚硬致密，胎色青灰。除外壁下腹以下全体施黑釉，釉色黝黑光亮，口部内外及下腹边沿皆一圈铁锈

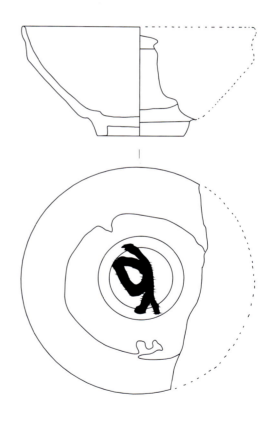

390】 T0502 ④：1180 （1/2）

色，口部下面铁锈色黄色斑明显。外底有墨书，外壁露胎处制作弦纹等明显。口径 12.3、高 6、足径 4.4 厘米。

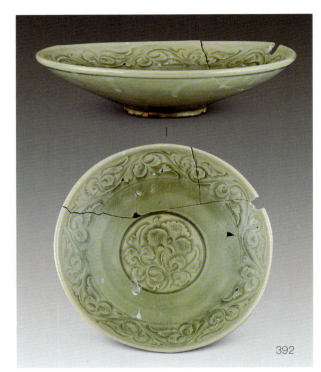

391

392

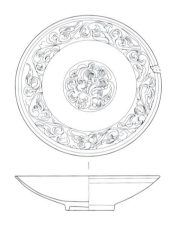

391】　T0501 ④ c：849（1/6）

392】　T0501 ④ c：850（1/6）

四　陕西耀州窑青瓷

目前仅出土两件，均为青瓷碗。

391】T0501 ④ c：849，青釉刻划花牡丹纹碗，口残。敞口、圆唇、斜直腹、圈足；胎质细腻坚硬，灰白胎，施青釉，内外壁有明显的冰裂纹，足底施釉，外底圈足部分刮釉；外壁有明显的拉坯痕迹，外底刮削痕迹明显；盘内壁口沿下、腹部和内底各刻一道单圈弦纹，上腹部两道弦纹间为刻划的连枝纹，间饰篦划纹，下腹部两道弦纹间素面，内底为刻划的花卉纹，间饰篦划

纹。外壁素面。口径 23.5、足径 8.3、高 5.6 厘米。

392】T0501 ④ c：850，青釉刻划花牡丹纹碗，口残。敞口、圆唇、斜直腹、圈足；胎质细腻坚硬，灰白胎，施青釉，内外壁有明显的冰裂纹，足底施釉，外底圈足部分刮釉；外壁有明显的拉坯痕迹，外底刮削痕迹明显；盘内壁口沿下、腹部和内底各刻一道单圈弦纹，上腹部两道弦纹间为刻划的连枝纹，间饰篦划纹，下腹部两道弦纹间素面，内底为刻划的花卉纹，间饰篦划纹。外壁素面。口径 23.5、足径 7.5、高 5.7 厘米。

第七节　陶瓷器墨书

墨书陶瓷器是指在器物表面以笔墨书写文字或者符号等的一类陶瓷器，"南海Ⅰ号"沉船2014~2015年出土的墨书陶瓷器总计910余件（详见墨书统计总表）。"南海Ⅰ号"沉船发现有墨书的窑系主要为德化窑、磁灶窑，此外，闽清义窑、龙泉窑、景德镇窑、罗东窑等窑口亦有少量器物底部发现墨书。德化窑发现墨书的器类有粉盒、瓶、执壶、罐、大盘等，磁灶窑有盖、瓶、小口罐、碗、罐、盆、执壶等，闽清义窑有碗，龙泉窑有碗、盘等，景德镇窑有盘等，其他窑口发现有墨书的器类主要为碗。墨书最少者只有1字，最多达6字，书写位置一般都书写于外底露胎处，有部分磁灶窑酱釉小口罐、酱釉罐、酱釉碗、酱釉执壶，龙泉窑及其他窑口的青瓷碗墨书书写在下腹部露胎处（在下腹部露胎处有墨书的瓷器大都外底露胎处同时也有墨书），以及少部分磁灶窑陶罐书写在内腹部，酱釉瓶书写在外腹部。另外比较特殊的有

一件闽清义窑青瓷碗书写于碗内施釉处。

有关陶瓷器墨书的识别认定也由来已久，墨书陶瓷器在"南海Ⅰ号"出土遗物中仅为少部分。"南海Ⅰ号"出土的墨书字迹大多清晰可辨，所见书体不一，有楷书、行书、草书等，以楷书、行书较多。部分墨书虽然内容相同，但写法不同，或为不同人书写。不少墨书在辨识上有一定困难，或者存疑的，在此疑似空缺的标记为"□"，字形不清的作为花押和符号，字形存疑的在存疑文字后作"？"标记。

本节将2014~2015年所出土的墨书陶瓷器进行初步整理，将不同字、不同写法挑选出来供大家研究。至于墨书的识别，由于不同书体以及个人写法的不同，存在各种变体或变形，加上笔者水平所限，部分文字的识别避免不了推测，难免有错误之处。

一　德化窑

德化窑有墨书的器类有粉盒、瓶、执壶、罐、盘等，墨书内容主要为"直"字类和姓名类，此外还有不少花押类、符号类墨书等。"直"字类主要为一个单字"直"（"直"字写法不同），或者"姓"+"直"的组合。姓名类组合多为"姓"、"姓"+"直"，或者"姓"+"上"、"姓"+"数字"、"姓"+"数字"+"记"等。其中带"记"墨书或为商号名称。

（一）青白釉粉盒

393】　T0501 ④ c：681 青白釉粉盒底部墨书莊，底径 3.5 厘米

395】　T0501 ④ c：1273 青白釉粉盒底部墨书莊，底径 3.6 厘米

394】　T0501 ④：238 青白釉粉盒底部墨书莊，底径 3.6 厘米

396】　T0501 ④ c：838 青白釉粉盒底部墨书直，底径 3.5 厘米

397】 T0202 ②：16 青白釉高身粉盒底部墨书
花押，底径 4.8 厘米

400】 T0402 ④：237 青白釉粉盒底部墨书
楊十，底径 6.4 厘米

398】 T0501 ④ c ：997 青白釉粉盒底部墨书
花押，残长 5.4 厘米

401】 T0501 ④ c ：396 青白釉粉盒底部墨书
陳十八，底径 6.5 厘米

399】 T0501 ④ c ：478 青白釉粉盒底部墨书
楊十，底径 6.2 厘米

402】 T0301 ②：213 青白釉粉盒底部墨书
谢直？底径 6.8 厘米

403】 T0502 ④：859 青白釉粉盒底部墨书
谢直？残长 7.5 厘米

406】 T0102 ③：23 青白釉粉盒底部墨书
花押，底径 6.6 厘米

404】 T0201 ③：6 青白釉粉盒底部墨书
直？底径 5.9 厘米

407】 T0402 ④：75 青白釉粉盒底部墨书
直，底径 8.9 厘米

405】 T0502 ④：494 青白釉粉盒底部墨书
花押，底径 6.3 厘米

408】 T0302 ③：351 青白釉粉盒底部墨书
直，底径 8.6 厘米

409】 T0102③：38 青白釉粉盒底部墨书
戴林？残长 8.7 厘米

412】 T0502④：708 青白釉粉盒底部墨书
莊德直，残径 5.2 厘米

410】 T0302③：82 青白釉粉盒底部墨书
花押，底径 8.5 厘米

413】 T0501④c：682 青白釉粉盒底部墨书
莊直，底径 11.2 厘米

411】 T0501④c：853 青白釉粉盒底部墨书
莊德直，底径 11.9 厘米

414】T0101③-23 格标本青白釉粉盒底部墨书
萧作，底径 11.4 厘米

（二）青白釉喇叭口小瓶

415】 T0501 ④：251 青白釉喇叭口小瓶底部墨书
直? 足径 3.5 厘米

418】 T0101 ③：116 青白釉喇叭口小瓶底部墨书
林? 足径 3.1 厘米

416】 T0502 ④：1064 青白釉喇叭口小瓶底部墨书
直，足径 3 厘米

419】 T0501 ④：82 青白釉喇叭口小瓶底部墨书
上，足径 2.9 厘米

417】 T0501 ④ c：349 青白釉喇叭口小瓶底部墨书
莊，足径 3.1 厘米

420】 T0201 ③：53 青白釉喇叭口小瓶底部墨书
白小? 足径 3.4 厘米

（三）青白釉喇叭口瓶

421】 T0501 ④ c：351 青白釉喇叭口瓶底部墨书
直？ 残长 4.7 厘米

424】 T0101 ③：124 青白釉喇叭口瓶底部墨书
直，足径 4.9 厘米

422】 T0402 ④：49 青白釉喇叭口瓶底部墨书
直，残长 4.4 厘米

425】 T0502 ④：1215 青白釉喇叭口瓶底部墨书
直，足径 5.2 厘米

423】 T0502 ④：1201 青白釉喇叭口瓶底部墨书
直，足径 5.2 厘米

426】 T0101 ②：43 青白釉喇叭口瓶底部墨书
直，足径 5.6 厘米

427】 T0502 ④：438 青白釉喇叭口瓶底部墨书
林直，足径 5.1 厘米

430】 T0101 ③：95 青白釉喇叭口瓶底部墨书
林? 足径 4.6 厘米

428】 C9 ①：22 青白釉喇叭口瓶底部墨书
蔡，足径 5.5 厘米

431】 C9b ①：3 青白釉喇叭口瓶底部墨书
陈，足径 5.4 厘米

429】 C10c ①：60-1 青白釉喇叭口瓶底部墨书
蔡，足径 5.5 厘米

432】 T0502 ④：1024 青白釉喇叭口瓶底部墨书
楊，残长 4.5 厘米

433】 T0601 ④：42 青白釉喇叭口瓶底部墨书
吴？足径 5.1 厘米

436】 T0501 ④ c：533 青白釉喇叭口瓶底部墨书
花押，足径 5.6 厘米

（四）青白釉执壶

434】 T0302 ③：84 青白釉喇叭口瓶底部墨书
王五，足径 5.1 厘米

139】 T0302 ②：48 青白釉执壶底部墨书
東山，足径 7.3 厘米

435】 T0501 ④ c：998 青白釉喇叭口瓶底部墨书
莊，足径 5.3 厘米

437】 T0502 ④：695 青白釉执壶底部墨书
谢直？足径 6.1 厘米

438】 T0302②：165 青白釉执壶底部墨书
長口，足径 7.6 厘米

（五）青白釉印花高身四系罐

439】 T0501④：249 青白釉印花高身四系罐底部墨书
莊直，底径 5 厘米

440】 T0201③：3 青白釉印花高身四系罐底部墨书
直？底径 5.4 厘米

（六）青白釉印花四系罐

441】 T0501④c：837 青白釉印花四系罐底部墨书
莊直，底径 7.2 厘米

442】 T0501④c：701 青白釉印花四系罐底部墨书
花押，底径 7.2 厘米

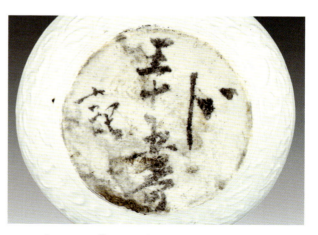

443】 T0302③：239 青白釉印花四系罐底部墨书
王十五哥／記／花押，底径 7 厘米

444】　T0501 ④ c：384 青白釉印花四系罐底部墨书
花押，底径 5.6 厘米

（七）青白釉印花双系小罐

445】　T0501 ④ c：801 青白釉印花双系小罐底部墨书
直？底径 3.9 厘米

447】　T0302 ③：112 青白釉印花双系小罐底部墨书
直？底径 3.9 厘米

（八）青白釉葫芦瓶

448】　T0501 ④ c：896 青白釉葫芦瓶底部墨书
花押，底径 4.1 厘米

（九）青白釉大盘

446】　T0501 ④ c：408 青白釉印花双系小罐底部墨书
直？花押，底径 3.9 厘米

449】　T0102 ②：76 青白釉大盘底部墨书
陈上名，足径 8.6 厘米

450】 T0102 ②：117 青白釉大盘底部墨书
陈上名，足径 9.4 厘米

453】 T0102 ②：108 青白釉大盘底部墨书
□□名，残径 9 厘米

451】 T0102 ②：171 青白釉大盘底部墨书
陈上名，足径 8.8 厘米

454】 T0101 ②：20 青白釉大盘底部墨书
陈上，底径 8.7 厘米

452】 T0202 ③：115 青白釉大盘底部墨书
□名上√，足径 9 厘米

455】 T0301 ③：212 青白釉大盘底部墨书
陈十七 / 直，底径 8.6 厘米

456】T0102②：130 青白釉大盘底部墨书
戴，底径 9.3 厘米

459】T0501④c：1178 青白釉大盘底部墨书
林，底径 9.1 厘米

457】T0102②：131 青白釉大盘底部墨书
戴，底径 8.8 厘米

460】C15a①：17 青白釉大盘底部墨书
林社，底径 8.1 厘米

458】T0501④c：1124 青白釉大盘底部墨书
戴林？底径 8.9 厘米

461】C15a①：13 青白釉大盘底部墨书
林社，底径 8.8 厘米

462】　T0502④：1189 青白釉大盘底部墨书
马社，底径 8.3 厘米

465】　C13a①：2119 青白釉大盘底部墨书
蔡，底径 8.3 厘米

463】　T0101②：49 青白釉大盘底部墨书
林上，底径 10.2 厘米

466】　T0502④：1213 青白釉大盘底部墨书
蔡，底径 8.2 厘米

464】　T0201②：4 青白釉大盘底部墨书
林直? 底径 10.3 厘米

467】　T0502④：704 青白釉大盘底部墨书
杨十，底径 8.4 厘米

468】 T0402 ②：312 青白釉大盘底部墨书
杨十十，底径 8.5 厘米

471】 T0601 ①：4 青白釉大盘底部墨书
郑囗（知）囗耳，底径 8.9 厘米

469】 T0301 ②：93 青白釉大盘底部墨书
五，底径 8.9 厘米

472】 T0301 ②：119 青白釉大盘底部墨书
黄念直？底径 9.1 厘米

470】 T0302 ③：698 青白釉大盘底部墨书
郑知客记，底径 8.9 厘米

473】 C10c ①：121 青白釉大盘底部墨书
李 / 长 / 保 / 直，底径 8.7 厘米

474】 T0502 ④：294 青白釉大盘底部墨书
方直？底径 9.1 厘米

477】 T0601 ④：44 青白釉大盘底部墨书
莊直，底径 8.3 厘米

475】 T0402 ④：362 青白釉大盘底部墨书
王直，底径 9.3 厘米

478】 T0402 ④：378 青白釉大盘底部墨书
谢直，底径 8.8 厘米

476】 T0501 ④c：621 青白釉大盘底部墨书
王直／記，底径 8 厘米

479】 T0501 ④c：971 青白釉大盘底部墨书
谢直？底径 8.7 厘米

480】 T0502④：1230 青白釉大盘底部墨书
楊直，底径 9.7 厘米

483】 T0501④c：1106 青白釉大盘底部墨书
直? 底径 9.3 厘米

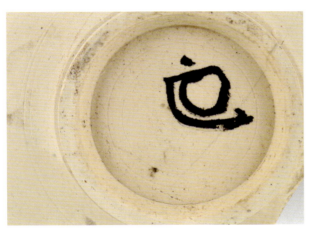

481】 T0502④：312 青白釉大盘底部墨书
直，底径 9.2 厘米

484】 T0301②：201 青白釉大盘底部墨书
直，底径 8.1 厘米

482】 T0502④：289 青白釉大盘底部墨书
直直? 底径 9.5 厘米

485】 T0501④c：1180 青白釉大盘底部墨书
直，底径 8.7 厘米

486】 T0502④：680 青白釉大盘底部墨书
直，底径 8.4 厘米

489】 T0301③：145 青白釉大盘底部墨书
花押，底径 9.3 厘米

487】 T0501④c：987 青白釉大盘底部墨书
花押，底径 8.7 厘米

490】 T0501④c：424 青白釉大盘底部墨书
花押，底径 8.8 厘米

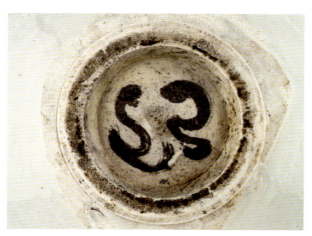

488】 T0501④c：572 青白釉大盘底部墨书
花押，底径 8.9 厘米

二　磁灶窑

磁灶窑有墨书的器类有盖、瓶、小口罐、碗、罐、盆、执壶等,墨书内容主要为"直"字类和姓名类,此外还有不少花押类和符号类墨书以及单一个汉字"然""纲"等墨书。"直"字类墨书数量最多,各种不同写法的"直"字,其中一件酱釉罐(器物号 T0301 ③:196)底部书写有 4 个"直"字,底部墨书为"林直直直直",四个直字中有三个写法一样。其次,姓名类数量也较多,姓名组合多为"姓"、"姓"+"直",或者"姓"+"数字"、"姓"+"数字"+"记"等,其中带"记"墨书或为商号名称。部分器底墨书颇似后世之花押,应为仅供货主个人识别的标记。部分器底墨书似符号,部分又似外国文字,均有待进一步考证。

(一)酱黄釉盖

265】 T0502 ④:121 酱黄釉盖盖面墨书
林直,口径 10.7 厘米

(二)酱釉梅瓶

491】 T0402 ④:349 酱釉梅瓶外腹部墨书
蔡,残长 7.1 厘米

(三)酱釉小口罐(小)

492】 T0302 ③:269 酱釉小口罐(小)底部墨书
王五,底径 8 厘米

493】 T0302 ③:552 酱釉小口罐(小)底部墨书
記/花押,底径 7.5 厘米

494】 T0302 ③:553 酱釉小口罐(小)底部墨书
王五/記/花押/直,底径 7.8 厘米

495】　T0302 ③：235 酱釉小口罐（小）底部墨书
王二 / 記 / 花押 / 直，底径 7.5 厘米

497】　T0502 ④：370 酱釉小口罐（小）底部墨书
林直，底径 7.3 厘米

496】　T0302 ③：203 酱釉小口罐（小）底部墨书
十五哥記 / 花押，底径 7.4 厘米

498】　T0201 ③：83 酱釉小口罐（小）底部墨书
直? 底径 7.6 厘米

256】　C10c ①：163 酱釉小口罐（小）底部墨书
然，底径 7.3 厘米

499】　C13c ①：306 酱釉小口罐（小）下腹部墨书
直? 口径 3.3、高 5.6、底径 7.5 厘米

258】　C10c①：342-1 酱釉小口罐（小）下腹部墨书
直，口径3.5、高5.7、底径7.6厘米

502】　T0501④：265 酱釉小口罐底部墨书
黄，底径9.9厘米

（四）酱釉小口罐

500】　T0501④c：711 酱釉小口罐底部墨书
林直，底径10.2厘米

250】　C10c①：159-2 酱釉小口罐底部＋下腹部墨书
黄／花押，底径8.9厘米

501】　T0302③：583 酱釉小口罐底部墨书
林? 底径9.8厘米

503】　C10c①：29 酱釉小口罐底部墨书
黄，底径9.2厘米

504】 T0302③：560 酱釉小口罐底部墨书
黄／花押，残长 7.2 厘米

506】 C9a①：231 酱釉小口罐底部墨书
郑知客，底径 9.2 厘米

505】 C14a①：1322 酱釉小口罐底部墨书
蔡，底径 9 厘米

507】 T0502④：400 酱釉小口罐底部墨书
济阳，底径 9.5 厘米

254】 T0102②：21 酱釉小口罐底部墨书
高／花押，底径 9.7 厘米

508】 C12a①：66 酱釉小口罐底部墨书
杨／花押，底径 9.7 厘米

509】 T0502④：747 酱釉小口罐底部墨书
陈工直？残长 5.4 厘米

512】 C9a②：358 酱釉小口罐底部墨书
然，底径 8.5 厘米

510】 T0502④：1190 酱釉小口罐底部墨书
尤直？残长 8.2 厘米

513】 N033：16 酱釉小口罐底部墨书
直，底径 9.3 厘米

511】 T0201③：86 酱釉小口罐底部墨书
方直？残长 8 厘米

514】 T0402④：22 酱釉小口罐底部墨书
直？底径 9.4 厘米

（五）酱釉碗

515】 T0201②：192 酱釉小口罐底部墨书
直？ 残长 7.1 厘米

518】 T0402④：1206 酱釉碗底部墨书
林直，足径 4.4 厘米

516】 T0502④：1123 酱釉小口罐底部墨书
直？ 残长 7.1 厘米

519】 T0402④：1205 酱釉碗底部墨书
林，足径 4.8 厘米

517】 T0501④c：1276 酱釉小口罐底部墨书
花押，残长 8.4 厘米

520】 T0301②：242 酱釉碗底部墨书
鄭，足径 3.8 厘米

521】 T0502④：839 酱釉碗底部 + 下腹部墨书

□ / 知客，残长 2.9 厘米

524】 T0302③：573 酱釉罐底部墨书

林二十 / 花押，底径 9.3 厘米

522】 C12a①：139-141 酱釉碗底部墨书

花押，底径 5.3 厘米

525】 T0502④：1155 酱釉罐底部墨书

林，残长 9.7 厘米

（六）酱釉罐

523】 C9c①：20 酱釉罐底部墨书

纲，底径 15.6 厘米

526】 T0101③：88 酱釉罐底部墨书

林上直？残长 8.8 厘米

527】　T0501③：17 酱釉罐底部墨书

王二，底径 15.3 厘米

530】　T0102②：95 酱釉罐底部墨书

蔡火長直? 底径 14.8 厘米

528】　T0301③：195 酱釉罐底部墨书

王五／直，残长 11.8 厘米

531】　T0502④：297 酱釉罐底部墨书

蔡，残长 7.7 厘米

529】　T0101②：21 酱釉罐底部墨书

上，残长 7.4 厘米

532】　T0202③：149 酱釉罐底部墨书

蔡直，底径 14.5 厘米

533】　C9c ①：30 酱釉罐底部墨书
蔡直，底径 9.8 厘米

536】　T0501 ④c：990 酱釉罐底部墨书
陳□，残长 6 厘米

534】　T0402 ④：314 酱釉罐底部墨书
蔡□，残长 8.5 厘米

537】　T0502 ④：407 酱釉罐底部墨书
陈二直，底径 9.2 厘米

535】　T0102 ③：35 酱釉罐底部墨书
戴林？／五戴□，残长 8.7 厘米

229】　T0402 ②：43 酱釉罐底部墨书
陈十二直，底径 15 厘米

538】T0502④：1133 酱釉罐底部墨书

□直？底径 9.3 厘米

541】T0501④c：573 酱釉罐底部墨书

王直，残长 7.5 厘米

539】T0502④：1035 酱釉罐底部墨书

詹？□，残长 8 厘米

542】T0102③：30 酱釉罐底部墨书

蔡／長直？残长 7.3 厘米

540】T0501④c：1020 酱釉罐底部墨书

直？底径 9 厘米

543】T0502④：1184 酱釉罐底部墨书

長直？残长 14.3 厘米

544】 T0301③：137 酱釉罐底部墨书
直？残长 7.6 厘米

547】 T0501④c：1018 酱釉罐底部墨书
＋30 花押，底径 14.2 厘米

545】 T0302②：132 酱釉罐罐内墨书
黄？残长 21 厘米

548】 T0301③：221 酱釉罐底部墨书
李□，残长 10.5 厘米

546】 T0502④：719 酱釉罐底部墨书
黄，残长 4.9 厘米

549】 T0401④：110 酱釉罐底部墨书
林直，底径 7.5 厘米

550】 T0302③：726 酱釉罐底部及下腹部墨书
林直／十，底径 17.6 厘米

553】 T0502④：788 酱釉罐底部墨书
許／花押，残长 14.9 厘米

551】 T0301③：196 酱釉罐底部及下腹部墨书
林直直直直／十，底径 17.3 厘米

554】 T0501④c：1019 酱釉罐底部墨书
谢直直？底径 9.3 厘米

552】 T0402④：263 酱釉罐底部墨书
楊／花押，底径 7.7 厘米

555】 T0502④：913 酱釉罐底部墨书
谢直？底径 7.8 厘米

556】 T0502 ④：1151 酱釉罐底部墨书
謝，残长 4 厘米

559】 T0501 ④ c：1150 酱釉罐底部墨书
黄平？直，底径 9 厘米

557】 T0401 ④：69 酱釉罐底部墨书
黄+口，残长 12.8 厘米

560】 T0401 ④：118 酱釉罐底部墨书
黄念直？底径 7.8 厘米

558】 T0502 ④：1049 酱釉罐底部墨书
口（黄）十七口，残长 15.9 厘米

561】 T0502 ④：782 酱釉罐底部墨书
直？底径 9.2 厘米

562】T0501④c：1278 酱釉罐底部墨书
直？残长 9.3 厘米

565】T0502④：1191 酱釉罐底部墨书
莊，残长 3.8 厘米

563】T0302③：585 酱釉罐底部墨书
直？残长 7.5 厘米

566】T0502④：816 酱釉罐底部墨书
□郎□，残长 7.3 厘米

564】T0501④c：1241 酱釉罐底部墨书
直？／花押，底径 8.9 厘米

567】T0401④：88 酱釉罐底部墨书
□部？底径 13.3 厘米

568】T0402④：1204 酱釉罐底部墨书

唐？三，残长 13.1 厘米

571】T0501④c：1089 酱釉罐底部墨书

□/记，残长 12.4 厘米

569】T0202③：117 酱釉罐底部墨书

壶？残长 10.2 厘米

572】T0301②：222 酱釉罐底部墨书

符号，残长 11.3 厘米

570】T0502④：1165 酱釉罐底部墨书

□□/记，残长 9.3 厘米

573】T0301③：222 酱釉罐底部墨书

符号，残长 16.3 厘米

574】 T0502 ④：1115 酱釉罐底部墨书
符号，底径 14.2 厘米

577】 T0302 ③：610 酱釉罐底部墨书
符号，底径 11.7 厘米

575】 T0502 ④：644 酱釉罐底部墨书
符号，底径 12.3 厘米

578】 T0502 ④：420 酱釉罐底部墨书
符号？底径 16.8 厘米

576】 T0501 ④c：941 酱釉罐底部墨书
符号，残长 13 厘米

579】 T0101 ③：93-1 酱釉罐底部墨书
□，残长 11.2 厘米

580】 T0101③：93-2 酱釉罐底部墨书
口，残长 5.4 厘米

583】 T0601④：46 酱釉罐底部墨书
直／花押，底径 14.7 厘米

581】 T0201②：200 酱釉罐底部墨书
花押，底径 9.1 厘米

584】 T0301②：240 酱釉罐底部墨书
花押，残长 12.7 厘米

582】 T0502④：693 酱釉罐底部墨书
白小？底径 15.3 厘米

585】 T0502④：846 酱釉罐底部墨书
花押，残长 15.4 厘米

586】　C10a①酱釉罐底部墨书
花押，底径 17 厘米

264】　T0301③：200 酱釉盆底部墨书
花押／□□／花押，底径 16.5 厘米

587】　T0501④c：988 酱釉罐底部墨书
□□，底径 14.6 厘米

589】　T0302③：731 酱釉盆底部墨书
徐／花押／王五／花押，底径 17.5 厘米

（八）酱釉执壶

588】　T0501④c：1021 酱釉罐底部墨书
高／花押，残长 15.6 厘米

263】　T0502④：35 酱釉执壶底部＋下腹部墨书
觽前公用，底径 10.5 厘米

（九）绿釉罐

590】T0301 ②：203 绿釉罐底部墨书
口，底径 20.2 厘米

591】T0501 ④ –30 青白釉碗底部墨书
詹直？底径 6.2 厘米

（十）青釉罐

294】C9c ①：26 青釉罐底部墨书
符号，底径 9 厘米

三　闽清义窑

闽清义窑有墨书的器类有青白釉碗，墨书内容有"陈"及"詹直"，比较特殊的 1 件青白釉碗墨书书写于碗内施釉处。

592】C13a ①：1777 青白釉弦纹碗底部墨书
陈，口径 14、高 4.7、底径 5.1 厘米

四　龙泉窑

有墨书的器类有碗、盘等，墨书内容有姓名类和花押类。

（一）青釉碗

593】　C14a ①：483 青釉碗底部墨书
陳乙郎 / □，足径 6.4 厘米

62】　T0402 ②：33 青釉碗底部墨书
花押，足径 6.6 厘米

594】　T0501 ④ c：383 青釉碗底部墨书
合直？足径 6 厘米

595】　T0501 ④ c：973 青釉碗底部墨书
謝直，足径 5.8 厘米

（二）青釉盘

92】T0501 ④：149 青釉盘底部墨书
模糊无法辨认，口径 18.5，高 5.1，足径 6.2 厘米

五 景德镇窑

景德镇窑有墨书的器类有青白釉盘，盘底部墨书"赐"，所指何意有待考证。

596】T0301 ②：200 青白釉盘底部墨书
赐，足径 3.8 厘米

六 罗东窑

有墨书的器类有青釉弦纹碗，墨书内容主要为"直"字。

597】C12b ①：4 青釉弦纹碗底部墨书
直，足径 7.3 厘米

598】T0301 ②：223 青釉碗底部墨书
直，足径 7.1 厘米

599】T0402 ④：424 青釉弦纹碗底部墨书
直，足径 7.3 厘米

七 东张窑

有墨书的仅见 1 件黑釉盏，墨书内容为"直"。

【390】 T0502 ④：1180 黑釉盏底部墨书
直，底径 4.3 厘米

【602】 T0502 ④：1016 青釉碗底部墨书
谢 / 直，底径 5.2 厘米

八 其他窑口

其他暂时未确定窑口的，有墨书的器类有青釉碗等，墨书内容为"号""谢直""林直"和花押等。

【600】 T0501 ④ c：732 青釉碗底部墨书
号，足径 5.2 厘米

【603】 C15b ①：208 青釉碗底部墨书
模糊无法辨认，足径 5.8 厘米

【601】 T0501 ④ c：1000 青釉碗底部墨书
花押，足径 5.6 厘米

【604】 T0502 ④：300 青釉碗底部墨书
林直，足径 7.6 厘米

九 小结

目前发现的墨书多写于器物底部，应主要出于两方面的考虑：首先，不影响器物整体的美观；其次，器物底部大多不施釉，较之施釉处，其质地粗糙，气孔率高，易于墨汁的渗入。有少量器物的底足处有流釉现象，墨书有少许笔画置于釉面之上，由于釉面处光洁且不易于墨汁的渗入，经海水侵蚀，釉面处的墨书已被消磨掉痕迹。

除 38 件墨书的内容模糊或者残缺无法辨认外，大部分的墨书内容可以辨识，大致可以分为 8 类：姓名类、"直"字类、器物用途类、"纲"字系列、地名类、花押、符号类、其他类。墨书陶瓷器或受汉代墨书陶器及漆器上的制造者标记和物主标记影响，陶瓷器墨书应主要为标记货主或者商号、器物用途等作用。

1. 姓名类。

数量最多，姓名组合多为"姓"、"姓"+"直"、"姓"+"上"、"姓"+"数字"、"姓"+"数字"+"记"等。其中带"记"墨书或为商号名称。

墨书中出现的姓有"陈""戴""谢""林""蔡""黄""莊""楊""萧""王""李""方""鄭""許"等。

2. "直"字类。

各种不同写法的"直"字，其中一件酱釉罐（编号 T0301 ③：196）底部书写有 4 个"直"字，底部墨书为"林直直直直"，四个直字中有三个写法一样。

3. 器物用途类。

磁灶窑其中一件酱釉执壶（编号 T0502 ④：35）底部墨书"纲"，下腹部墨书"艬前公用"，下腹部墨书应为表明器物用途。

4. "纲"字系列。

2014~2015 年"南海 I 号"发现的酱釉罐底部有墨书"纲"的共计有 15 件，酱釉执壶底部有墨书"纲"的 1 件。

5. 地名。

德化窑有 10 件青白釉执壶底部墨书为"東山"，可能表示福建地名东山县，或表明瓷器生产地。

6. 花押类。

部分器底墨书颇似后世之花押，应为仅供货主个人识别的标记。

7. 符号类。

部分器底墨书似符号，部分又似外国文字，有待进一步考证。

8. 其他类。

景德镇窑青白釉印花花卉纹碟底部"赐"，所指何意有待考证。1 件酱釉罐（编号 T0501 ④ c：1018）底部墨书"+30（花押）"，推测阿拉伯数字 30 可能为国外商人标记。

表5-1 2014~2015年度出土墨书统计表

窑口	器物名称	墨书部位	墨书内容	器物编号	数量	出土位置	备注
德化窑	青白釉粉盒	底部一角	莊	T0501④c：681、238、T0501④c：1273、T0501④c：1137	4	T0501④	简繁均有，写法不同
		底部一角	直	T0501④：838	1	T0501④c	直字臣形
		底部	（花押）	T0202②：16	1	T0202②	高身粉盒
		底部	楊十	T0501④c：478、T0402④：237、T0502④：392	3	船体中后部	上下书写
		底部	陳十八	T0501④c：396、T0501④c：908、T0601④：39、T0502④：692、T0501④c：976	5	船艉	上下书写
		底部	谢直?	T0301②：213、T0502④：859、T0501④c：1035、T0502④：282	4	船体中后部	直字唐形
		底部	直?	T0201③：6、T0202③：147、T0201③：82	3	T0201③	
		底部	（花押）	T0502④：494、T0501④c：535、T0501④：296、T0501④c：588、T0501④c：684	5	船艉	除第1件书于正中，其余偏上位置
		底部	（花押）	T0102③：23	1	T0102③	
		底部	（花押）	T0501④c：997	1	T0501④c	
		底部一角	直	T0402④：75、T0402④：254、T0502④：472、T0402④：52、N033：38~39、T0402④：239、N033:12、T0502④：399、T0402④：169、T0501④c：800、T0402④：198、T0502④：716	13	船体中后部	直字臣形
		底部	直	T0302③：351、T0502④：1011	2	船体中后部	直字一竖开笔简化
		底部	戴杯?	T0102③：38、T0101②：30、T0501④c：1239	3	船艏、船艉	上下书写
		底部	（花押）	T0302③：82、T0102②：56、T0402④：28、T0202③：32、T0102③：45、T0402④：7、C11c①：156、T0302③：720	8	船舱右半部	

续表 5-1

窑口	器物名称	墨书部位	墨书内容	器物编号	数量	出土位置	备注
德化窑	青白釉粉盒	底部	荘德直	T0501④c：853，T0501④c：812，T0502④：708	3	船艉	
		底部	荘直	T0501④c：682，T0501④c：874，T0501④c：638，T0501④c：1160	4	T0501④c	上下书写
		底部	蕭作	T0101③-23格标本	1	T0101③	上下书写
		底部	模糊无法辨认	T0102②：110	1	T0102②	
		底部	直?	T0501④：251，T0501④c：755	2	T0501④	
		底部	直	T0502④：1064，T0402④：406，T0502④：1096，T0502④：947，T0601④：033，T0501④：57，T0501④：87，T0502④：854，T0502④：1027	9	船中后部	直字臣形
	青白釉喇叭口小瓶	底部	荘	T0501④c：349，T0501N052：2，T0502④：643，T0501④c：953	4	船艉	
		底部	林?	T0101③：116，T0502④：285	2	船艏、船艉	
		底部	上	T0501④：82	1	T0501④	
		底部	白小?	T0201③：53	1	T0201③	
		底部	模糊无法辨认	T0402④：249，T0501④c：867	2		
	青白釉喇叭口瓶	底部	直?	T0402④：79，T0501④c：351，T0501④：215~216，T0501④c：872~873，T0501④c：848，T0501④c：865~866，T0501④c：796，T0501④c：839，T0501④：219，N054:1，T0501④c：649，T0501④c：364，T0501④：813，T0501④：252，T0501④c：832，T0501④c：547，T0501④c：561，T0501④c：1222	21	T0501④c，T0402④	

续表5-1

窑口	器物名称	墨书部位	墨书内容	器物编号	数量	出土位置	备注
德化窑	青白釉喇叭口瓶	底部	直	T0402④：49，T0302③：167，T0502④：496，T0502④：410，N033：74，T0502④：433，T0502④：401，T0502④：441，T0502④：298，T0402④：38，T0502④c：529，T0502④：349，T0402②：310，T0502④：1051，T0601①：3，T0601④：41，T0402④：337，T0501④c：1034，T0501④c：1081，T0501④c：989，T0502④：1012，T0502④：1030，T0502④：1077，T0502④：1078，T0502④：1100，T0502④：1152，T0502④：1171，T0502④：1192，T0502④：1236，T0502④：663，T0502④：698，T0502④：742，T0502④：757，T0502④：768，T0502④：769，T0502④：775，T0502④：776，T0502④：777，T0502④：778，T0502④：779，T0502④：780，T0502④：781，T0502④：793，T0502④：817，T0502④：885，T0502④：898，T0502④：908，T0502④：974，T0502④：975，T0502④：994	50	船中后部右侧	直字B形
		底部	直	T0501④c：978，T0502④：1200，T0502④：1201，T0502④：696	4	船舷	直字臣形
		底部	直	T0101③：124，T0401④：119，T0501④c：1107，T0502④：1140	4	船中后部及T0101③	直字咨形
		底部	直	T0502④：1215，C10c①：149	2	船中后部	直字咨形
		底部	直	T0101②：43	1	T0101②	直字巨形
		底部	林直	T0401④c：65，T0502④：438，T0502④：344，T0402②：311，T0601④：40，C10c①：341，T0401④：78，T0402②：338，T0501④c：1060，T0501④c：979，T0502④：1106，T0502④：723	12	船后部	直字巳形，上下书写
		底部	蔡	T0302③：350，C10c①：10，C10c①：184，C10c①：315，C10c①：334，C10c①：60-2，C10c①：73-2，C9①：22，T0501④c：1159，T0502④：1202	10	船中后部	
		底部	蔡□	C10c①：60-1	1	C10c①	第二字模糊

续表 5-1

窑口	器物名称	墨书部位	墨书内容	器物编号	数量	出土位置	备注
		底部	林？	T0102③：52，T0101③：95，T0501④c：1108，T0501④c：1158	4	船艏、船艉	
		底部	陈	T0302③：458，C9a①：233，T0301②：46~47，T0101③：96，C9b①：3	6	船中部	
		底部	杨	T0502④：1024	1	T0502④	
	青白釉喇叭口瓶	底部	吴？	T0101②：19，T0101③：69，T0601④：42，T0501④c：1109，T0501④c：1157	5	船艏、船艉	
		底部	王五	T0302③：84，T0301③：220，T0302③：655	3	船中部	上下书写
		底部	莊	T0501④c：977，T0501④c：998，T0301③：25	3	船中后部	
		底部	（花押）	T0501④c：533	1	T0501④c	
德化窑		底部	東山	T0302③：95，T0302②：48，T0302②：16，T0302②：34，T0302②：38，T0302②：50，T0301②：239，T0302③：606，T0302③：666，T0302③：718	10	T0302③、T0301②	上下书写
	青白釉执壶	底部	谢直？	T0502④：695	1	T0502④	直字唐形
		底部	長口	T0302②：165	1	T0302②	第二字模糊
	青白釉印花高身四系罐	底部	莊直	T0501④c：249，T0501④c：857，T0501④c：793~794，T0501④c：780	5	T0501④c	上下书写
		底部	直？	T0201③：3	1	T0201③	上下书写
		底部	莊直	T0501④c：845，T0501④c：546，T0501④c：837	3	T0501④c	上下书写
	青白釉印花四系罐	底部	（花押）	T0501④c：701	1	T0501④c	
		底部	王十五哥記／（花押）	T0302③：239	1	T0302③	上下书写

续表 5-1

窑口	器物名称	墨书部位	墨书内容	器物编号	数量	出土位置	备注
德化窑	青白釉印花四系罐	底部	（花押）	T0501④c：702，T0501④c：384	2	T0501④c	
		底部	直?	T0501④：201~203，T0501④：227，T0501④c：353，T0501④c：355，T0501④c：434~435，T0501④c：574，T0501④c：626，T0501④c：634~636，T0501④c：653~655，T0501④c：664~665，T0501④c：786~790，T0501④c：791~792，T0501④c：799，T0501④c：801，T0501④c：802~804，T0501④c：814~818，T0501④c：820，T0501④c：833，T0501④c：841，T0501④c：847，T0501④c：854，T0501④c：858~861，T0501④c：864，T0501④c：869~870，T0502④：1013	48	T0501④	
	青白釉印花双系小罐	底部	直?（花押）	T0501④c：408	1	T0501④c	左右书写
		底部	直?	T0302③：112~113，T0302③：134	3	T0302③	
	青白釉葫芦瓶	底部	（花押）	T0501④c：896	1	T0501④c	
	青白釉大盘	底部	陈上名	T0101②：26，T0101③：71，T0102②：6，11，12，16，17，19，26，41，42，43，44，T0102②：58，T0102②：64，T0102②：71~81，T0102②：113~117，T0102②：121，T0301③：141~144，T0301③：171，T0502④：284，T0502④：292，T0302③：296，T0502④：301，T0102②：4，T0302③：664，T0502④：19，T0301②：215，T0301②：217，T0301③：201~210，T0302③：595，T0501④c：943，T0501④c：1127，T0501④：1172，T0501④c：1235~1237，T0502④：0648，T0502④：688，T0502④：825，T0502④：1139，T0502④：1214	68	前后均有发现，主要位于船中后部	上下书写，T0301③：210和219实际可以合一起，算一件
		底部	□（陈）名上√	T0202③：115	1	T0202③	"上"字右上方打"√"
		底部	□□名	T0102②：108	1	T0102②	残剩名，底部左侧

续表 5-1

窑口	器物名称	墨书部位	墨书内容	器物编号	数量	出土位置	备注
		底部	陳上	T0101②：20	1	T0101②	上下书写
		底部	陈十七/直	T0301③：212	1	T0301③	直字店形
		底部	戴	T0102②：59~63、T0102②：69、T0102②：82~89、T0102②：109、T0102②：118~120、T0102②：130~131、T0102③：28、T0102③：40~41、T0102③：43、T0102③：54~57、T0202①：20、T0201①：190、T0202③：116、T0202③：118、T0502④：1244、T0502④：650、T0102②：18、T0102②：23	36	T0102、T0201、T0202、T0502	
		底部	戴杯?	T0501④c：1124、T0501④c：955、T0502④：1020	3	船舭	上下书写
		底部	林	T0501④c：1178	1	T0501④c	两种不同书写，或为不同人同人书写
德化窑	青白釉大盘	底部	林社	C15a①：17、C15a①：21~22、18~19、T0502④：1167、C15a①：13、C15a①：14、C15a①：15、C15a①：16、C15a①：20	11	C15a①	
		底部	口社	T0402②：323	1	T0402②	
		底部	馬社	T0502④：1189	1	T0502④	
		底部	林上	T0101②：049、T0201②：24	2	船前部左侧	
		底部	林直?	T0201②：4	1	T0201②	
		底部	蔡	C13a①：2119、C13a①：2121、C13a①：2113、C13a①：2111、C13a①：2112、C13a①：2114~2118、C13a①：2120、C13a①：2124、C13b①：998~1002、T0501④c：1125、T0502④：1213、T0502④：1226、T0502④：677、T0502④：990	22	C13a①、C13b①	除T0502②④：1213为楷体书写外，余均为行书
		底部	楊十	T0301③：150、T0502④：1124、T0502④：704、T0502④：705	4	T0502④ T0301③	部分书写似"楊×"

续表 5-1

窑口	器物名称	墨书部位	墨书内容	器物编号	数量	出土位置	备注
		底部	楊十十	T0402②：312	1	T0402②	两个十字较小，书于楊字右侧和下侧
		底部	五	T0201③：47、T0301②：93、T0202②：15、T0301②：202	4	船中部	
		底部	鄭知客記	T0302③：698	1	T0302③	
		底部	郑口（知）口耳?	T0601①：4	1	T0601①	
		底部	郑知口	T0401②：12	1	T0401②	
		底部	黄念直?	T0301②：119、T0301②：85、T0301②：77、T0301③：27	4	T0301	上下书写
		底部	李/长/保/直	C10c①：121	1	C10c①	
德化窑	青白釉大盘	底部	方直?	T0502④：294	1	T0502④	上下书写
		底部	王直	T0202①：19、T0402④：46、T0402④：220、T0402④：354、T0601④：043、T0402④：361、T0402④：362、T0501④c：1126、T0502④：1000、T0402④：326	10	船后部及T0202①	上下书写
		底部	王直/記	T0501④c：621	1	T0502④c	上下书写
		底部	莊直	T0501④c：842、T0501④c：805、T0501④c：662、T0501④c：418、T0601④：44、T0601④：45	6	船舱	上下书写
		底部	謝直	T0402②：306、T0402④：313、T0402④：378、T0402④：408	4	T0402④	简化直
		底部	謝直?	T0501④c：1105、T0501④c：1238、T0501④c：971、T0501④c：972、T0502④：1095、T0502④：658	6	船舱	直字唐形
		底部	楊直	T0502④：1230	1	T0502④	

续表5-1

窑口	器物名称	墨书部位	墨书内容	器物编号	数量	出土位置	备注
德化窑	青白釉大盘	底部	直	T0202①：18，T0302①：14，T0502④：312，T0502④：451，T0402②：307，T0502④：1142，T0502④：337，T0502④：907，T0302③：596，T0402④：330，T0402④：446，T0501④c：1104，T0502④：1033，T0502④：665，T0502④：818，T0502④：865，T0502④：988	17	主要在船右侧	直字巳巴形
		底部	直直?	T0502④:289	1	T0502④	直字厂字开头简化瘦长体
		底部	直?	T0101③：67，T0502④：1259，T0402④：327，T0501④c：1106，T0502④：1038，T0502④：679	6	主要出土于船后部	直字厂字开头简化瘦长体
		底部	直	T0301②：111，T0301②：81，T0301②：201，T0301②：245，T0301②：246	5	T0301②	直字一竖开笔简化
		底部	直	T0302③：168，T0201③：85，T0302③：730，T0402④：266，T0402④：379，T0501④c：1180，T0502④：738，T0502④：993	8	船中后部	直字厂字开头简化圆胖体
		底部	直	T0502④：680	1	T0502④	直字B形
		底部	（花押）	T0501④c：1173，T0501④c：987	2	T0501④c	直字三字开头
		底部	（花押）	T0501④c：863，T0501④c：743，T0501④c：572，T0501④c：877，T0501④c：393，T0501④c：557，T0501④c：829，T0401③：18，T0501④c：1028	9	T0501④c	
		底部	（花押）	T0301②：103，T0301③：145，T0301②：56，T0201②：130，T0301②：248	5	T0301	
		底部	（花押）	T0501④c：325，T0501④c：424	2	T0501④c	
		底部	模糊无法辨认	T0201②：131，T0301②：94，249，T0301③：111，149，C14a①：1306，T0501④c：1240，T0102②：38	8		

续表 5-1

窑口	器物名称	墨书部位	墨书内容	器物编号	数量	出土位置	备注
	酱黄釉盖	底部	林直	T0502④:121, T0402④:20, T0502④:1022, T0502④:733, T0502④:764	5	船中后部右侧	上下书写，直字巳形
	酱釉梅瓶	外腹部	蔡	T0402④:349	1	T0402④	
		底部	王五	T0302③:269	1	T0302③	上下书写
		底部	記(花押)	T0302③:236, T0302③:552, T0302③:538, T0302③:83, T0302③:58, T0302③:237, T0302③:216	7	T0302③	
		底部	王五/記/直(花押)	T0302③:553	1	T0302③	左至右
		底部	王二/記/直(花押)	T0302③:235	1	T0302③	右至左
磁灶窑	酱釉小口罐（小）	底部	十五哥記/(花押)	T0302③:203	1	T0302③	上下书写
		底部	然	C10c①:163, C10c①:120, C9c①:46	3	C10c①	草书
		底部	林直	T0501④:184, N061:2, T0502④:370, T0501④:104, T0502④:1014, T0502④:1050, T0502④:1151, T0502④:1235, T0502④:666, T0502④:721, T0502④:815, T0502④:886, T0502④:963	13	船舱	上下书写
		底部	直?	T0201③:83	1	T0201③	
		下腹部	直?	C13c①:304~306	3	C13c①	
		下腹部	直	C10c①:342-1, C10c①:342-2	2	C10c①	
	酱釉小口罐	底部	林直	T0501④c:711, T0501④c:733, T0502④:435, T0401④:123, T0501④c:944	5	船舱	上下书写，直字巳形
		底部	林?	T0102③:66~67, T0202③:119, T0302③:583	4	船前部右侧	

续表5-1

窑口	器物名称	墨书部位	墨书内容	器物编号	数量	出土位置	备注
磁灶窑	酱釉小口罐	底部	黄	T0501④c：559，T0501④c：555，T0501④c：827，T0501④：265，T0501④c：389，T0402④：27，C14a①：122，T0402③：19，C14a①：1310，C14a①：1312，C14a①：1276，C14a①：1311，C14a①：1321，C14a①：1323，C14a①：1324，C14a①：1325，C14a①：1326，C14a①：1332，C14a①：1333，C14a①：1334，C14a①：25，C14a①：40，C14a①：49，C14a①：747，T0501④c：942	25	T0501④c，C14a①，T0402③	行书? 草书?
		底部+下腹部	黄+（花押）	C10c①：159-1，C10c①：159-2，C10c①：178，T0302③：597，T0302③：609	5	C10c①	底部楷体黄，下腹部花押
		底部	黄	C10c①：29，T0302③：605	2	C10c①	楷书黄字
		底部	黄（花押）	T0302③：560	1	T0302③	
		底部	蔡	C14a①：86，C14a①：109，C14a①：1030，C14a①：112，C14a①：1296，C14a①：1298，C14a①：1313，C14a①：1322，C14a①：1330，C14a①：142，C14a①：87，T0102②：93，T0302③：638	13	C14a①	
		底部	高（花押）	T0102②：21，T0301③：199，T0201②：195	3	船前侧	
		底部	郑知客	C9a①：231~232，T0301③：139，T0402②：425，T0301②：216	5	C9a①	
		底部	济阳	T0502④：400，T0502④：469，T0301②：241，T0501④c：1082	4	T0502④	上下书写
		底部	楊（花押）	C12a①：66，C12a①：281	2	C12a①	
		底部	陈工直?	T0502④：747，T0501④c：1061，T0302③：607	3	T0502④	上下书写
		底部	尤直?	T0502④：1190	1	T0502④	上下书写
		底部	方直?	T0201③：86	1	T0201③	

续表 5-1

窑口	器物名称	墨书部位	墨书内容	器物编号	数量	出土位置	备注
		底部	然	C9a① : 230, T0301③ : 138, C9a③ : 174, C9a③ : 273, C9a③ : 282, C9a② : 116, C9a③ : 335, C12c① : 273, C12c① : 441, C12c① : 590~591, C12c① : 1036, C12c① : 1183, C12c① : 1035, C12c① : 440, C9a② : 117, C9a② : 358, C9a② : 359, C9a③ : 173, C9a③ : 264, C9a③ : 283, C9a③ : 284, C9a③ : 336, C9a③ : 337, C9a③ : 388, C9a③ : 389, T0302③ : 725, T0402④ : 363, T0502④ : 1026, T0502④ : 741, T0502④ : 820, C12c① : 1037, C12c① : 1184, C12c① : 1186, C12c① : 1187, C12c① : 257, C12c① : 271	37	C9a①②③, C12c①	草书
	酱釉小口罐	底部	直	N033 : 16~17	2	T0402	
		底部	直?	T0402④ : 22	1	T0402④	
		底部	直?	T0201② : 192	1	T0201②	
		底部	直?	T0502④ : 1123, T0502④ : 758	2	T0502④	
磁灶窑		底部	（花押）	T0501④c : 1276, T0502④ : 360	2	船舱	蝴蝶结形花押
		底部	模糊无法辨认	T0402④ : 78, T0501④ : 191	2		
	酱釉碗	底部	林直	T0501④c : 517, T0402② : 336, T0402④ : 1203, T0402④ : 1206, T0402④ : 1207, T0402④ : 290, T0402④ : 360, T0501④c : 1080, T0501④c : 1179, T0501④c : 1277, T0502④ : 1015, T0502④ : 1099, T0502④ : 1105, T0502④ : 1131, T0502④ : 1227, T0502④ : 1229, T0502④ : 639, T0502④ : 717, T0502④ : 718, T0502④ : 735, T0502④ : 821, T0502④ : 822, T0502④ : 876, T0502④ : 962	24	T0502④, T0402②, T0501④c	直字已形
		底部	林	T0402④ : 1205	1	T0402④	
		底部	郑	T0301② : 242	1	T0301②	
		底部+下腹部	□+知客	T0502④ : 839	1	T0502④	

续表 5-1

窑口	器物名称	墨书部位	墨书内容	器物编号	数量	出土位置	备注
磁灶窑	酱釉碗	底部	（花押）	C12a① : 139~141	3	C12a①	
		底部	纲	T0501④c : 975, C9a① : 52, C9c① : 3~5, C9c① : 9, C9c① : 19~21, C9c① : 29, C9c① : 31, C9c① : 34~37	15	C9	
		底部	林二十／（花押）	T0302③ : 573	1	T0302③	上下书写
		底部	林二十	T0302③ : 523	1	T0302③	残
		底部	林□	T0502④ : 1155	1	T0502④	
		底部	林上直?	T0102③ : 29, T0101③ : 88	2	船艏	
		底部	王二	T0501③ : 17	1	T0501③	残
		底部	王五／直	T0301③ : 195	1	T0301③	直字臣形
		底部	上	T0101② : 21	1	T0101②	残
		底部	蔡火□□	T0102② : 94~95	2	T0102②	残
	酱釉罐	底部	蔡	T0502④ : 297, T0402④ : 380	2	船右侧	
		底部	蔡直	T0202③ : 149, C9c① : 30	2	船中部	
		底部	蔡□	T0402④ : 314, T0501④c : 974, T0502④ : 879	1	船后部	直字B形
		底部	戴林?／五戴□	T0102③ : 35	1	T0102③	残
		底部	陳□	T0302③ : 688, T0501④c : 990	2	船中后部	
		底部	陳二直	T0502④ : 407	1	T0502④	
		底部	陈十二直	T0402② : 43	1	T0402②	
		底部	詹直?	T0502④ : 1133, T0502④ : 1035	2	T0502④	
		底部	直?	T0502④ : 1168, T0502④ : 1282, T0501④c : 1020	3	船艉	直字启形
		底部	王直	T0501④c : 573, T0502④ : 1225, T0402② : 305	3	船后部	直字臣形
		底部	蔡／長直	T0102③ : 30	1	T0102③	

续表 5-1

窑口	器物名称	墨书部位	墨书内容	器物编号	数量	出土位置	备注
		底部	長直	T0502④：1184	1	T0502④	
		底部	長	T0102③：36	1	T0102③	残
		底部	直？	T0301③：137	1	T0301③	
		腹部	黄？	T0302②：132	1	T0302②	罐内墨书，残
		底部	黄	T0502④：719	1	T0502④	
		底部	+30（花押）	T0501④c：1018	1	T0501④c	
		底部	李口	T0301③：221	1	T0301③	第二字模糊
		底部	林直	T0401④：110	1	T0401④	直字已形
		底部＋下腹部	林直＋十	T0302③：726	1	T0302③	直字立形
磁灶窑	酱釉罐	底部＋下腹部	林直直直＋十	T0301③：196	1	T0301③	四个直字三个写法一样
		底部	楊（花押）	T0402④：263，T0502④：678，T0502④：987	3	T0502④ T0402④	
		底部	許（花押）	T0502④：788	1	T0502④	
		底部	謝直直？	T0501④c：1019	1	T0501④c	已模糊不清
		底部	謝直？	T0502④：913	1	T0502④	直字唐形
		底部	謝	T0502④：1151	1	T0502④	
		底部	黄十口	T0401④：69	1	T0401④	
		底部	口（黄）十七口	T0502④：1049	1	T0502④	
		底部	黄平？ 直	T0501④c：1150	1	T0501④c	直字臣形
		底部	黄念直？	T0401④：118	1	T0401④	
		底部	直？	T0502④：782，T0502④：1002	2	T0502④	

续表5-1

器口	器物名称	墨书部位	墨书内容	器物编号	数量	出土位置	备注
		底部	直?	T0501④c:1278	1	T0501④c	
		底部	直?	T0302③:585、T0502④:0703	2	船中后部	
		底部	直?	T0501④c:1020	1	T0501④c	直字启形
		底部	直?	T0502④:722	1	T0502④	
		底部	直?（花押）	T0501④c:1241	1	T0501④c	
		底部	迀	T0502④:1191	1	T0502④	
		底部	□郎	T0502④:816	1	T0502④	
		底部	□部?	T0401④:88	1	T0401④	
		底部	唐?三	T0402④:1204	1	T0402④	
		底部	壶?	T0202③:117	1	T0202③	
	酱釉罐	底部	□□/記	T0502④:1165	1	T0502④	
		底部	□/記	T0501④c:1089	1	T0501④c	
		底部	符号	T0301②:222、T0301③:222、T0502④:1115、T0502④:644、T0501④c:941	5		5个不同符号
		底部	符号	T0302③:610	1	T0302③	
		底部	符号	T0301③:223、C9c①:25、26	3	C9c①	
		底部	符号?	T0502④:420	1	T0502④	
磁灶窑		底部	□	T0101③:93-1	1	T0101③	
		底部	□	T0101③:93-2	1	T0101③	
		底部	（花押）	T0201②:200	1	T0201②	
		底部	白小?	T0502④:693	1	T0502④	
		底部	直（花押）	T0601④:46	1	T0601④	罐外底墨书，内底红褐彩

续表 5-1

窑口	器物名称	墨书部位	墨书内容	器物编号	数量	出土位置	备注
		底部	（花押）	T0301②：240	1	T0301②	
		底部	（花押）	T0502④：846	1	T0502④	
		底部	（花押）	C10a①	1	C10a	
	酱釉罐	底部	□□	T0501④c：988	1	T0501④c	
		底部	高（花押）	T0501④c：1021	1	T0501④c	
磁灶窑		底部	无法辨认	T0501④c：954，T0201③：193，T0502④：0912，T0502④：0656，T0502④-30格标本，T0501④c：1128，T0502④：1178，T0502④：1177，T0502④：1147	9		
	酱釉盆	底部	（花押）/□□/（花押）	T0301③：200	1	T0301③	
		底部	徐（花押）/王五（花押）	T0302③：731	1	T0302③	上下书写
	酱釉执壶	底部+下腹部	鬝前公用	T0502④：35	1	T0502④	流残
	绿釉罐	底部	□	T0301②：203	1	T0301②	
闽清义窑	青釉碗	底部	詹直？	T0501④-30格标本	1	T0501④	上下书写
		内壁上	陈	C13a①：1777	1	C13a①	书于碗内壁釉面上
龙泉窑系	青釉碗	底部	陈乙郎/□	C14a①：483	1	C14a①	左侧被覆盖，不可辨认
		底部	合直？	T0501④c：383	1	T0501④c	上下书写
		底部	（花押）	T0402②：33	1	T0402②	
		底部	谢直	T0501④c：973	1	T0501④c	简化直

续表 5-1

窑口	器物名称	墨书部位	墨书内容	器物编号	数量	出土位置	备注
龙泉窑系	青釉盘	底部	模糊无法辨认	T0501④：149	1	T0501④	
景德镇窑	青白釉盘	底部	赐	T0201②：191，T0301②：200	1	船前部左侧	
		底部	直	C12b①：2~5，C12b①：7~10，C12b①：12~14	11	C12b①	直字巳形
罗东窑	青釉弦纹碗	底部	直	T0301②：223	1	T0301②	直字一竖开笔简化
		底部	直	T0402④：424	1	T0402④	简化直
东张窑	黑釉盏	底部	直	T0502④：1180	1	T0502④	
		底部	号	T0501④c：732	1	T0501④c	
		底部	（花押）	T0501④c：1000	1	T0501④c	
		底部+下腹部	谢+直	T0502④：1016	1	T0502④	简化直
其他窑口	青釉碗	下腹部	（花押）	C15b①：208	1	C15b①	墨迹散开
		底部	林直	T0502④：300，T0502④：291，T0502④：828，T0601④：6，T0501④c：1170，T0501④c：1171，T0501④c：999，T0502④：1003，T0502④：1039，T0502④：1040，T0502④：1132，T0502④：1164，T0502④：853，T0502④：855，T0502④：915，T0502④：989	16	船艉	直字巳形，窑口暂不明确
	墨书碎瓷片	底部		T0502④：1061，T0502④：581，T0502④：767，T0502④：730，T0301②：214，T0502④：734，T0301②：205，T0302③：608，T0201②：194，T0502④：762，T0502④：770，T0502④：1156，T0502④：971，T0302③：582，T0502④：748	15		瓷片碎小，墨书不可辨认
总　计					910		

南海Ⅰ号

沉船考古报告之二

2014~2015年发掘

第
六
章

金属货币

　　"南海 I 号"沉船出土的金属货币有金、银、铜三种，按形制可分为金叶子、碎金、银铤、银铤凝结、碎银、铜钱。截至 2016 年 1 月，共出土金叶子及碎金货币 59 件约 401 克，银铤 183 件，银铤凝结 230 块，碎银 290 千克，铜钱约 15000 枚。

第一节 金质货币

金质货币包括金叶子和碎金两种。全部 8 枚金叶子及部分碎金（计 24 件，表 6-1 序号 4~27）于船体左舷前部（T0201 探方）、船体外侧出土的漆盒内，此器物中还出土了一批金器。此部分金质货币的重量占据了总重的 84.8%。另除了此器物中存放的，碎金还散落在 T0101、T0201、T0202、T0301、T0302、T0402、T0502 的③、④层海泥中，C9、C10、C11 的①层也有碎金片出土，碎金片主要在泥土筛选时发现。结合散落金器出土位置，大致可判断金质货币原存放于艉楼，在艉楼坍塌过程中向船舷散落。

金叶子应为大宗商品交易时交割用的大额面值货币，上面有铺主名、地址、成色印记，以行业信用作为保证。日常使用为各种碎金。

表 6-1 金质货币统计表

序号	编号	器物名称	重量（g）	序号	编号	器物名称	重量（g）
1	2015NHIT0101②：038	碎金片	少于 0.01	14	2014NHIT0201②：058	小金片	2.73
2	2014NHIT0101③：112	碎金片	少于 0.01	15	2014NHIT0201②：060	小金片	4.96
3	2014NHIT0102③：071	碎金片	少于 0.01	16	2014NHIT0201②：061	小金片	3.04
4	2014NHIT0201②：045	金叶子	39.11	17	2014NHIT0201②：062	小金片	1.58
5	2014NHIT0201②：046	金叶子	39.60	18	2014NHIT0201②：064	小金珠	0.73
6	2014NHIT0201②：048	金箔碎片	2.76	19	2014NHIT0201②：065	小金片	0.08
7	2014NHIT0201②：050	金叶子	39.06	20	2014NHIT0201②：067	小金箔	0.32
8	2014NHIT0201②：051	金叶子	39.41	21	2014NHIT0201②：068	碎金片	0.42
9	2014NHIT0201②：052	金叶子	38.51	22	2014NHIT0201②：073	碎金片	0.56
10	2014NHIT0201②：053	金叶子	38.31	23	2014NHIT0201②：074	小金饼	4.33
11	2014NHIT0201②：054	金叶子	38.55	24	2014NHIT0201②：075	金环残件	1.47
12	2014NHIT0201②：055	金叶子	38.50	25	2014NHIT0201②：076	小金箔	0.26
13	2014NHIT0201②：056	金块	3.50	26	2014NHIT0201②：077	小金块	2.57

续表6-1

序号	编号	器物名称	重量（g）	序号	编号	器物名称	重量（g）
27	2014NHIT0201②：086	碎金块	0.06	44	2015NHIT0402④：155	碎金片	0.18
28	2015NHIT0201③：066	金箔	少于0.01	45	2015NHIT0402④：158	金箔碎片	3.59
29	2015NHIT0201③：072	碎金片	0.03	46	2015NHIT0501④：234	金箔碎片	少于0.01
30	2015NHIT0202③：083	碎金片	0.51	47	2014NHIT0502③：001	碎金片	7.15
31	2015NHIT0202③：088	碎金片	少于0.01	48	2014NHIT0502③：002	碎金片	39.51
32	2015NHIT0202③：089	碎金片	少于0.01	49	2014NHIT0502④：203	碎金片	8.00
33	2015NHIT0202③：090	碎金片	少于0.01	50	2015NHIT0502④：503	碎金片	0.30
34	2014NHIT0301③：118	碎金片	少于0.01	51	2014NHIN003：001	碎金片	凝结物中
35	2015NHIT0301③：185	碎金片	少于0.01	52	2015NHIC09a①：0386	碎金片	0.01
36	2015NHIT0301③：187	碎金片	少于0.01	53	2015NHIC09a①：0387	碎金片	0.29
37	2015NHIT0301③：188	碎金片	少于0.01	54	2015NHIC09b①：0005	碎金片	0.07
38	2015NHIT0301③：190	碎金片	0.14	55	2015NHIC09c①：0048	碎金片	0.28
39	2015NHIT0302②：157	碎金片	少于0.01	56	2015NHIC10a①：0070	碎金片	0.35
40	2014NHIT0302③：002	碎金片	少于0.01	57	2015NHIC10c①：0363	碎金片	0.03
41	2015NHIT0302③：575	碎金片	少于0.01	58	2015NHIC11a①：1057	碎金片	0.05
42	2015NHIT0302③：576	碎金片	少于0.01	59	2015NHIC11a①：1061	碎金片	0.05
43	2015NHIT0302③：577	碎金片	0.09				

（一）金叶子

T0201②：045，数张金片叠加，折叠后呈书页状，折叠书页右侧开口。折叠顺序为先折叠上下边缘以取直边，上边缘向下折叠，折叠宽度2.4~3.1厘米不等，下边缘向上折叠，折叠宽度约2.3厘米。折叠完上下边缘后再折左右边缘，左边缘向右折叠约1.9~2.6厘米，右边缘向左折叠1.8~2.1厘米，再从中间对折，将左半部分折叠在右半部分上。正面砸印锉记，四角自上向下竖向"霸南街东"，中间自上向下竖向"王帅教置"。折叠边缘仅可见5层金片，据折叠长度推断每片金片原始大小约为长14.5~15.2、宽10.3~11.3、厚约0.015厘米。金叶长9.8、宽3.3、厚0.4厘米，

重39.11克（图6-1）。

T0201②：046，数张金片叠加，折叠后呈书页状，折叠书页左侧开口。折叠顺序为先折叠上下边缘以取直边，上边缘向下折叠，折叠宽度2.8厘米，下边缘向上折叠，折叠宽度约2.7厘米。折叠完上下边缘后再折左右边缘，左边缘向右折叠约2.7厘米，右边缘向左折叠2厘米，再从中间对折，将右半部分折叠在左半部分上。正面砸印锉记，四角自上向下竖向"霸南街东"，中间自上向下竖向"王帅教置"。折叠边缘仅可见5层金片，每张金片大小约为长14.3、宽11.3、厚约0.015厘米。金页长9.8、宽3.3、厚0.4厘米，重39.6克（图6-2）。

图6-1　金叶子（T0201②：045）

图6-2　金叶子（T0201②：046）

　　T0201②：050，数张金片叠加，折叠后呈书页状，折叠书页右侧开口。折叠顺序为先折叠上下边缘以取直边，上边缘向下折叠，折叠宽度约1.5厘米，下边缘向上折叠，折叠宽度约1.3厘米。折叠完上下边缘后再折左右边缘，左边缘向右折叠约1.8厘米，右边缘向左折叠约1.2厘米，再从中间对折，将左半部分折叠在右半部分上。正面砸印锉记，四角自右向左横向"韩五郎金"，两长边中央自上向下竖向"韩五郎金"，印记均已模糊。折叠边缘仅可见5层金片，据折叠长度推断每片金片原始大小约为长13.9、宽13、厚约0.015厘米。金页长10.1厘米、宽5.0厘米、厚0.4厘米，重39.06克（图6-3）。

　　T0201②：051，数张金片叠加，折叠后呈书页状，折叠书页右侧开口。折叠顺序为先折叠左右边缘，左边缘向右折叠，右边缘向左折叠，折叠完左右边缘后再上下边缘以取直边，上边缘向下折叠，折叠宽度约1.8厘米，下边缘向上折叠，折叠宽度约0.9厘米。折再从中间对折，将左半部分折叠在右半部分上。正面砸印锉记，四角自右向左横向"韩五郎金"，两长边中央自上向下竖向"韩五郎金"。金叶长10.4、宽5.5、厚0.4厘米，重39.41克（图6-4）。

图6-3　金叶子（T0201②：050）

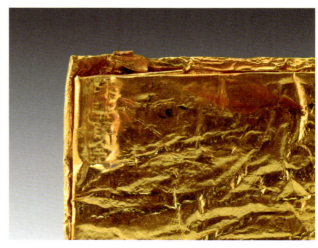

图6-4　金叶子（T0201②：051）

T0201②：052，数张金片叠加，折叠后呈书页状，折叠书页左侧开口。折叠顺序为先折叠上下边缘以取直边，上边缘向下折叠，折叠宽度2.1厘米，下边缘向上折叠，折叠宽度约1.9厘米。折叠完上下边缘后再折左右边缘，左边缘向右折叠约2.6厘米，右边缘向左折叠约1.8厘米，再从中间对折，将右半部分折叠在左半部分上。正面砸印锉记，四角自上向下竖向"霸南街东"，中间自上向下竖向"王帅教置"。在折叠边缘处可见5层金片，每张大小依据折叠方法约为长14.3、宽11、厚约0.01厘米。金叶长10.3、宽3.3、厚0.4厘米，重38.51克（图6-5）。

T0201②：053，数张金片叠加，折叠后呈书页状，折叠书页左侧开口。折叠顺序为先折叠上下边缘以取直边，上边缘向下折叠，折叠宽度约1厘米，下边缘向上折叠，折叠宽度约0.8厘米。折叠完上下边缘后再折左右边缘，左边缘向右折叠约2厘米，右边缘向左折叠约2.1厘米，再从中间对折，将右半部分折叠在左半部分上。正面砸印锉记，右上角自左向右横向"韩五郎金"，右下角自右向左"韩五郎金"，右长边中央自上向下竖向"韩五郎金"，右边向左折进内侧的边缘左上角自左向右"韩五郎金"，左下角自右向左"韩五郎金"，左长边中间自上向下"韩五郎金"，印记均已模糊。折叠边缘仅可见4层金片，据折叠长度推断每片金片原始大小约为长12.5、宽10.7、厚约0.015厘米。金叶长10.7、宽3.3、厚0.4厘米，重38.31克（图6-6）。

图6-5　金叶子（T0201②：052）

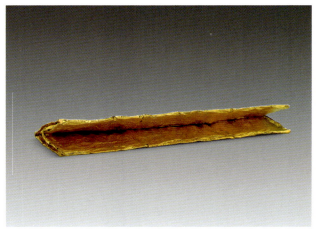

图6-6　金叶子（T0201②：053）

T0201②：054，数张金片叠加，折叠后呈书页状，折叠书页右侧开口。折叠顺序为先折叠上下边缘以取直边，上边缘向下折叠，下边缘向上折叠。折叠完上下边缘后再折左右边缘，左边缘向右折叠约2厘米，右边缘向左折叠约2厘米，再从中间对折，将左半部分折叠在右半部分上。正面砸印锉记，四角上下竖向"十分金"，中间上下竖向"韩四郎"。金页保存较好，未能见到边缘。金叶长9.2、宽2.9、厚0.2厘米，重38.55克（图6-7）。

T0201②：055，数张金片叠加，折叠后呈书页状，折叠书页左侧开口。折叠顺序为先折叠上下边缘以取直边，上边缘向下折叠，折叠宽度1.5~2.1厘米不等，下边缘向上折叠，折叠宽度同样1.5~2.1厘米不等。折叠完上下边缘后再折左右边缘，左边缘向右折叠约1.7厘米，右边缘向左折叠1.8厘米，再从中间对折，将右半部分折叠在左半部分上。正面砸印锉记，四角外向内竖向"十分赤金"，中间"韩四郎"。自折叠边缘可见最多七层金片叠加，推断原金片每片长约13.2~14.4、宽约10.1、厚约0.015厘米。金叶长10.2、宽3.3、厚0.4厘米，重38.5克（图6-8）。

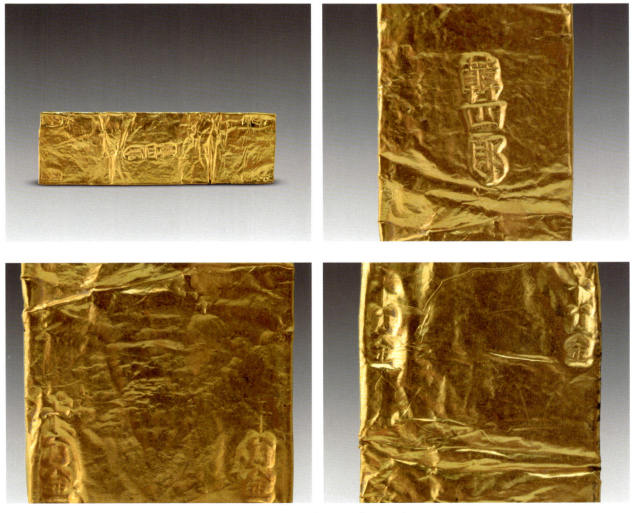

图6-7　金叶子（T0201②：054）

图6-8 金叶子 (T0201②:055)

图6-9 金块 (T0201②:056)

图6-10 小金片 (T0201②:058)

（二）碎金

T0201②:056，金块，圆锥体切割后形成的碎金块，大致呈1/4圆锥形，两面有切割痕迹，侧面较光滑，另有一刀口痕迹。半径0.8、高0.8厘米，重3.5克（图6-9）。

T0201②:058，小金片，不规则长方形，四边均有切割痕迹，一长边有卷曲痕迹，另一长边不规则。长1.7、宽1.2、厚0.1厘米，重2.73克（图6-10）。

图 6-11　小金片（T0201 ② : 060）

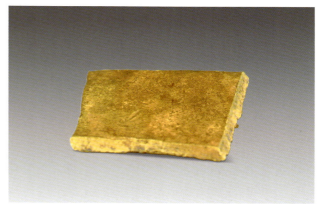

图 6-12　小金片（T0201 ② : 061）

图 6-13　小金片（T0201 ② : 062）

　　T0201 ② : 060，小金片，不规则形状，四边均有铰剪痕迹，表面呈卷曲痕迹。长 2.6、宽 2.3、厚 0.1 厘米，重 4.96 克（图 6-11）。

　　T0201 ② : 061，小金片，扁平状，四边均有切割痕迹。长 1.3、宽 1.2、厚 0.15 厘米，重 3.04

克（图 6-12）。

　　T0201 ② : 062，小金片，多片不规则碎片，为金箔杂糅成，其中一片带两条缠丝花纹。重 1.58 克（图 6-13）。

图 6-14　小金珠（T0201②:064）

图 6-15　小金饼（T0201②:074）

图 6-16　金环残件（T0201②:075）

　　T0201②:064，小金珠，金珠剪切后形成，约1/4颗金珠。直径0.5厘米，重0.73克（图6-14）。

　　T0201②:074，小金饼，饼状，正反面较光滑但仍见切割痕迹，两边有明显剪切痕迹。长1.3、宽0.9、厚0.2厘米，重4.33克（图6-15）。

　　T0201②:075，金环残件，金环或金丝的一段，有弧度，两端有剪切痕迹。残长1.9、直径0.2厘米，重1.47克（图6-16）。

图 6-17 小金块（T0201②：077）

图 6-18 金箔碎片（T0402④：158）

T0201②：077，小金块。不规则形状，四面，一面为弧形，表面光洁，三面为剪切面。长 1.5、宽 0.6、厚 0.4 厘米，重 2.57 克（图 6-17）。

T0402④：158，金箔碎片，多片金箔碎片揉压，呈不规则扁平状，重 3.59 克（图 6-18）。

第二节　银质货币

银质货币有银铤和碎银两种。

银铤主要集中出土于T0301、T0302、T0401、T0402交界处的③、④层海泥中，此处下部船舱C10c①、C11b①、C11c①层也有较多的出土，另有少量银铤散落在船舷外部T0501④层，应为舺楼坍塌时抛出。

银铤按照重量有四种规格，银铤多有凝结。银铤及银块目前已出土229枚，重约290千克。整块银铤也应该作为商品交割使用，上面有铺主名、重量、地址，以行业信用为保证。碎银使用在日常生活中，另有半块银铤发现，可见银铤亦有可能切割作为零用（表6-2）。

（一）银铤

银铤按大小、重量可分为四种形制。

1. A型，铤状，应为"贰拾伍两"银铤。

T0501④：015，银铤，外层凝结物已拆解，灰色，扁平铤状，弧形首尾，束腰，正面略大于背面，铤面微向内凹，中央有一竖向凹槽，背面及侧边呈蜂窝孔状。铤面四角由外向内竖向锉记

"霸南街东"，中央凹槽右侧竖向"杭四二郎"，左侧竖向"重贰拾伍两"，银黑色。长11.4、宽5.2~7.5、厚1.7厘米，重973.9克（图6-19）。

T0501④：029，银铤，外层凝结物已拆解，灰色，扁平铤状，弧形首尾，束腰，正面略大于背面，铤面微向内凹，中央有一竖向凹槽，背面及侧边呈蜂窝孔状。铤面四角由外向内竖向锉记"霸南街东"，中央凹槽右侧竖向"杭四二郎"，左侧竖向"重贰拾伍两"，银黑色，有腐蚀斑。长11.4、宽5.4~7.5、厚1.7厘米，重946.6克（图6-20）。

T0501④：054，银铤，外层凝结物已拆解，灰色，扁平铤状，弧形首尾，束腰，正面略大于背面，铤面微向内凹，中央有一竖向凹槽，背面及侧边呈蜂窝孔状。铤面四角由外向内竖向锉记"霸南街东"，中央凹槽右侧竖向"杭四二郎"，左侧竖向"重贰拾伍两"，银黑色。长11.5、宽5.3~7.6、厚1.7厘米，重967.8克（图6-21）。

C11b①：0018，银铤，外层凝结物已拆解，

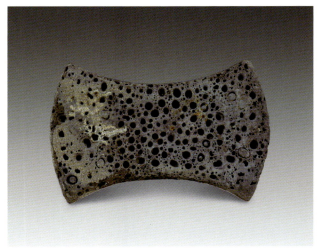

图6-19　A型银铤（T0501④：015）

图 6-20 A 型银铤 （T0501 ④：029）

图 6-21 A 型银铤 （T0501 ④：054）

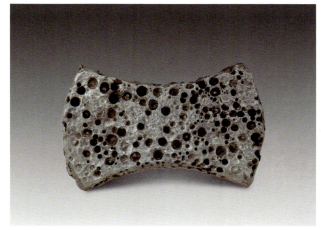

图 6-22 A 型银铤 （C11b ①：0018）

银灰色，扁平铤状，弧形首尾，束腰，正面略大于背面，铤面微向内凹，中央有一竖向凹槽，凹槽两边可见锉记痕迹，背面及侧边呈蜂窝孔状。由于锈蚀情况严重，正面锉记均已模糊无法辨识，背面蜂窝孔亦变浅。长 11.2、宽 4.8~7.1、厚 1.4 厘米，残重 724 克（图 6-22）。

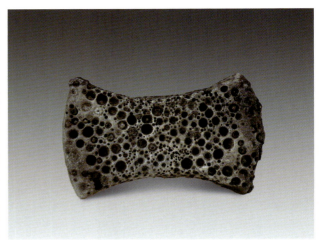

图 6-23　A 型银铤（C11b ① ：0022）

图 6-24　A 型银铤（C11c ① ：0353）

C11b ① ：0022，银铤，外层凝结物已拆解，银灰色，扁平铤状，弧形首尾，束腰，正面略大于背面，铤面微向内凹，中央有一竖向凹槽，背面及侧边呈蜂窝孔状，由于锈蚀情况严重，正面锉记均已模糊无法辨识，背面蜂窝孔亦变浅。长 10.7、宽 4.6~6.9、厚 1.3 厘米，残重 661 克（图 6-23）。

C11c ① ：0353，银铤，黄灰色凝结块，银铤锈蚀后形成，扁平铤状，弧形首尾，束腰，正面略大于背面，表面为锈蚀产物及海洋生物分泌物。长 11.8、宽 5.8~8.1、厚 2.1 厘米，重 989.1 克（图 6-24）。

T0302 ③ ：398，银铤，青灰色凝结块，银铤锈蚀后形成，扁平铤状，弧形首尾，束腰，正面略大于背面，表面为锈蚀产物及海洋生物分泌物。长

12.2、宽 6.1~8.3、厚 2.7 厘米，重 1081.6 克（图 6-25）。

2. B 型，铤状，中等重量。

C11b ① ：0059，银铤，青灰色凝结块，银铤锈蚀后形成，扁平铤状，弧形首尾，束腰，正面略大于背面，表面为锈蚀产物及海洋生物分泌物。长 9.7、宽 4.9~6.7、厚 2.4 厘米，重 496 克（图 6-26）。

C11b ① ：0067，银铤，外层凝结物已拆解，银灰色，扁平铤状，弧形首尾，束腰，正面略大于背面，铤面微向内凹，中央有一竖向凹槽，背面及侧边呈蜂窝孔状，由于锈蚀情况严重，正面锉记均已模糊无法辨识，背面蜂窝孔亦变浅。长 8.9、宽 4.1~6.2、厚 1.1 厘米，重 340 克（图 6-27）。

图 6-25 A 型银铤（T0302 ③：398）

图 6-26 B 型银铤（C11b ①：0059）

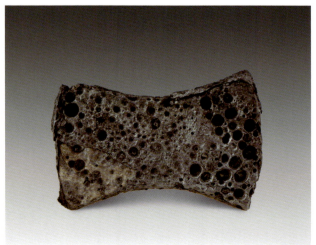

图 6-27 B 型银铤（C11b ①：0067）

图 6-28 B 型银铤（C11c ① : 0354）

图 6-29 C 型银铤（C10c ① : 0107）

C11c ① : 0354，银铤，青灰色凝结块，银铤锈蚀后形成，扁平铤状，弧形首尾，束腰，正面略大于背面，表面为锈蚀产物及海洋生物分泌物。长10、宽6.9~7.1、厚2.6厘米，重599.2克（图6-28）。

3. C 型银铤。

C10c ① : 0107，银铤，青灰色凝结块，银铤锈蚀后形成，扁平铤状，弧形首尾，束腰，正面略大于背面，表面为锈蚀产物及海洋生物分泌物。长8.2、宽4.3~6、厚2.1厘米，重277.6克（图6-29）。

4. D 型银铤。

T0402 ③ : 036，银铤，青灰色凝结块，银铤锈蚀后形成，扁平铤状，弧形首尾，束腰，正面略大于背面，表面为锈蚀产物及海洋生物分泌物。长6.4、宽3.3~4.4、厚1.8厘米，重144.18克（图6-30）。

（二）碎银

C10a ① : 0035，银块，凝结块，方形碎块，为碎银块锈蚀后形成。长2.6、宽2.5、厚2.1厘米，重32.4克（图6-31）。

T0301 ③ : 118，银块，凝结块，扁平，为碎银块锈蚀后形成。长5.3、宽3.5、厚1.9厘米，重76.82克（图6-32）。

图 6-30　D 型银铤（T0402 ③：036）

图 6-31　银块（C10a ①：0035）　　　　　图 6-32　银块（T0301 ③：118）

图 6-33　银块（C10c ①：0101）

C10c ①：0101，银块，青灰色凝结块，为银铤锈蚀后形成，为半块 B 型银铤，弧形首，至束腰中间处残断，应该为使用过程中剪断，表面为锈蚀产物及海洋生物分泌物。残长 6、宽 5.1~7、厚 2.6 厘米，重 305.9 克（图 6-33）。

图 6-34　银铤凝结（C11b①：0049）

图 6-35　银铤凝结（C10c①：0032）

图 6-36　银铤凝结（C10c①：0253）

（三）银铤凝结

C11b①：0049，银铤凝结，两块 A 型银铤凝结在一起，上面一块银铤凝结壳层脱落，露出银铤上锉记，四角印记已模糊，中央左侧"张二郎"，右侧"京销铤银"（图 6-34）。

C10c①：0032，银铤凝结，大量银铤被锈蚀产物凝结在一起，呈银灰色不规则砣状。长28.5、宽25、高21厘米，重31.72千克（图6-35）。

C10c①：0253，银铤凝结物，大量银铤被锈蚀产物凝结在一起，呈银灰色不规则砣状。长27、宽27、高27厘米，重57.18千克（图6-36）。

表6-2 银质货币统计表

序号	编号	器物名称	类型	数量	重量（g）	序号	编号	器物名称	类型	数量	重量（g）
1	2014NHIT0301②：008	银块	A 残块	1	384.7	23	2015NHIT0302③：390	银铤	B	1	594.9
2	2014NHIT0301③：021	银铤	B	1	600	24	2015NHIT0302③：391	银铤	A	1	933.2
3	2014NHIT0301③：118	银块	碎块	1	76.82	25	2015NHIT0302③：392	银铤	B	1	561.9
4	2014NHIT0301③：120	银块		1	未知	26	2015NHIT0302③：393	银铤	A	2	2500
5	2015NHIT0302③：304	银铤	A	1	1168.4	27	2015NHIT0302③：394	银铤	C	1	2500
6	2015NHIT0302③：342	银铤	A	1	1058	28	2015NHIT0302③：395	银铤	A	1	1636.2
7	2015NHIT0302③：356	银铤	A	1	1087	29	2015NHIT0302③：396	银铤	B	1	1636.2
8	2015NHIT0302③：357	银铤	A	1	1058.2	30	2015NHIT0302③：397	银铤	B	1	566.4
9	2015NHIT0302③：358	银铤	A	1	1003.5	31	2015NHIT0302③：398	银铤	A	1	1081.6
10	2015NHIT0302③：370	银铤	A	1	1174.8	32	2015NHIT0302③：399	银铤	A	1	1072.7
11	2015NHIT0302③：374	银铤	A	1	1135.5	33	2015NHIT0302③：400	银铤	B	1	607.1
12	2015NHIT0302③：375	银铤	A	1	1046.8	34	2015NHIT0302③：401	银铤	2A+1B	3	2860
13	2015NHIT0302③：376	银铤	A	1	2040	35	2015NHIT0302③：402	银铤	B	1	597.8
14	2015NHIT0302③：377	银铤	A	1	2040	36	2015NHIT0302③：405	银铤	A	1	1076.6
15	2015NHIT0302③：382	银铤	A	1	1123.3	37	2015NHIT0302③：406	银铤	A	1	1128.76
16	2015NHIT0302③：383	银铤	A	1	980.9	38	2015NHIT0302③：407	银铤	A	2	2260
17	2015NHIT0302③：384	银铤	A	1	4290	39	2015NHIT0302③：408	银铤	1A+1B	2	1593.8
18	2015NHIT0302③：385	银铤	A	1	4290	40	2015NHIT0302③：409	银铤	A	2	2120
19	2015NHIT0302③：386	银铤	A	1	4290	41	2015NHIT0302③：410	银铤	A	2	2140
20	2015NHIT0302③：387	银铤	A	1	4290	42	2015NHIT0302③：411	银铤	B	1	501.1
21	2015NHIT0302③：388	银铤	A	1	1003.4	43	2015NHIT0302③：422	银铤	碎块	1	30.9
22	2015NHIT0302③：389	银铤	B	1	591.8	44	2014NHIT0401③：009	银铤	B	2	1160.3

续表 6-2

序号	编号	器物名称	类型	数量	重量（g）	序号	编号	器物名称	类型	数量	重量（g）
45	2014NHIT0401④：011	银铤	A	1	1015.8	58	2015NHIC10c①：0032	银铤凝结		1	31720
			A	1	1230	59	2015NHIC10c①：0214	银铤	A	1	1184.1
			A	1	1105.9	60	2015NHIC10c①：0253	银铤凝结		1	57180
			A	1	1186.3	61	2015NHIC10a①：0035	银块	碎块	1	32.4
			A	2	2300	62	2015NHIC10a①：0036	银铤	B	1	543.8
			A	3	4470	63	2015NHIC10b①：0001	银铤	A	1	1064.2
			A	1	4470				A	1	980.1
			A	1	995.8				A	1	1106.2
46	2014NHIT0402②：074	银铤	A	1	1139.8	64	2015NHIC10c①：0084	银铤	A	2	2200
47	2014NHIT0402②：075	银铤	A	1	1269.7	65	2015NHIC10c①：0085	银铤	A	1	1084.3
48	2014NHIT0402③：036	银铤	D	1	144.2	66	2015NHIC10c①：0101	银铤	半块B	1	305.9
49	2015NHIT0402④：154	银铤	碎块	1	110.8	67	2015NHIC10c①：0102	银铤	B	1	532.8
50	2015NHIT0402④：156	银块	碎块	1	149.4	68	2015NHIC10c①：0103	银铤	A	1	944.4
51	2015NHIT0402④：159	银块?	碎块	1	7.5	69	2015NHIC10c①：0104	银铤	A	1	992.4
			碎块	1	11.8	70	2015NHIC10c①：0105	银铤	1A+1C	2	1409
52	2014NHIT0501④：015	银铤	拆解A	1	973.9	71	2015NHIC10c①：0106	银铤	A	1	1003.3
53	2014NHIT0501④：029	银铤	拆解A	1	946.6	72	2015NHIC10c①：0107	银铤	C	1	277.6
54	2014NHIT0501④：054	银铤	拆解A	1	967.8	73	2015NHIC10c①：0109	银铤	2A+2B	4	3230
55	2015NHIT0501④：316	银铤	1A+残块	1	1425.7	74	2015NHIC10c①：0117	银铤	A	1	1080.8
56	2015NHIC09c①：0002	银铤		1	未知				A	1	1056
57	2015NHIC09①：0013	银铤	B	1	546.5	75	2015NHIC11b①：0001	银铤	A	1	1068.9

续表 6-2

序号	编号	器物名称	类型	数量	重量（g）	序号	编号	器物名称	类型	数量	重量（g）
76	2015NHIC11b①：0002	银铤	A	1	1017.2	99	2015NHIC11b①：0025	银铤	1A+1B	2	1489.9
77	2015NHIC11b①：0003	银铤	A	3	2830	100	2015NHIC11b①：0026	银铤	A	1	1168.8
78	2015NHIC11b①：0004	银铤	A	1	1447.1	101	2015NHIC11b①：0027	银铤	A	1	978.8
79	2015NHIC11b①：0005	银铤	A	1	1043.2	102	2015NHIC11b①：0028	银铤	A	1	853.9
80	2015NHIC11b①：0006	银铤	A	2	2200	103	2015NHIC11b①：0029	银铤	A	2	1992.1
81	2015NHIC11b①：0007	银铤	A	1	885.3	104	2015NHIC11b①：0030	银铤	A	1	1034.5
82	2015NHIC11b①：0008	银铤	A	1	764.7	105	2015NHIC11b①：0031	银铤	A	1	1016.5
83	2015NHIC11b①：0009	银铤	A	2	1836.6	106	2015NHIC11b①：0032	银铤	B	1	565.2
84	2015NHIC11b①：0010	银铤	A	1	979.6	107	2015NHIC11b①：0033	银铤	A	1	1075.3
85	2015NHIC11b①：0011	银铤	A	1	890.1	108	2015NHIC11b①：0034	银铤	拆A	1	771.2
86	2015NHIC11b①：0012	银铤	1A+残块	1	1271.6	109	2015NHIC11b①：0035	银铤	A	1	988.1
87	2015NHIC11b①：0013	银铤	A	1	1105	110	2015NHIC11b①：0036	银铤	A	1	969.1
88	2015NHIC11b①：0014	银铤	A	1	1073.4	111	2015NHIC11b①：0037	银铤	A	1	1074.8
89	2015NHIC11b①：0015	银铤	A	1	1104.2	112	2015NHIC11b①：0038	银铤	B	1	512.3
90	2015NHIC11b①：0016	银铤	A	1	1058.7	113	2015NHIC11b①：0039	银铤	A	1	979.5
91	2015NHIC11b①：0017	银铤	B	1	570.1	114	2015NHIC11b①：0040	银铤	A	1	878.3
92	2015NHIC11b①：0018	银铤	拆解A	1	724	115	2015NHIC11b①：0041	银铤	1A+	1	953.6
93	2015NHIC11b①：0019	银铤	拆解A	1	714	116	2015NHIC11b①：0042	银铤	A	1	1021.2
94	2015NHIC11b①：0020	银铤	A	1	1006.4	117	2015NHIC11b①：0043	银铤	C	1	234.7
95	2015NHIC11b①：0021	银铤	拆解B	1	333	118	2015NHIC11b①：0044	银铤	A	1	876.3
96	2015NHIC11b①：0022	银铤	拆解A	1	661	119	2015NHIC11b①：0045	银铤	A	1	962.2
97	2015NHIC11b①：0023	银铤	A	1	1042.2	120	2015NHIC11b①：0046	银铤	A	1	1058.5
98	2015NHIC11b①：0024	银铤	A	1	887.6	121	2015NHIC11b①：0047	银铤	A	1	870.1

续表 6-2

序号	编号	器物名称	类型	数量	重量（g）	序号	编号	器物名称	类型	数量	重量（g）
122	2015NHIC11b①：0048	银铤	B	1	534.8	143	2015NHIC11b①：0069	银铤	A	1	939.6
123	2015NHIC11b①：0049	银铤	A	2	1927.1	144	2015NHIC11b①：0070	银铤	A	1	835.2
124	2015NHIC11b①：0050	银铤	A	1	1006.1	145	2015NHIC11b①：0071	银铤	拆A	1	628.3
125	2015NHIC11b①：0051	银铤	1A+残块	1	1554.6	146	2015NHIC11b①：0072	银铤	A	1	965.4
126	2015NHIC11b①：0052	银铤	1A	1	1325.5	147	2015NHIC11b①：0073	银铤	拆解B	1	252
127	2015NHIC11b①：0053	银铤	A	1	1150.9	148	2015NHIC11b①：0074	银铤	拆解A	1	605
128	2015NHIC11b①：0054	银铤	1A+残块	1	1161.5	149	2015NHIC11b①：0075	银铤	B	1	574.5
129	2015NHIC11b①：0055	银铤	1A+残块	1	1198.2	150	2015NHIC11b①：0076	银铤	1B+1C	2	857.9
130	2015NHIC11b①：0056	银铤	B破损	1	373.2	151	2015NHIC11c①：0336	银铤	A	1	1086.3
131	2015NHIC11b①：0057	银铤	B	1	482.4	152	2015NHIC11c①：0337	银铤	A	1	1187.1
132	2015NHIC11b①：0058	银铤	A	1	1052.6	153	2015NHIC11c①：0338	银铤	A	1	1207.3
133	2015NHIC11b①：0059	银铤	B	1	496	154	2015NHIC11c①：0339	银铤	B	1	589.4
134	2015NHIC11b①：0060	银铤	A	1	930.7				A	1	1091
135	2015NHIC11b①：0061	银铤	拆A	1	764.4	155	2015NHIC11c①：0340	银铤	A	1	1181.7
136	2015NHIC11b①：0062	银铤	A	1	885.5	156	2015NHIC11c①：0342	银铤	A	1	1135
137	2015NHIC11b①：0063	银铤	A	1	1004.1				A	1	1166.2
138	2015NHIC11b①：0064	银铤	拆A	1	619.6	157	2015NHIC11c①：0343	银铤	A	1	1147
139	2015NHIC11b①：0065	银铤	A残块	1	374	158	2015NHIC11c①：0344	银铤	B	1	582.8
140	2015NHIC11b①：0066	银铤	拆解A	1	634	159	2015NHIC11c①：0345	银铤	A	1	1116.5
141	2015NHIC11b①：0067	银铤	拆解B	1	340	160	2015NHIC11c①：0346	银铤	A	1	1033.4
142	2015NHIC11b①：0068	银铤	拆解B	1	363	161	2015NHIC11c①：0347	银铤	1A+1B	2	1696.6

续表6-2

序号	编号	器物名称	类型	数量	重量（g）	序号	编号	器物名称	类型	数量	重量（g）
162	2015NHIC11c①：0348	银铤	A	1	1098.4	174	2015NHIC11c①：0853	银铤	B	1	594.9
163	2015NHIC11c①：0349	银铤	A	1	1033	175	2015NHIC11c①：0854	银铤	A	1	989
164	2015NHIC11c①：0350	银铤	A	1	1148.7	176	2015NHIC11c①：0855	银铤	B	1	579.2
165	2015NHIC11c①：0351	银铤	2A+1B	3	2800				A	1	1016.9
166	2015NHIC11c①：0352	银铤	1A+1B	2	1770.3	177	2015NHIC11c①：0856	银铤	2A+1B+1拆B	4	3090
167	2015NHIC11c①：0353	银铤	A	1	989.1						
168	2015NHIC11c①：0354	银铤	B	1	599.2	178	2015NHIC11c①：0857	银铤	A	1	1066.2
169	2015NHIC11c①：0355	银铤	A	1	1250.2	179	2015NHIC11c①：0858	银铤	A	1	1105.5
170	2015NHIC11c①：0356	银铤	A	1	1298.7	180	2015NHIC11c①：0859	银铤	B	1	564.7
171	2015NHIC11c①：0357	银铤	A	1	1039.4	181	2015NHIC11c①：0860	银铤	A	1	864.2
172	2015NHIC11c①：0358	银铤	A	1	1321.6	182	2015NHIC11c①：0903	银铤	A	1	1069.1
173	2015NHIC11c①：0852	银铤	A	1	1103.9	183	2015NHIC12c①：0676	银铤	A	1	1117.8

第三节　铜钱

铜钱在整个遗址各层均有出土且数量较多，大量铜钱集中出土于 T0402 ④层船舷板附近海泥中。出土铜钱的数量已超过 15000 枚，目前发现最早的是新莽货泉（公元 8 年~23 年），最晚的为南宋乾道元宝（公元 1165 年），为南宋早期钱币。部分数量统计见表 6-3。

一　新莽至五代铜钱

货泉，新莽天凤元年（公元 14 年）始铸。篆书，直径 2.2 厘米，穿宽 0.75 厘米，重 2.2 克（图 6-37）。

五铢，东汉光武帝建武十六年（公元 40 年）始铸。隶书，直径 2.3 厘米，穿宽 0.8 厘米，重量 2.4 克（图 6-38）。

五铢，隋文帝开皇元年（公元 581 年）始铸。篆书，直径 2.3 厘米，穿宽 0.8 厘米，重 2.1 克（图 6-39）。

开元通宝，唐高祖武德四年（公元 621 年）始铸。隶书，背仰月，直径 2.4 厘米，穿宽 0.7 厘米，重 3.4 克（图 6-40）。

图 6-37　货泉（篆书）

图 6-38　五铢（隶书）

图 6-39　五铢（篆书）

图 6-40　开元通宝（隶书　背仰月）

开元通宝，唐高祖武德四年（公元621年）始铸。隶书，直径2.4厘米，穿宽0.7厘米，重3.4克（图6-41）。

乾元重宝·小平，唐代宗宝应年间（公元762～763年）铸。隶书，背祥云，直径2.4厘米，穿宽0.7厘米，重3.6克（图6-42）。

咸康元宝，十国前蜀后主咸康元年（公元925年）始铸。真书，直径2.2厘米，穿宽0.7厘米，重2.3克（图6-43）。

汉元通宝，后汉隐帝乾祐元年（公元948年）始铸。隶书，直径2.45厘米，穿宽0.65厘米，重3.6克（图6-44）。

周元通宝，后周世宗显德二年（公元955年）始铸。隶书，直径2.3厘米，穿宽0.7厘米，重1.4克（图6-45）。

开元通宝，南唐元宗保大年间（公元943～957年）铸。篆书，直径2.5厘米，穿宽0.7厘米，重4.9克（图6-46）。

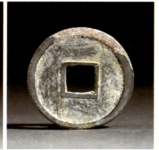

图6-41 开元通宝（隶书）

图6-42 乾元重宝（隶书 背祥云）

图6-43 咸康元宝（真书）

图6-44 汉元通宝（隶书）

图6-45 周元通宝（隶书）

图6-46 南唐开元通宝（篆书）

唐国通宝，南唐元宗交泰元年（公元958年）铸。篆书，直径2.5厘米，穿宽0.6厘米，重3.5克（图6-47）。

二　北宋铜钱

宋元通宝，北宋太祖建隆元年（公元960年）始铸。隶书，直径2.9厘米，穿宽0.6厘米，重3.9克（图6-48）。

太平通宝，北宋太宗太平兴国年间（公元976～984年）铸。楷书，直径2.9厘米，穿宽0.6

厘米，重2.9克（图6-49）。

淳化元宝，北宋太宗淳化元年（公元990年）始铸。楷书，直径2.9厘米，穿宽0.6厘米，重4.2克（图6-50）。

淳化元宝，北宋太宗淳化元年（公元990年）始铸。行书，直径2.9厘米，穿宽0.6厘米，重3.9克（图6-51）。

至道元宝，北宋太宗至道元年（公元995年）始铸。草书，直径2.4厘米，穿宽0.7厘米，重4.4克（图6-52）。

图6-47　唐国通宝（篆书）

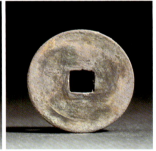

图6-48　宋元通宝（隶书）

图6-49　太平通宝（楷书）

图6-50　淳化元宝（楷书）

图6-51　淳化元宝（行书）

图6-52　至道元宝（草书）

至道元宝，北宋太宗至道元年（公元995年）始铸。楷书，直径2.4厘米，穿宽0.7厘米，重3.9克（图6-53）。

咸平元宝，北宋真宗咸平年间（公元998～1003年）铸。真书，直径2.9厘米，穿宽0.6厘米，重4.1克（图6-54）。

景德元宝，北宋真宗景德年间（公元1004～1007年）铸。真书，直径2.5厘米，穿宽0.7厘米，重3.8克（图6-55）。

祥符元宝，北宋真宗大中祥符元年（公元1008年）铸。真书，直径2.5厘米，穿宽0.6厘米，重3.9克（图6-56）。

祥符元宝，北宋真宗大中祥符年间（公元1008～1016年）铸。真书，直径2.4厘米，穿宽0.6厘米，重3.4克（图6-57）。

祥符通宝，北宋真宗大中祥符年间（公元1008～1016年）铸。真书，直径2.8厘米，穿宽0.7厘米，重3.9克（图6-58）。

图6-53　至道元宝（楷书）　　　　　　　图6-54　咸平元宝（真书）

图6-55　景德元宝（真书）　　　　　　　图6-56　祥符元宝（真书）

图6-57　祥符元宝（真书）　　　　　　　图6-58　祥符通宝（真书）

天禧通宝，北宋真宗天禧年间（公元 1017 ～公元 1021 年）铸。真书，直径 2.5 厘米，穿宽 0.7厘米，重 3.8 克（图 6-59）。

天圣元宝，北宋仁宗天圣年间（公元1023 ～ 1032 年）铸。真书，直径 2.5 厘米，穿宽 0.7厘米，重 4 克（图 6-60）。

天圣元宝，北宋仁宗天圣年间（公元1023 ～ 1032 年）铸。篆书，直径 2.5 厘米，穿宽 0.8厘米，重 5.6 克（图 6-61）。

明道元宝，北宋仁宗明道年间（公元 1032 ～1033 年）铸。楷书，直径 2.9 厘米。穿宽 0.7 厘米，重 3.1 克（图 6-62）。

景祐元宝，北宋仁宗景祐年间（公元1034 ～ 1038 年）铸。真书，直径 2.9 厘米，穿宽 0.7厘米，重 4.4 克（图 6-63）。

景祐元宝，北宋仁宗景祐年间（公元1034 ～ 1038 年）铸。篆书，直径 2.9 厘米，穿宽 0.7厘米，重 4.4 克（图 6-64）。

图 6-59　天禧通宝（真书）　　　　　　　　　图 6-60　天圣元宝（真书）

图 6-61　天圣元宝（篆书）　　　　　　　　　图 6-62　明道元宝（楷书）

图 6-63　景祐元宝（真书）　　　　　　　　　图 6-64　景祐元宝（篆书）

皇宋通宝，北宋仁宗宝元二年（公元1039年）始铸。真书，直径2.4厘米，穿宽0.8厘米，重4克（图6-65）。

皇宋通宝，北宋仁宗宝元二年（公元1039年）始铸。篆书，直径2.4厘米，穿宽0.7厘米，重3.4克（图6-66）。

庆历重宝，北宋仁宗庆历年间（公元1041~1048年）铸。折十大钱，真书，直径2.9厘米，穿宽0.8厘米，重8.5克（图6-67）。

至和元宝，北宋仁宗至和年间（公元1054~1056年）铸。真书，直径2.4厘米，穿宽0.8厘米，重3.6克（图6-68）。

至和元宝，北宋仁宗至和年间（公元1054~1056年）铸。篆书，磨缘，直径2.3厘米，穿宽0.7厘米，重3.9克（图6-69）。

至和通宝，北宋仁宗至和年间（公元1054~1056年）铸。篆书，直径2.4厘米，穿宽0.7厘米，重3.9克（图6-70）。

图6-65　皇宋通宝（真书）

图6-66　皇宋通宝（篆书）

图6-67　庆历重宝（真书 折十大钱）

图6-68　至和元宝（真书）

图6-69　至和元宝（篆书）

图6-70　至和通宝（篆书）

嘉祐元宝，北宋仁宗嘉祐年间（公元 1056 ~ 1063 年）铸。真书，直径 2.3 厘米，穿宽 0.7 厘米，重 4 克（图 6-71）。

嘉祐元宝，北宋仁宗嘉祐年间（公元 1056 ~ 1063 年）铸。篆书，直径 2.3 厘米，穿宽 0.7 厘米，重 4.1 克（图 6-72）。

嘉祐通宝，北宋仁宗嘉祐年间（公元 1056 ~ 1063 年）铸。真书，直径 2.4 厘米，穿宽 0.8 厘米，重 4.3 克（图 6-73）。

嘉祐通宝，北宋仁宗嘉祐年间（公元 1056 ~ 1063 年）铸。篆书，直径 2.3 厘米，穿宽 0.8 厘米，重 4.7 克（图 6-74）。

治平元宝，北宋英宗治平年间（公元 1064 ~ 1067 年）铸。真书，直径 2.9 厘米，穿宽 0.7 厘米，重 4.3 克（图 6-75）。

治平元宝，北宋英宗治平年间（公元 1064 ~ 1067 年）铸。篆书，直径 2.9 厘米，穿宽 0.7 厘米，重 3.2 克（图 6-76）。

图 6-71　嘉祐元宝（真书）

图 6-72　嘉祐元宝（篆书）

图 6-73　嘉祐通宝（真书）

图 6-74　嘉祐通宝（篆书）

图 6-75　治平元宝（真书）

图 6-76　治平元宝（篆书）

治平通宝，北宋英宗治平年间（公元1064~1067年）铸。真书，直径2.5厘米，穿宽0.8厘米，重3.2克（图6-77）。

治平通宝，北宋英宗治平年间（公元1064~1067年）铸。篆书，直径2.5厘米，穿宽0.8厘米，重3.9克（图6-78）。

熙宁元宝，北宋神宗熙宁年间（公元1068~1077年）铸。真书，直径2.9厘米，穿宽0.7厘米，重4.5克（图6-79）。

熙宁元宝，北宋神宗熙宁年间（公元1068~1077年）铸。篆书，直径2.9厘米，穿宽0.6厘米，重4.5克（图6-80）。

熙宁重宝，北宋神宗熙宁年间（公元1068~1077年）铸。真书，大钱，大字，直径3.1厘米，穿宽0.7厘米，重8.4克（图6-81）。

熙宁重宝，北宋神宗熙宁年间（公元1068~1077年）铸。真书，大钱，小字，直径3厘米，穿宽0.7厘米，重7.9克（图6-82）。

图6-77 治平通宝（真书）

图6-78 治平通宝（篆书）

图6-79 熙宁元宝（真书）

图6-80 熙宁元宝（篆书）

图6-81 熙宁重宝（真书 大字）

图6-82 熙宁重宝（真书 小字）

熙宁重宝，北宋神宗熙宁年间（公元1068~1077年）铸。篆书，直径2.8厘米，穿宽0.7厘米，重7.8克（图6-83）。

元丰通宝，北宋神宗元丰年间（公元1078~1085年）铸。行书，大钱，直径2.9厘米，穿宽0.7厘米，重7.7克（图6-84）。

元丰通宝，北宋神宗元丰年间（公元1078~1085年）铸。行书，直径2.4厘米，穿宽0.8厘米，重3.4克（图6-85）。

元丰通宝，北宋神宗元丰年间（公元1078~1085年）铸。篆书，大钱，直径2.9厘米，穿宽0.7厘米，重6.8克（图6-86）。

元丰通宝，北宋神宗元丰年间（公元1078~1085年）铸。篆书，直径2.5厘米，穿宽0.7厘米，重3.9克（图6-87）。

元祐通宝，北宋哲宗元祐年间（公元1086~1093年）铸。行书，大钱，直径3厘米，穿宽0.7厘米，重10克（图6-88）。

图6-83 熙宁重宝（篆书）

图6-84 元丰通宝（行书 大钱）

图6-85 元丰通宝（行书）

图6-86 元丰通宝（篆书 大钱）

图6-87 元丰通宝（篆书）

图6-88 元祐通宝（行书 大钱）

元祐通宝，北宋哲宗元祐年间（公元 1086～1093 年）铸。行书，直径 2.9 厘米，穿宽 0.7 厘米，重 4.2 克（图 6-89）。

元祐通宝，北宋哲宗元祐年间（公元 1086～1093 年）铸。篆书，直径 2.9 厘米，穿宽 0.7 厘米，重 4.3 克（图 6-90）。

绍圣元宝，北宋哲宗绍圣年间（公元 1094～1098 年）铸。行书，直径 2.9 厘米，穿宽 0.6 厘米，重 4.1 克（图 6-91）。

绍圣元宝，北宋哲宗绍圣年间（公元 1094～1098 年）铸。行书，花穿，直径 2.9 厘米，穿宽 0.9 厘米，重 3.5 克（图 6-92）。

绍圣元宝，北宋哲宗绍圣年间（公元 1094～1098 年）铸。篆书，大钱，直径 3 厘米，穿宽 0.7 厘米，重 10 克（图 6-93）。

绍圣元宝，北宋哲宗绍圣年间（公元 1094～1098 年）铸。篆书，直径 2.8 厘米，穿宽 0.7 厘米，重 4.3 克（图 6-94）。

图 6-89　元祐通宝（行书）

图 6-90　元祐通宝（篆书）

图 6-91　绍圣元宝（行书）

图 6-92　绍圣元宝（行书 花穿）

图 6-93　绍圣元宝（篆书 大钱）

图 6-94　绍圣元宝（篆书）

元符通宝，北宋哲宗元符年间（公元 1098 ~ 1100 年）铸。行书，大钱，直径 3 厘米，穿宽 0.7 厘米，重 7.8 克（图 6-95）。

元符通宝，北宋哲宗元符年间（公元 1098 ~ 1100 年）铸。行书，直径 2.3 厘米，穿宽 0.7 厘米，重 3.8 克（图 6-96）。

元符通宝，北宋哲宗元符年间（公元 1098 ~ 1100 年）铸。篆书，大钱，直径 3 厘米，穿宽 0.8 厘米，重 7.8 克（图 6-97）。

元符通宝，北宋哲宗元符年间（公元 1098 年 ~ 1100 年）铸。篆书，直径 2.3 厘米，穿宽 0.7 厘米，重 3.6 克（图 6-98）。

圣宋元宝，北宋徽宗建中靖国元年（公元 1101 年）铸。行书，大钱，直径 3 厘米，穿宽 0.7 厘米，重 7.4 克（图 6-99）。

圣宋元宝，北宋徽宗建中靖国元年（公元 1101 年）铸。行书，直径 2.5 厘米，穿宽 0.7 厘米，重 3.3 克（图 6-100）。

图 6-95　元符通宝（行书 大钱）

图 6-96　元符通宝（行书）

图 6-97　元符通宝（篆书 大钱）

图 6-98　元符通宝（篆书）

图 6-99　圣宋元宝（行书 大钱）

图 6-100　圣宋元宝（行书）

圣宋元宝，北宋徽宗建中靖国元年（公元1101年）铸。篆书，大钱，直径3厘米，穿宽0.7厘米，重8.5克（图6-101）。

圣宋元宝，北宋徽宗建中靖国元年（公元1101年）铸。篆书，直径2.3厘米，穿宽0.7厘米，重3.7克（图6-102）。

崇宁重宝，北宋徽宗崇宁年间（公元1102～1106年）铸。隶书，直径3.3厘米，穿宽0.9厘米，重8克（图6-103）。

大观通宝，北宋徽宗大观年间（公元1107～1110年）铸。瘦金书，直径2.9厘米，穿宽0.7厘米，重3.4克（图6-104）。

政和通宝，北宋徽宗政和年间（公元1111～1117年）铸。隶书，大钱，直径2.9厘米，穿宽0.6厘米，重6.2克（图6-105）。

政和通宝，北宋徽宗政和年间（公元1111～1117年）铸。隶书，直径2.9厘米，穿宽0.7厘米，重3.1克（图6-106）。

图6-101 圣宋元宝（篆书 大钱）

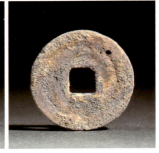

图6-102 圣宋元宝（篆书）

图6-103 崇宁重宝（隶书）

图6-104 大观通宝（瘦金书）

图6-105 政和通宝（隶书 大钱）

图6-106 政和通宝（隶书）

政和通宝，北宋徽宗政和年间（公元 1111 ~ 1117 年）铸。篆书，大钱，直径 3.1 厘米，穿宽 0.6 厘米，重 8.0 克（图 6-107）。

政和通宝，北宋徽宗政和年间（公元 1111 ~ 1117 年）铸。篆书，直径 2.9 厘米，穿宽 0.7 厘米，重 4.1 克（图 6-108）。

宣和通宝，宋徽宗宣和年间（公元 1119 ~ 1125 年）铸。隶书，大钱，直径 3.1 厘米，穿宽 0.7 厘米，重 6.7 克（图 6-109）。

宣和通宝，宋徽宗宣和年间（公元 1119 ~ 1125 年）铸。隶书，直径 2.9 厘米，穿宽 0.6 厘米，重 3.6 克（图 6-110）。

宣和通宝，宋徽宗宣和年间（公元 1119 ~ 1125 年）铸。篆书，大钱，直径 3 厘米，穿宽 0.8 厘米，重 6.3 克（图 6-111）。

宣和通宝，宋徽宗宣和年间（公元 1119 ~ 1125 年）铸。篆书，直径 2.8 厘米，穿宽 0.6 厘米，重 3.6 克（图 6-112）。

图 6-107　政和通宝（篆书　大钱）

图 6-108　政和通宝（篆书）

图 6-109　宣和通宝（隶书　大钱）

图 6-110　宣和通宝（隶书）

图 6-111　宣和通宝（篆书　大钱）

图 6-112　宣和通宝（篆书）

三　南宋铜钱

建炎通宝，南宋高宗建炎年间（公元1127～1130年）铸。篆书，直径2.9厘米，穿宽0.7厘米，重6.1克（图6-113）。

建炎通宝，南宋高宗建炎年间（公元1127～1130年）铸。楷书，大钱，直径3.05厘米，穿宽0.75厘米，重7.1克（图6-114）。

建炎通宝，南宋高宗建炎年间（公元1127～1130年）铸。楷书，直径2.5厘米，穿宽0.75厘米，重2.7克（图6-115）。

绍兴元宝，南宋高宗绍兴年间（公元1131～1162年）铸。楷书，直径2.8厘米，穿宽0.8厘米，重6.4克（图6-116）。

绍兴通宝，南宋高宗绍兴年间（公元1131～1162年）铸。楷书，直径2.9厘米，穿宽0.75厘米，重6.1克（图6-117）。

隆兴元宝，南宋孝宗隆兴年间（公元1163～1164年）铸。楷书，直径3厘米，穿宽0.7厘米，重6克（图6-118）。

图6-113　建炎通宝（篆书）

图6-114　建炎通宝（楷书 大钱）

图6-115　建炎通宝（楷书）

图6-116　绍兴元宝（楷书）

图6-117　绍兴通宝（楷书）

图6-118　隆兴元宝（楷书）

隆兴元宝，南宋孝宗隆兴年间（公元1163~1164年）铸。篆书，直径3厘米，穿宽0.7厘米，重7.1克（图6-119）。

乾道元宝，南宋孝宗乾道年间（公元1165~1173年）铸。楷书，直径2.8厘米，穿宽0.8厘米，重5.9克（图6-120）。

乾道元宝，南宋孝宗乾道年间（公元1165~1173年）铸。篆书，直径2.8厘米，穿宽0.7厘米，重5.9克（图6-121）。

图6-119　隆兴元宝（篆书）

图6-120　乾道元宝（楷书）

图6-121　乾道元宝（篆书）

表6-3　2014年出土铜钱年号（种类）统计表

序号	年代		钱文	年号（铸造年代）	数量
1	新莽至五代		货泉	新莽天凤元年（14年）	3
2			五铢	东汉光武帝建武十六年（40年）始铸	5
3			开元通宝	唐高祖武德四年（621年）始铸	573
4			乾元重宝	唐代宗宝应年间（762~763年）铸	28
5			咸康元宝	十国前蜀后主咸康元年（925年）始铸	1
6			汉元通宝	后汉隐帝乾祐元年（948年）始铸	3
7			周元通宝	后周世宗显德二年（955年）始铸	1
8			唐国通宝	南唐元宗交泰元年（958年）铸	14
9	北宋	太祖	宋元通宝	建隆元年（960年）始铸	31
10		太宗	太平通宝	太平兴国年间（976~984年）铸	42
11			淳化元宝	淳化元年（990年）始铸	70
12			至道元宝	至道元年（995年）始铸	139

续表 6-3

序号	年代		钱文	年号（铸造年代）	数量
13			咸平元宝	咸平年间（998～1003 年）铸	138
14			景德元宝	景德年间（1004～1007 年）铸	176
15		真宗	祥符元宝	大中祥符元年（1008 年）始铸	250
16			祥符通宝	大中祥符年间（1008～1016 年）铸	107
17			天禧通宝	天禧年间（1017 年～1021 年）铸	181
18			天圣元宝	天圣年间（1023～1032 年）铸	373
19			明道元宝	明道年间（1032 年～1033 年）铸	31
20			景祐元宝	景祐年间（1034～1038 年）铸	127
21			皇宋通宝	宝元二年（1039 年）始铸	912
22		仁宗	庆历重宝	庆历年间（1041～1048 年）铸	1
23			至和元宝	至和年间（1054～1056 年）铸	80
24			至和通宝	至和年间（1054～1056 年）铸	1
25			嘉祐元宝	嘉祐年间（1056～1063 年）铸	92
26	北宋		嘉祐通宝	嘉祐年间(1056～1063 年)铸	124
27		英宗	治平元宝	治平年间（1064～1067 年）铸	143
28			治平通宝	治平年间（1064～1067 年）铸	6
29			熙宁元宝	熙宁年间（1068～1077 年）铸	724
30		神宗	熙宁重宝	熙宁年间（1068～1077 年）铸	108
31			元丰通宝	元丰年间（1078 年～1085 年）铸	1044
32			元祐通宝	元祐年间（1086 年～1093 年）铸	3
33		哲宗	绍圣元宝	绍圣年间（1094～1098 年）铸	159
34			元符通宝	元符年间(1098 年～1100 年)铸	137
35			圣宋元宝	建中靖国元年（1101 年）铸	335
36			崇宁重宝	崇宁年间（1102 年～1106 年）铸	3
37		徽宗	大观通宝	大观年间（1107～1110 年）铸	147
38			政和通宝	政和年间（1111～1117 年）铸	4
39			宣和通宝	宣和年间（1119～1125 年）铸	114
40			建炎通宝	建炎年间（1127～1130 年）铸	33
41		高宗	绍兴元宝	绍兴年间（1131～1162 年）铸	229
42	南宋		绍兴通宝	绍兴年间(1131～1162 年)铸	23
43		孝宗	隆兴元宝	隆兴年间（1163～1164 年）铸	6
44			乾道元宝	乾道年间（1165～1173 年）铸	6
45			钱文不可辨识		1380
46				总数	8107

注 1：2014~2015 年度出土铜钱总数超过 15000 枚，其中 2014 年出土 8100 余枚。

注 2：由于出土铜钱锈蚀严重，本次统计分析数据以已保护处理的 2014 年出土铜钱作为统计分析样本。

第四节 小结

沉船出土货币在海洋沉船考古中并非罕见之事，"瓦萨"号、"玛丽罗斯"等战船沉船上出水的尚可认为是船员随身携带之物。但西太平洋环中国海域、东南亚海域、印度洋沿线沉船多为商船，其上常携带有数量不少的各类金属货币，我们一般认为其被用于商品贸易中。金银自古以来就以其本身贵金属的特性更容易成为不同地域贸易一般等价物，但随着东亚、东南亚地区的水下考古工作的开展，人们发现有部分中国的制式货币广泛地出现在东北亚、东南亚等与中国自古以来就有广泛的贸易、文化往来的国家中。虽中国史籍有所记载，但实物尤其是出水于相关国家海域的实物更证明了这一时期中国与周边国家的海上贸易的兴盛。

一 海外出土出水古代中国钱币

中国自秦汉开始就有陆上丝绸之路、海上丝绸之路两条中外贸易交流通道，在贸易通道沿线的国家陆地及水下考古工作中常发现古代中国钱币。韩国新安江元代沉船、印尼"黑石号"沉船、印坦沉船均报道有较多铜钱出水，印坦沉船还发现有较多的银铤。中国沿海的西沙"华光礁I号"沉船、绥中三道岗元代沉船等也均有古代铜钱出水。

有学者研究海外出土的中国钱币，发现在海上贸易沿线国家中，以出土宋代钱币较多。概因宋代海外贸易发达，货币需求量大，而宋代铜钱铸造量大且铸造精美、币值稳定。因此在海外贸易中，宋钱在东北亚、东南亚区域均可流通。越南、日本在宋及以后甚至仿铸宋钱作为流通[①]。

虽然自唐以来铜钱外流禁令严格，但铜钱外流现象从未被禁绝。宋代发达的海外贸易及宋钱在周边国家的流通注定宋钱外流得不到根治。本沉船所发现的大量金银铜货币，就是例证。"南海I号"沉船历次水下考古及本次发掘已出土大量金银铜货币，但船舱内仍有大量铜钱及银铤未出土。此部分货币价值巨大，已远远超出律令所限额的货币携带量。

二 关于"宋钱外流"的历史现象

宋钱外流是一个重要的历史现象。宋朝时曾多次颁布诏令、敕令、律法禁止金银铜钱外流。与海上贸易有关的史料大致可分三类：

一类记载铜钱等货币向海外流出，部分国家甚至流通中国钱币，如《乐全集》卷26《论钱禁铜法事》"钱本中国宝货，近乃与四夷共用"[②]；

二类记载在南宋时，铜钱金银自海上流出成为政府禁令的主要对象，如《文献通考》卷九《钱币考二》记载"自国家置市舶于浙于闽于广，舶商往来，钱宝所由以泄，是以临安出门有禁，下江有禁，入海有禁。凡舶船之方发也，官必点视，及遣巡捕官监送放洋"。[③]

三类记载各种律令对铜钱出海的处罚条款，如《庆元条法事类》中《铜钱下海敕》《铜钱金银出界敕》记载"铜钱入海船者……十贯流两千里"，

---

① 彭信威：《中国货币史》，上海人民出版社，2007年，第296~298、333页。

② （宋）张方平：《乐全集》，文渊阁四库全书本。

③ （元）马端临：《文献通考》卷九《钱币考二》，中华书局，1986年，第98页。

"诸以铜钱以蕃商博易……十贯配远恶州"，"诸以铜钱出中国界者……五贯绞"[1]。

从这些记载可以看出：首先宋代对外贸易量大，商品经济发达，政府虽大量铸造金银铜货币，但仍不足用；其次宋代货币尤其是铜钱外流严重，政府屡次敕令禁止，律法严格；再次南宋时海上贸易中大量货币流出，成为主要的货币外流通道，当时商人出海携带铜钱，蕃商也接收铜钱作为货币，以至于政府下令严禁与蕃商用铜钱交易，严禁携带铜钱出海。

三 小结

本沉船是古代海上丝绸之路的实物遗存，出土的金银铜货币佐证了史料记载中货币外流的现象。金叶子、银铤的形制、铭文与内地出土的同类型金质货币类似，证明了宋代金叶子、银铤作为大额货币广泛应用于商品贸易甚至海上贸易中。铜钱钱文是重要的纪年信息，目前发现最晚的铜钱为乾道元宝（表6-4、6-5），证实此船不早于南宋孝宗乾道元年（公元1165年）。

表6-4 2014年出土铜钱统计分析表

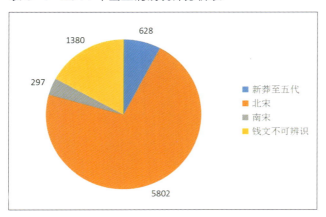

表6-5 2014年出土铜钱统计分析表

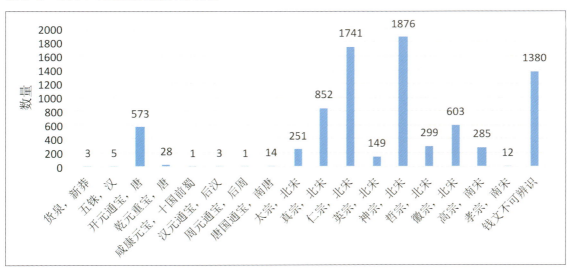

---

[1]（宋）谢深甫监修：《庆元条法事类》卷29，北京书店据1948年刻本重印本，1981年，第31、38页。

南海Ⅰ号

沉船考古报告之二

2014~2015年发掘

第七章

金属器

本船集中出土了一批金属器，是本船出土器物中除瓷器外的另一大宗，制作精良，内涵丰富，是对南宋时期金属遗物材料的极大补充和扩展，对研究南宋时期的经济史、海外贸易史、科技史、社会生活史等具有重大意义。

首先需指出，本章所述的金属器是不包括货币（辟专章另述）的各类古代金属器具，且所述范围为 2013 年 11 月至 2016 年 1 月通过发掘工作获取的古代金属器具；同时需指出，由于本船已出土的凝结物（主要是铁器）大部分未破拆，其中包含的铁器及其他金属器情况不明。

本船出土的金属器从质地上来讲，包括金、银、铜、铁、锡、铅、锌等，其中，以铁器所占比重最大，金器、铜器、锡器次之，银器、铅器、锌器出土数量较少。值得特别指出的是，出土的金属器有大量的合金制品，例如锡器，几乎全部都是铅锡合金。同时，本船还携带了大量的水银。

从种类上讲，本船出土的金属器包括首饰佩饰、生活用具、衡器、渔猎工具等，在以上几大类下又可分为若干分类，林林总总，蔚为大观，同时形式多样，造型美观，也不乏雕琢精细的精品，代表了南宋金属器海外贸易的繁荣景况。

从分布上讲，本船金属器广泛分布于各舱室，其中以铁器分布范围最广，在船体内除中部第 9、10 舱装载较少外，其余舱室均成规模装载。金器主要分布在船体中部舱室，尤其以第 10、11 舱分布较多；铜器主要分布于船体的中后部，尤其以第 11 舱及尾舱分布较多；锡器以靠近主桅杆附近及尾舱附近分布为主。值得注意的是，以上分布情况虽能一定程度上反映当时金属器的装载位置，但同时也应考虑到本船在沉没、整体打捞时的剧烈晃动等人为因素干扰及本船在海底时水流搬运等自然因素的干扰对原始位置的影响，尤其是对金、铜、锡等小件器物位置的影响。

第一节　金器

本船集中出土一批金器，均为首饰、佩饰类，出土的数量之多、形制之繁、制作之精、造型之独特则为南宋时期考古材料迄今为止所仅见，是研究当时金器制作、加工、贸易的重要材料。

截至 2016 年 1 月，本船出土的金器达 180 件/套（除金质货币外），总重量 2449.81 克。金器出土位置多在遗址的上层，在水平上看多分布于船体中、后部。金器的主要器形包括腰带、项链、戒指、手镯、耳环、缠钏等六类。

值得注意的是，在船体左舷前部（T0201 探方）、船体外侧出土的漆盒内集中放置了一批金器，包括若干金箔货币、2 条犀角形饰品项链、4 枚镶宝石或金饼的戒指、1 组腰带配件（包括带铸 6 件、带扣 1 对及条形金饰 18 件等配件，总数 26 件）、10 对（20 件）耳环等，风格华美，制作精良，且造型风格迥异于南宋金器，为研究本船金器的性质提供了重要线索（图 7–1）。

本船金器在制作时广泛运用了编织、焊接、掐丝、镶嵌等工艺，尤其是在大型金饰如项链、腰带等上得到了综合性体现，展示出较高的工艺水平；纹饰以錾刻为主，也见阴刻纹饰。所见的装饰纹样主要有花卉纹、卷草纹、几何形纹、联珠纹、篦点纹、龙纹等类型。

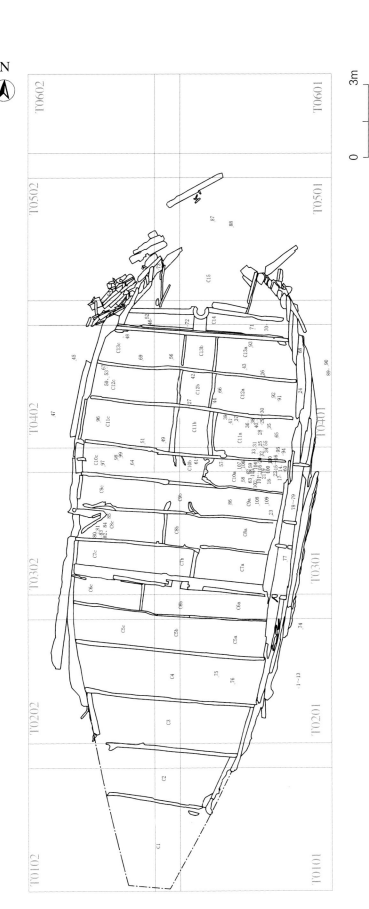

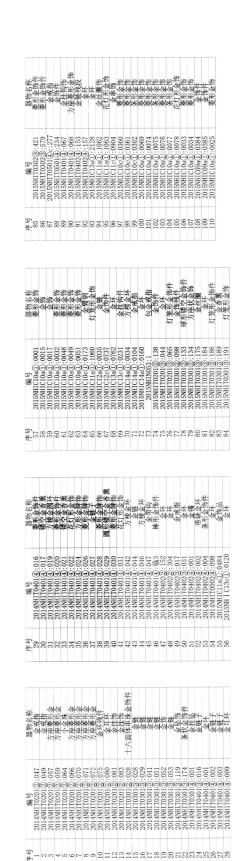

序号	编号	器物名称
1	2014NHT0201③:047	金耳挡
2	2014NHT0201③:049	方形菱形金饰
3	2014NHT0201③:057	方形菱形金饰
4	2014NHT0201③:059	金饰
5	2014NHT0201③:064	方形菱形金饰
6	2014NHT0201③:066	方形菱形金饰
7	2014NHT0201③:070	菱形金饰
8	2014NHT0201③:071	菱形金饰
9	2014NHT0201③:072	金耳环
10	2014NHT0201③:075	金耳挡
11	2014NHT0201③:080	金耳环
12	2014NHT0201③:081	金耳挡
13	2014NHT0201③:083	金耳挡
14	2014NHT0301③:028	十六面体金饰件
15	2014NHT0301③:029	金链
16	2014NHT0301③:041	金链
17	2014NHT0301③:051	金链
18	2014NHT0301③:052	金饰
19	2014NHT0301③:053	金饰
20	2014NHT0301③:119	金耳坠
21	2014NHT0301③:174	菱形金饰件
22	2015NHT0301③:001	金耳环
23	2014NHT0401③:016	客形金饰件
24	2014NHT0402③:004	金饰件
25	2014NHT0402④:098	金耳环
26	2014NHT0401④:002	金耳坠
27	2014NHT0401④:003	金耳坠
28	2014NHT0401④:009	金耳环

序号	编号	器物名称
29	2014NHT0401④:016	菱形金饰件
30	2014NHT0401④:017	菱形金饰件
31	2014NHT0401④:019	方锥形金饰
32	2014NHT0401④:020	菱形金饰
33	2014NHT0401④:021	菱形金饰件
34	2014NHT0401④:022	小菱形金饰
35	2014NHT0401④:024	花叶形金饰
36	2014NHT0401④:026	菱形金饰件
37	2014NHT0401④:027	菱形金饰件
38	2014NHT0401④:028	客形金饰件
39	2014NHT0401④:029	圆菱形金饰件
40	2014NHT0401④:030	华叶形金饰
41	2014NHT0401④:031	金饰件
42	2014NHT0401④:042	方锥金饰件
43	2014NHT0401④:044	金耳环
44	2014NHT0401④:046	方锥金饰
45	2014NHT0401④:047	金耳环
46	2014NHT0402③:临3	金耳环
47	2014NHT0402③:052	金耳环
48	2014NHT0402③:017	金耳指
49	2014NHT0402③:001	金耳环
50	2014NHT0402③:001	金饰件
51	2014NHT0301③:184	金耳环
52	2014NHT0402③:004	金耳环
53	2014NHT0402④:002	客形金饰件
54	2014NHT05024:098	金饰件
55	2015NHⅠC13c①:0484	金耳环
56	2015NHⅠC13c①:0120	金耳环

序号	编号	器物名称
57	2015NHⅠC10a①:0001	菱形金饰
58	2015NHⅠC10a①:0015	金饰
59	2015NHⅠC10a①:0017	菱形金饰
60	2015NHⅠC10a①:0032	菱形金饰
61	2015NHⅠC10a①:0048	菱形金饰
62	2015NHⅠC10a①:0049	菱形金饰
63	2015NHⅠC10a①:0051	菱形金饰
64	2015NHⅠC10c①:0173	菱形金饰
65	2015NHⅠC11a①:1060	灯笼形金饰
66	2015NHⅠC12a①:0035	金饰件
67	2015NHⅠC12c①:0737	金饰件
68	2015NHⅠC13c①:0762	金珠成排
69	2015NHⅠC13c①:0231	方锥金饰
70	2015NHⅠC14a①:0034	金环
71	2015NHⅠC14a①:004	金指
72	2015NHⅠC14a①:0060	金珠成排
73	2015NHⅠN053:1	金饰
74	2015NHⅠT0201③:138	包金珠饰件
75	2015NHⅠT0201③:044	金环
76	2015NHⅠT0201③:065	金环
77	2015NHⅠT0301③:098	金环
78	2015NHⅠT0302①:133	灯笼形金饰
79	2015NHⅠT0301③:134	球形镂空金饰
80	2015NHⅠT0301③:175	方形金饰件
81	2015NHⅠT0301③:184	菱形金饰
82	2015NHⅠT0301③:189	灯笼形金饰
83	2015NHⅠT0301③:191	灯笼金饰
84		

序号	编号	器物名称
85	2015NHⅠT0302③:421	菱形金饰件
86	2015NHⅠT0302③:579	菱形金饰
87	2015NHⅠT0501④:277	金饰件
88	2015NHⅠT0501④:234	金环
89	2015NHⅠT0401④:067	方形菱形金段
90	2015NHⅠT0401④:068	菱形金饰
91	2015NHⅠT0402③:153	菱形金饰
92	2015NHⅠT0402③:157	菱形金饰
93	2015NHⅠC13c①:2128	金环
94	2015NHⅠC11a①:1062	灯笼形金饰
95	2015NHⅠC11a①:1063	金珠成排
96	2015NHⅠC11c①:0904	金珠成排
97	2015NHⅠC10c①:0360	菱形金饰
98	2015NHⅠC10c①:0361	菱形金饰
99	2015NHⅠC10c①:0362	菱形金饰
100	2015NHⅠC10a①:0069	菱形金饰
101	2015NHⅠC10a①:0074	菱形金饰
102	2015NHⅠC10a①:0075	菱形金饰
103	2015NHⅠC10a①:0076	菱形金饰
104	2015NHⅠC10a①:0077	菱形金饰
105	2015NHⅠC10a①:0078	菱形金饰
106	2015NHⅠC10a①:0033	菱形金饰
107	2015NHⅠC10a①:0034	菱形金饰
108	2015NHⅠC09a①:0084	金耳环
109	2015NHⅠC09a①:0085	金耳环
110	2015NHⅠC10a①:0025	菱形金饰

0 ＿＿＿ 3m

图 7-1　金器分布图

一 腰带

（一）金链状腰饰

共发现 8 件残段。如 T0401 ③：16，已残，长条形，链身截面为方形，金色，残长 42.7、宽 0.3、高 0.3 厘米，重 54.58 克。该腰饰为 2 股直径 0.8 毫米的金丝逐结编织而成，每结长约 4 毫米，距离均匀，边缘整齐，工艺繁复，做工精湛。该金链残，在其出土地周边有散落的其他 7 条断链，目前发现的全部断链总长 130.1 厘米，应是一条完整的金链，从其长度推断，很有可能是腰带或腰饰。该金链末端为箭镞形插销，插销器身有两圈凸棱，凸棱间为长方体，长方体两侧各开 1 处 1 毫米小孔，编织金链的两股金丝从小孔中穿出并固定。这种有两圈凸棱的插销与本船在水下调查期间所出铜鎏金条形金腰带上的同样部位形制极为相似，因此，推测这种插销应是插入犀角形

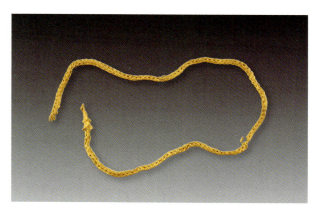

图 7-2　T0401 ③：16

图 7-3　T0201 ②：81

锥筒中，其下连接带钩或扣环链（图 7-2）。

（二）腰带配件

在上文所述的漆盒中发现的 1 组腰带配件，包括 1 对带扣、6 件带銙、18 件条形金饰等配件。腰带出土时不见带身，仅有以上金质配件。

1. 带扣 1 对。

由带钩侧带扣及扣环侧带扣组成，成对使用。使用时扣带底部相对，带钩扣于扣环上，形成完整带扣。

带钩侧带扣 T0201 ②：81，总长 5.3 厘米（扣身长 3.2 厘米，带钩长 2.1 厘米），最宽处 1.9 厘米，最厚处 0.45 厘米，重 9.17 克。由带扣及带钩组成，整体呈倒梯形；扣身由前部、中部、后部焊接组装而成（图 7-3）。

扣身前部是一个整体，由 5 个突出的连续三角形饰及其下的纹饰带组成，整体焊接在扣身中部前端，5 个三角形饰突出于外。三角形边长 0.4 厘米，上沿其轮廓缀以细密金珠，三角形下饰以一条宽 0.5 厘米的纹饰带，纹饰带四边以金丝突棱为框，中间为连续"公"字形几何纹。

扣身中部由四个独立的、金箔卷制的方筒紧密焊接而成，方筒上粗下细，中空，开口处呈方形，边长 0.3~0.4 厘米，开口处中部、连续三角饰下各焊接 1 个直径 0.3 厘米的挂圈，以此与革带缀连。扣体中部正面，4 个方筒两两焊接处，饰以一条绳索纹；各方筒顶部饰以金珠焊缀的三角形纹饰，三角形纹饰顶端下、方筒中线部位为一条直线纹饰，由金珠焊缀而成，金珠呈菱形排列。

扣身后部为宽 0.2 厘米，厚约 0.1 厘米的金片，两侧宽出部分卷成圈形，整体呈承托状。金片下中部焊接直径约 0.3 厘米的两个圆环，圆环间距 0.2 厘米，两圆环中插入轴承。轴承由金箔卷成，轴承出环处即将金箔压平，贴于圆环上，以起到固定作用。

带钩由方形金条弯制而成，带钩顶端为焊接而成的挂环，挂环环绕在轴承上，与扣身相接。钩的末端向回弯折。

扣环侧带扣 T0201②：83，总长 8.8 厘米（扣身长 3.2 厘米，扣环链长 5.6 厘米），最宽处 1.9 厘米，最厚处 0.45 厘米，重 11.15 克。扣身形制与上相同，在使用时，通过钩住不同扣环，可调节腰带的松紧程度。扣环链由 3 个扣环及扣环间扁平"8"字形连接件组成。扣环由金丝焊接而成，直径 1 厘米，环体直径 0.1 厘米，可见明显焊点；连接件由宽 0.2 厘米的金片弯折后焊接而成，连接件正面的中心为细密金珠焊缀而成的菱形纹饰，中心两侧为金珠焊缀而成的直线纹饰（图 7-4）。

2. 带銙 6 件。

形制、尺寸等均类似，均呈三层台状的方形牌饰，中心部位为宝石石碗。如 T0201②：71，长 2.36、宽 1.81、高 0.92 厘米，重 5.92 克。整体分为三层，底层为长方形底台，长 2.36、宽 1.81 厘米，厚 0.45 厘米。长方形底台为一片金箔折制而成，折叠痕迹清晰，边沿整齐。沿长方形底台四边饰以两道金丝边，金丝上凿出绳索纹。沿底台中部的菱形台四周饰以绳索纹；菱形台外为方形台四角，每角为三角形，每一三角形内饰以卷草纹，卷草上亦凿出绳索纹，剩余空间焊以极细密金珠；底台长边两侧对穿四孔，孔间距为 0.3 厘米，孔径 0.15 厘米，供贯穿、缀连用。

二层为菱形台，焊接于长方形底台中部。菱形台由金箔制成，长对角线长 1.9 厘米，短对角线长 1.33 厘米，高 0.3 厘米。沿菱形台边饰以两道金丝边，金丝上凿出绳索纹，宝石底座外饰以金珠缀成的菱形纹饰。菱形台 4 立边上均焊有细密金珠。

三层为椭圆形石碗，焊接于菱形台中部。椭圆石碗由金箔卷制而成，在其结合处焊接在一起。长径 0.6、短径 0.45、高 0.17 厘米。宝石已脱落不存（图 7-5）。

图 7-4　T0201②：83

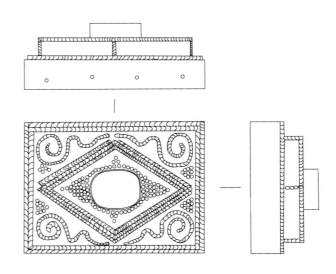

图 7-5　T0201②：71（2/1）

图 7-6　T0201 ② : 82

3. 条形金饰 18 件。

由 1 片金箔卷制而成,正面饰以相接的菱形或卷草装饰,上下两面对穿小孔。如 T0201 ② : 82,长 2.3、宽 0.4、高 0.36 厘米,重 1.94 克。正面有 5 个金珠焊缀而成的相接等大菱形,每个菱形长对角线 0.45 厘米,短对角线 0.3 厘米。则其上下两面对穿 4 对小孔,供丝线贯穿。小孔直径 0.1 厘米,可供不超过 0.1 厘米的丝线贯穿(图 7-6)。

应注意到,除此漆盒内出土的腰带配件外,本船还分散出土了 4 件带銙,1 对带扣,8 件条形金饰。但形制、尺寸与漆盒内出土的腰带配件均略有不同。如散落出土的 4 件带銙均略小于漆盒内带銙;出土的另 1 对带扣的方筒开口处没有焊接挂圈,而是在方筒中上部开 0.1 厘米小孔供固定之用,反映其连接带身的方式与漆盒内带扣应有不同;而散落出土的条形金饰上正面金珠焊缀的、相接的菱形均为 4 个,与漆盒内均为 5 个不同。

结合以上差异及发现了 2 对带扣来看,本船携带的本种类型腰带至少为 2 条(加上本船在水下调查时所发现的铜鎏金长条形腰带及上文链状腰带,则腰带数量应在 4 条以上)。

二　项链

(一)金三重顶链犀角形牌饰项链

共 2 件。如 T0201 ② : 84,由三条金链、两块左右对称犀角形牌饰、5 连扣环链、三条流苏坠饰组成,3 个挂饰分别为桃坠饰、桃心牌饰。

底端金链长 24.9 厘米,截面长宽相等,为 0.5 厘米;中端金链长 28.9 厘米,截面长宽相等,为 0.6 厘米;顶端金链长 32 厘米,截面长宽相等,为 0.5 厘米。总重 272.7 克。

三条金链上下两条由扁薄金篾逐结编织而成,中端金链由方形金丝逐结编成,截面均呈"十"字形。金链两端各焊接 1 个直径约 0.2 厘米的圆环形底座,底座略窄于链身;座上再焊接一直径约 0.2 厘米的金丝挂圈,挂于犀角形牌饰背面的金丝闩上。

犀角形牌饰长 5 厘米,最宽处宽 2.4 厘米,高 0.6 厘米。由四面焊接组成,上下为金丝制成的纹饰片、左右两面为窄条形金箔,中空。牌饰朝上面,分为器帽、器身,器帽为整片金箔制成,焊接在器身上。器帽分为两条纹饰带,带间为一金丝突棱,上纹饰带宽 0.4 厘米,呈正梯形,纹饰为在金箔上饰以 7 个连续金珠缀成的等大三角形,三角形边长约 0.4 厘米,三角形之间饰以四颗金珠缀成的小型菱形纹饰;下纹饰带宽 0.5 厘米,呈倒梯形,在金箔上等分焊以三个长 0.5、宽 0.35 厘米的椭圆形宝石底座,底座底边一圈饰以极细密金珠。底座间饰以上下相对的、金珠缀成的三角形。牌饰朝上面的纹饰片饰以金丝掐成的菊花卷草纹,在中部及下部各饰一大一小 2 个菊花纹,菊花花蕊处焊接宝石底座。底座均高 0.2 厘米,大底座直径 0.66 厘米,小底座直径 0.52 厘米(以上右侧底座情况,左侧底座均高 0.2 厘米,大底座直径 0.62 厘米,小底座直径 0.5 厘米)菊花纹外为均匀分布的卷草纹。整体纹饰有金丝边框,与牌饰两边的金箔相接。宝石均已脱落。牌饰朝下面,整体纹饰为金丝掐成的卷草纹,贯穿牌饰中轴饰以一较大卷草,构成主纹,其余卷草均匀分布。前后金丝上均焊以极细密金珠。在朝上面器帽背后、朝下面上方焊有 4 个金丝圈,金丝制成的闩贯穿其中,三条金链即固定在其上。该金丝闩长出牌饰部分卷成盘状。

右侧牌饰下接一带钩。带钩长 2.75 厘米，犀角牌饰下两侧焊接直径约 0.3 厘米的圆环，两圆环中插入金箔卷成的轴承，轴承出环处即将金箔压平，贴于圆环上，以起到固定作用。带钩整体呈弧形，宽约 0.2 厘米，上端为金丝，金丝绕过轴承卷成圆环套在轴承上，然后焊接于钩体背面固定。钩体下端弯折后，形成弯钩，弯钩长 1.2 厘米，末端折成三段波浪起伏。

左侧牌饰下接连接扣环。方式为在首个扣环前焊接 1 个直径 0.4 厘米的细金丝挂环，挂环挂于轴承上。扣环链长 13.3 厘米。由 5 个等大的直径 1.3 厘米的扣环组成，环间以宽 0.2 厘米的金条叠成的"8"字形连接物相连；5 个扣环均由直径 0.1 厘米金丝圈成，每个扣环上均可见焊点。

在五连扣环的第 2、3、4 个上以金链流苏悬挂挂坠，金链截面呈方形，边长 0.2 厘米。金链由金丝逐结相套编成，金丝极细，直径约 0.05 厘米。流苏一端套于挂环，一端套于挂坠上的纽内。桃形挂坠通体长 1.55，最宽处 1 厘米，顶端有一倒梯形纽，纽由扁薄金篾弯成形，焊接下方金丝上。器身由两条并列金丝弯成桃形组成中轴。金丝两侧的果实体为细密金珠相接焊成，下无金箔衬垫，中空，推测其方法为堆炭灰法制成（即先将木炭加白芨、水，捏成模型，在球形表面均匀撒上焊药，在其上缠以金丝中轴，两侧按圈均匀粘上金珠，其后加焊，形成本吊坠）。桃心形挂坠长 2.4、最宽处 1.8、厚 0.18 厘米，整体为桃的截面，鼓肩、束腹、下收成尖。其制作首先由金丝弯成外轮廓，然后在轮廓内以金丝均匀饰以卷草纹。其后及在卷草纹上下两侧及桃形轮廓外焊以极细密金珠（图 7-7）。

另外 1 件为 T0301 ③：53-1，下部链条及流苏不存。目前仅存上半部分，由三条金链及两块左右对称犀角形牌饰组成，其中中端金链因挂圈损坏而脱落，但保存尚好。

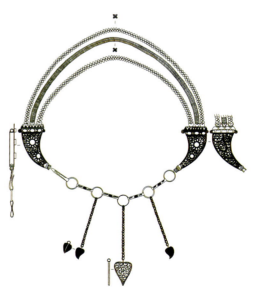

图 7-7　T0201 ②：84（1/4）

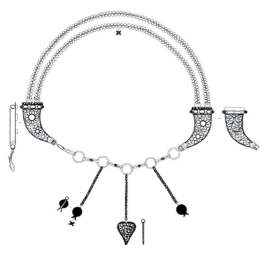

图 7-8 T0201②：85（1/3）

（二）金双重顶链犀角形牌饰项链

1件。T0201②：85，该项链由两条金链、两块左右对称犀角形牌饰、5连扣环链、三条流苏坠饰组成。3个挂饰分别为2个石榴坠饰、1个桃心牌饰。底端金链长26.3厘米，顶端金链长30.3厘米。两条金链截面均呈"十"字形，边长0.5厘米。重191.87克（图7-8）。

形制、工艺、纹饰等均与三重顶链项链相似，不同之处在于：1）在犀角形牌饰朝上面器帽背后、朝下面上方焊有3个金丝圈，金丝制成的闩贯穿其中，两条金链挂接在3个金丝圈形成的两段金丝上。与以上器物的4个金丝圈不同。2）本器物的挂饰为石榴，与三重顶链项链挂饰为桃不同，但其工艺、尺寸等均与之相似。

（三）金单顶链犀角形锥筒饰项链

共2件。如T0301③：41，由金链、两件左右对称犀角形锥筒饰、5连扣环链、三条流苏及其下两个石榴一个桃心坠饰组成。总长51.9厘米，其中金链长30.7厘米；扣环链长10.1厘米，扣环直径1.2厘米；两侧犀角形锥筒饰最宽处直径0.6厘米，长5.05厘米。重77.73克（图7-9）。

金链由方形金丝逐结编织而成，截面呈"十"字形，边长0.5厘米。两侧犀角形锥筒饰顶端各有4个三角形，分别与对应的金链四角进行捏合，以起到固定作用。

犀角形锥筒饰由整片金箔卷制而成，周身呈7面体，锥筒上部围绕有四突出三角形，三角形外附焊缀细密金珠，其下为一圈金丝突棱，其下为锥体。锥体外侧6面加工精细，每面饰以条形纹饰，内侧1面为素面（在视觉不及的地方未进行精细加工）。锥筒底部装饰3圈金丝突棱。在其下两侧各焊接1个直径约0.3厘米的圆环，两圆环中插入金箔卷成的轴承。

两侧锥筒一侧连接带钩，一侧连接扣环链。带钩整体呈弧形，宽约0.2厘米，上端为金丝，金丝绕过轴承卷成圆环套在轴承上后，焊接于钩体背面。带钩下端弯折后，形成弯钩，弯钩长1.5

厘米，钩尖折成三段波浪起伏。联扣环链方式为在首个扣环前焊接 1 个直径 0.4 厘米的细金丝挂环，挂环挂于轴承上。

在五连扣环的第 2、3、4 个上以金链流苏悬挂挂坠。石榴形挂坠通体长 1.45、直径 1 厘米。桃心形挂坠长 2.4 厘米，最宽处 1.8 厘米，厚 0.18 厘米。

另外 1 件为 T0301 ③：53-2，残，流苏及挂饰不存。其余形制同上。

除以上列举的项链外，项链还有 T0301 ③：29，残，仅存一侧犀角形牌饰、扣环链、流苏及三件挂饰（中者为桃、两侧为石榴）。该器物与其他类似器物形制、工艺相似，但也有自身特点：首先，牌饰朝下面为一整片金片裁剪制成，而非掐丝而成的图案；其次，犀角帽后的闩未插在焊制好的挂圈里，而是整个焊接在金片上；第三，犀角帽第二条纹饰带的中、右两部分的宝石尚存，中间一颗饱满，突出宝石底座，颜色为云母白，右边一颗窟嵌在宝石底座内，未超出底座，颜色为淡紫色；第四，流苏下坠饰中桃心形坠饰也与其他所见不同：1）坠饰底面为金片，与其余通透者不同，其工艺是在金片上累丝，装饰卷草纹，其中中央部分为一宝石底座，底座周边为一圈向心的卷草纹；2）在挂饰上镶嵌宝石，不见于其他类似器物。宝石底座直径 0.5 厘米，高 0.15 厘米，底座里宝石尚存，较为饱满，颜色为淡紫色，与犀角牌饰上紫色宝石颜色相近；3）在桃心形牌饰上装饰了整体呈倒梯形的 6 片桃叶，桃叶对称分布，中间为一道卷草纹。加装桃叶使整体更为象生，且明确了类似心形装饰象生物为桃。

三　戒指

（一）素面金戒指

共 2 件。如 T0402 ③：17，圆形，戒身宽 0.66、高 0.33、内径 1.45、外径 2.15 厘米，重 17.68 克。素面。

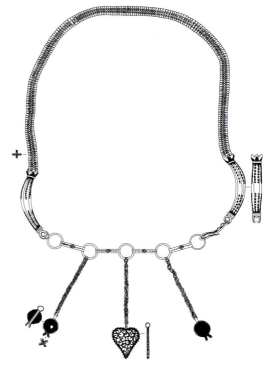

图 7-9　T0301 ③：41（1/3）

图 7-10 T0402 ③ : 17

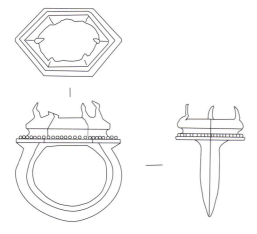

图 7-11 T0201 ② : 49 (1/1)

戒身金条截面呈半圆形。戒身整体呈正圆，通体均匀，周身无焊点，无缺口，内壁平直，上下边缘锋利，不似手制，疑为模制。此外，内壁上可见明显锉痕，戒身表面也可见明显的铲削、打磨痕迹。应是在浇铸成型后，用锉刀、细凿对内、外进行加工所留痕迹（图 7-10）。

同时，该戒指因没有缺口，不具有延展性，因此，该戒指应是根据某人手指的尺寸定制的。参照现代首饰店中戒指尺寸对照表，7 号戒指内径 1.45 厘米，属女士小码，与本器物内径相同。

（二）嵌宝石戒指

1. 嵌宝石六边形戒面金戒指，1 件。T0201 ② : 49，戒身呈椭圆形，通高 3.16 厘米，戒面高 1.24 厘米，戒身金条厚 0.44 厘米。内部横径 1.95 厘米，纵径 1.5 厘米，外部横径 2.86 厘米，纵径 1.94 厘米。重 32.39 克。戒身最窄处宽 0.53 厘米、最宽处宽 0.63 厘米；六角形戒面长 2.66、宽 1.84、高 1.24 厘米。石碗长 2.24 厘米，宽 1.6 厘米。

分为戒圈和戒面两部分，宝石已脱落。其中，戒圈呈椭圆形，两侧宽厚，中间窄薄，戒身金条截面呈三角形；内壁呈小圆弧形，两侧还留有铲凿加工痕迹。在戒圈顶部焊接六角形戒面，戒面底部、戒圈与戒面两侧焊接处之间，还制作了一层金垫，略呈圆弧，与戒身内壁相连，以便佩戴。戒面以六角形金片做底，上焊接金箔制成的六角形宝石石碗，石碗整体呈亚腰形，上部六面向内收束，六角上各出一宝石包脚，其中两个包脚已残。原宝石即窟嵌在石碗内，以包脚固定。沿石碗底边周边装饰一道金丝，在金丝上用细凿凿出点状，呈绳索状（图 7-11）。

2. 嵌宝石方面金戒指，2 件。如 T0201 ② : 63，椭圆形，分为戒圈和戒面两部分。重 39 克。其中，戒圈呈椭圆形，两侧宽厚，中间窄薄，戒身金条截面呈三角形；内壁呈小圆弧形，两侧还留有铲凿加工痕迹。戒身最宽处 0.8、厚 0.65 厘米，最窄处 0.53、厚 0.46 厘米。外长径 3.2 厘米，短径（戒

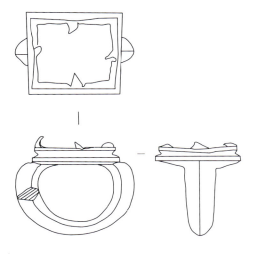

图 7-12　T0201 ② : 63（1/1）

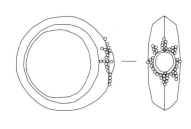

图 7-13　T0201 ② : 78（1/1）

面到戒身外侧）2.1厘米；内长径2厘米，短径1.44厘米。在戒圈顶部焊接长方形戒面。戒面为亚腰形长方形底座，四边中部各有1三角形包脚。戒面长2.53、宽2.3厘米。宝石已脱落（图7-12）。

（三）镶金饼金戒指

1件。T0201 ② : 78，圆形。戒身模制，素面，中心有一道突棱，截面呈三角形，戒身在戒面端最厚最宽，向界面对侧逐渐变窄。壁内侧向

内略微鼓起，手感圆润。戒身最宽处0.8、厚0.42厘米；最窄处0.52、厚0.28厘米；外径2.64厘米，内径1.94厘米。重16.72克。戒面为在戒身最厚、最宽处先截出长径为1.3厘米的椭圆形平地，在平地上用扁金丝围成金饼底座，四面焊4个方金丝包脚，将小金饼包在其中。金饼底座周边焊以一圈极细密金珠，绕该圈金珠八个方向，用金珠焊出8个小三角形形状。戒面整体呈太阳纹样，中心的金饼直径0.5厘米（图7-13）。

图 7-14　T0201 ② : 79

图 7-15　T0401 ④ : 9

四　耳环

（一）细丝圆圈形金耳环

完整者共 10 对。如 T0201 ② : 79，不规则圆形，整器最宽处直径 2.5 厘米，金丝直径 0.06 厘米，一对重 5.72 克。未装饰花纹。该器物为金丝圈成的一对耳环，耳环上穿有宽 0.4 厘米的 14 面体金珠，金珠为正方体八角各切割去一个三角立方体形成，工艺精细、造型美观。金珠两面穿直径约 1 毫米孔，环身金丝从一面孔中穿入，从另一面孔中穿出时扭作簧形，另一端磨成针状，经由金丝簧孔内插入金珠一侧开孔。插入后间不容发，起到固定作用（图 7-14）。

值得注意的是，其中 9 对均是在 T0201 ② 中漆盒内发现。此外，还发现了 4 件散落的边长 0.35 厘米左右的 14 面体金珠，也对应了 2 对细丝金耳环。

（二）粗丝圆圈形金耳环

共 1 对。T0401 ④ : 9，不规则圆形，最宽处直径 3.18 厘米，金丝直径 0.26 厘米，一对重 20.02 克。通体素面，由金丝弯制而成，两端磨尖，一侧插入金珠后焊接在金珠上，另一侧插入金珠开孔。金珠为 14 面体，长 0.57 厘米，宽、高均为 0.5 厘米，为长方体切割八个三角形角制成，对向环体一端开孔（图 7-15）。

五　手镯

（一）三角棱金镯

共 3 件。如 C13a ① : 2128，不规则圆形，为一条宽 0.7 厘米、厚 0.15 厘米的金条弯制而成，中有缺口。整器最宽处直径 5 厘米，器身周长 16.5 厘米，重 45.51 克。未装饰花纹。镯身外侧中部环绕装饰一条三角形突棱纹，突棱底边宽 3 毫米，高 1.5 毫米，环内刻两条弦纹。该钳镯出土时接口处距离较小，需佩戴时则按需扩大；钳镯中部有扭曲痕迹，应是佩戴前扩大缺口所致（图 7-16）。

（二）方身金镯

共 7 件。如 T0402 ④ : 2，不规则圆形，为一条 0.2 厘米见方的金条弯制而成，中有缺口。整器直径最宽处 4.9 厘米，器身周长 15.8 厘米，重 25.72 克，未装饰花纹（图 7-17）。

（三）金花卉纹带插销镯

共 2 件。如 C10c ① : 0173，不规则圆形，为一片厚 0.08 厘米的金片锤镍而成。整器最宽处直径 5.2 厘米，器身周长 18.5 厘米，器身通宽 2.9 厘米，两侧收口处宽 2 厘米，插销高 2.3 厘米，重 36.71 克。该镯通体装饰花纹，具体为：以插销帽侧为上。上下分两条纹饰带，中间饰以 2 毫米粗圆形突棱纹。上纹饰带主纹为花卉纹，花共 4 朵。每花花瓣 7 朵，花蕊居中，且朝向依次上下，状似莲花，辅纹为枝叶蔓。底纹为磨砂纹。下纹

复性，推测錾刻时利用了模具（图 7-18，左）。

在收口处左右设置插销，由插销和插管组成。插销呈 U 字形，上有钉帽，稍宽于插孔，不致掉落。下分两股，于末梢勾连，股间有空隙。插管分上中下三段，由镯体的金片卷制而成。每段长 0.6 厘米，插孔直径 0.4 厘米，上下两段在收口处一侧，插销也在此侧，中段在另一侧。因插销的固定作用，其直径也相对固定，不随意掰开使用。

（四）金花卉纹镯

共 2 件。如 T0302③：2，不规则圆形，为一片厚 0.08 厘米的金片锤镍而成。整器最宽处直径 5.2 厘米，器身周长 17.6 厘米，器身通宽 2 厘米，两侧收口处宽 1 厘米，重 31.36 克。该镯通体装饰花纹，具体为：主纹为四季花卉，花有 8 朵，可见者有梅花、莲花、菊花、牡丹等；辅纹为枝叶蔓；底纹为磨砂纹。缠枝纹制作方法为錾刻，纹饰浮于底面之上。底纹的磨砂效果为细凿凿出。此外，收口处两侧各开 1 处 1 毫米小孔，推测用于穿丝线，起到装饰手镯的作用（图 7-18，右）。

（五）镶宝石空心金镯

1 件。T0401④：38，椭圆环形，周长 30.7 厘米。金镯整体呈椭圆形，中间厚，向两侧逐渐变细。由镯体及镯口焊接的两个相对的镶宝石十四面体金珠组成。最宽处外径 10.23 厘米、内径 8.15 厘米；最窄处外径 8.3 厘米，内径 5.9 厘米。金镯最粗处 1.3 厘米，最细处 0.86 厘米。重 131.86 克。

通体可分为七组纹饰，从前到后依次为：第一组，在十四面体后的镯体上密缠以细密金丝，金丝上用细凿凿出绳索纹，金丝焊在镯体上，缠金丝段长约 2 厘米；第二组，在镯体阴刻线条形成方形边框，范围涵盖上、下、外侧三面，在边框内三面各饰以相同的三组戳印的几何形篦点纹，纹饰为篦点排列成相对的三角形，三角形顶点各引出一条篦点纹延伸向对侧，但并未相连，该组纹饰长约 3 厘米；第三组，在镯体阴刻线条形成方形边框，范围涵盖上、下、外侧三面，三

图 7-16　C13a①：2128

图 7-17　T0402④：2

图 7-18　C10c①：0173（左）；T0302③：2（右）

饰带主纹为花卉纹，花 4 朵，另有 1 果实。花类月季，花向下者，上衬以 4 片叶，花向上者，下衬以 3 片叶；果实类桃，上衬以 2 片八字形桃叶。辅纹、底纹与上纹饰带相同。镯身厚度均匀；缠枝纹制作方法为錾刻，纹饰浮于底面之上。底纹的磨砂效果推测为用细凿凿出，且因花卉、枝叶蔓的重

面分为三条纹饰带，纹饰带间有阴刻直线相隔。上下两面纹饰带均为横向枝蔓纹，枝蔓纹两侧饰以篦点纹。外侧纹饰带两侧饰以相向的叶纹，叶分三瓣，中央为五瓣花花纹；第四组，在镯体阴刻线条形成方形边框，范围涵盖上、下、外侧三面，三面分为三条纹饰带，纹饰带间有阴刻直线相隔。

图 7-19　沙特利雅得出土银踝环

图 7-20　T0401 ④：38（1/5）及展开示意图

上下两面纹饰带均为连续两重同底三角形纹，下方三角形内饰以三颗篦点纹；外侧纹饰带为横向枝蔓纹，第五组，形似第三组，枝叶大小有不同；第六组，形似第二组；第七组纹饰形似第一组。每组纹饰间有一道阴刻直线将两组纹饰隔开，其中第一组与第二组、第六组与第七组之间还在上、下、外侧饰以一段篦点纹。内侧素面。

镯体未见焊接痕迹，为一次成型，推测为筑模浇铸而成，镯体为空心圆柱形（模具可能为金属片卷制而成，模具与镯体形制相同并略大于镯体，模具中应立有炭灰柱，灌入金液并冷却后，拨开金属模具，取出镯体，并加火烤，使炭灰柱溶解后清出，即为镯体）；两端金珠为两个十四面体金珠加焊 4 个宝石底座组成；金珠为边长 0.78 厘米的金质正方体切削其八角而形成的十四面体；两金珠相对面各钻 1 小孔，均在宝石底座底部中央（其中一侧宝石底座已脱落），孔径 1.5毫米，各深约 3 毫米；金珠上 4 面各焊有直径 0.5厘米、高 0.3 厘米的筒形宝石底座，均已挤压变形。宝石已脱落不存（图 7-20）。

此外，还发现了 1 件边长 0.7 厘米的嵌宝石金珠（C15a①：104），与以上手镯上的金珠形制、尺寸类似，似对应 1 件类似手镯。该类型类似的手镯在沙特利雅得也有出土[1]，而其定名为"踝环"（anklet），意为在脚踝处佩戴（图 7-19）。结合本器物形制与利雅得出土的踝环形制接近，而且整体直径较大不适合手腕佩戴的情况，似乎也可推测该器物为踝环。

（六）二龙戏珠金镯

1 件（另有 2 件为往年水下调查时出水，本报告中暂不录）。

T0402 ④：1，整体呈椭圆形，周长 26.3 厘米。外长径 8.67 厘米，短径 7.04 厘米；内长径6.76 厘米，短径 5.14 厘米；环身中部宽 1.1 厘米，

① 吕章申主编：《阿拉伯之路：沙特出土文物》展览图录，现存沙特国家博物馆，北京时代华文书局，2016 年，第 445 页。

厚 0.9 厘米；龙首最宽处 1.35 厘米，厚 1.2 厘米。重 115.16 克。

手镯由模具浇铸而成，截面呈椭圆形，有部位被挤压凹陷，器体应是空心；镯身通体粗细较均匀，在龙颈处将镯体砸至扁圆形，至龙口部位又向内收束成圆形，使整个龙首更富立体感。

从一侧龙首开始，器身可分为 5 组纹饰，依次分别是一侧龙首、对三角纹饰带、中央枝蔓叶纹饰带、对三角纹饰带、另一侧龙首，每组纹饰带间有宽约 0.2 厘米的窄条纹饰带相隔，窄条纹饰带内戳印一圈篦点纹；每组纹饰均占上、外侧、下三面，内侧素面；纹饰大部分为刻刀阴刻而成，其余篦点纹为戳印而成。龙首纹饰长 6.5 厘米，可分为两部分，分别是龙首及龙颈纹饰，其中龙首长 2.5 厘米，龙颈长 4 厘米。龙首部分用阴刻线条表示了龙口侧面、龙须、龙眼、逆鳞、龙角等，其中：龙口为镯身两端相对的封口处，龙口侧面即在龙口两侧中部刻划一条长 1 厘米、略下倾的、较深的线条；龙口两侧均有有须髯，为阴刻的一条从龙口下侧面向上翘曲的线条，与龙口侧面相交，龙须末端卷成圈状；龙眼在两侧龙口侧面的上端，两眼圆睁，眼后上方连有一小直线，所谓"眼似虾"；逆鳞在龙首、龙颈结合处的下方，两侧逆鳞对称，逆鳞为两条间距 0.4 厘米、平行弯曲向上的线条组成的带状鳞片，上部线条向上翘曲后末梢弯成圈状，鳞内阴刻竖直纤细线条；龙角位置在环口向后 2.5 厘米处，为从中分开、两侧对称的弯曲线条，线条末端卷成圈形，形似羚羊角，所谓"角似鹿"；龙颈在龙角后，表现为在环身上、外侧、下部阴刻出的密集扇形鱼鳞状纹饰，所谓"鳞似鱼"，其中一侧龙首的鱼鳞纹延伸到龙眼后。对三角纹饰带长 2.7 厘米，分为镯身上、外侧、下三组，每组纹饰相同，其中外侧纹大于上下侧；纹饰为戳印的篦点纹组成的两两相对的三角形，三角形顶点各延伸出一条相对的直线，直线未相交；枝蔓叶纹饰带长 6.7 厘米，可分为上下两条纹饰带，上纹饰带之上、下纹饰

带之下及带间装饰横向窄条纹饰带，窄条纹饰带内戳印一排篦点纹；上、下纹饰带纹饰相似，均为 5 组枝蔓叶纹，阴刻而成（图 7-21）。

该手镯两相对龙口底部均有焊制宝石底座的痕迹，虽目前底座与宝石均不存，按惯例命名其为"二龙戏珠"镯（在本船水下发掘期间曾出土过两个类似的手镯，只是器身较本器物粗大，这两副手镯的相对环口上均保留有完整的宝石底座，为明显的二龙戏珠镯）。

六 缠钏

金缠钏，共发现 1 件（在水下调查时也发现 1 件，本报告不录。该件缠钏因发现时扭曲严重，缠钏的环已被拉直，现藏广东海上丝绸之路博物

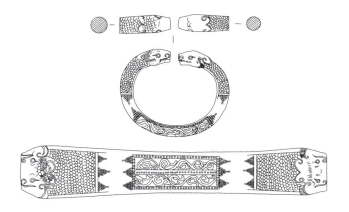

图 7-21　T0402 ④：1（1/3）及展开示意图

馆），T0301③：175，多环连续形，金色，长9.5厘米，最宽处直径5.1厘米，钏身为圆柱形金丝，直径0.1厘米，重113.69克。该器物由0.1厘米金丝盘绕制成，共有13环；同时，该臂钏可通过簧形金丝调节开口直径，具体为首尾两环各有一段长4.5、5厘米金丝缠绕。在缠绕尽头为一套圈，固定在相邻盘上，以调节开口直径，以便佩戴（图7-22）。

七 其他

（一）胸佩

金蝶形镶宝石胸佩，1件。T0301④：1，该胸佩形为缺角不规则圆形，状似蝶形。最宽处3.74厘米，最窄处2.51厘米，厚0.55厘米。重31.07克。

由上、下、上侧面、下侧面等四面分别焊接组成，中空。周身有6个挂圈，左右对称各3。

朝上面为预制好的掐金丝装饰，外依器物轮廓加金丝边框，边框内纹饰为均匀分布的金丝卷草纹，卷草纹上焊接极细密金珠；在蝶翼两侧上部及中轴偏下部各焊接一高0.2厘米、直径0.5厘米的筒形宝石底座，底座均已挤压变形，其中，右侧宝石底座中宝石尚存，宝石呈暗红色，高度低于底座。其余宝石已脱落。朝下面为素面，为整片金片裁切而成。上侧面为金质窄条，弯成弧形后，两端焊接于下侧面，上下分别焊接于上下两面。下侧面同为金质窄条，弯成弧形后两端与上侧面焊接，上下分别焊接于上下两面。绕下侧面对称焊接三对挂圈，其中上部一对在上下侧面焊接处，即蝶翼尖部，挂圈直径0.5厘米，供两端挂接。中间一对挂圈在下侧面中上部，下部一对挂圈在下侧面中下部，这两对挂圈直径均为0.4厘米，已挤压变形，下挂物品已不存（图7-23）。

此外，器物中轴处在上下侧面对穿孔径1毫

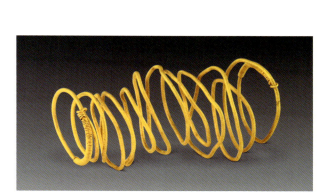

图7-22　T0301③：175

图7-23　T0301④：1

图7-24　（宋）贾师古－大士像　台北故宫博物院藏

米小孔，由纤细金丝贯穿，金丝两侧末梢向内卷成1小圈，并在器身外两端串有串饰，以象蝶身。上端串饰为五瓣莲花与葫芦形串饰，莲花高0.35厘米，最大径0.5厘米，向下收束。莲花由整片金箔裁剪而成，莲花外侧，绕花瓣边累以金丝，底部为一圈金丝。莲花上有葫芦形银色金属饰品，整体为莲花、葫芦、金丝圈，以象蝶首。下端串饰为4瓣莲花，形制类似上端莲花，以象蝶身之尾。

现藏台北故宫博物院的南宋画家贾师古《大士像》中，描画了观音大士颈戴璎珞项链的情形。项链的胸佩呈蝶形，上与项链挂接，可见下垂五条珠玉串成的流苏（应为六条，最外一条为衣服所挡）。画中胸佩与本船出土的胸佩形制相似，功能也应近似，即为项链上的胸佩（图7-24）。

（二）扣环

扣环多用于腰带、项链等大型饰品上，散落出土者如下：

1. 缠金丝金扣环，共4件。如T0301③：184，圆形，整器直径1.8厘米，环体直径0.07厘米，重2.01克。环体截面呈圆形，扣环周身绕以极细密金丝，1毫米内可见3条金丝，工艺精湛；同时，环上有明显绕环金丝的焊点（图7-25）。

2. 素面金扣环，共9件。如T0402④：157，整器直径1.8厘米，环体截面呈扁长方椭圆形，长端长0.1厘米，短端长0.06厘米，重1.67克。

（三）各类串饰

1. 金瓜形串饰，共发现10件。如T0301③：52，椭圆形，金色，长1.3厘米，器身最宽处直径0.6厘米，重2.17克。器物由金丝累丝而成，在金丝上焊缀细密金珠，短至5毫米的金丝上缀有8颗细密金珠。器身上下各6面，每面呈菱形，菱形中饰一卷草纹，整体如两个莲瓣倒扣合一。器物两侧为金丝缠绕而成的平面，各有一个1毫米左右小孔，可供串起用（图7-26）。

2. 金花灯形串饰，共9件。如T0401④：22。整体呈花灯状。长1厘米，最宽处直径0.72厘米，重1.44克。器物中心用长1厘米的金箔卷成小圆筒为轴，其孔径约1.5毫米，供丝线贯穿。再用五片相同椭圆形金箔分别对折，两两相接以折线端焊于中心圆轴上，形成五朵花瓣。在器身十片金箔（共5边）边缘上焊一道金丝，用细凿凿成绳索纹。每条金丝两端略长于金箔边，长出部分向回弯折成圈，上下各有五组十圈（图7-27）。

3. 金菱形台串饰，类似形制者共有大、中、小3种类型，其中大者7件，中者9件，小者13件。其中，大者如T0401④：28，长对角线长1.81厘米，短对角线长1.2厘米，厚0.57厘米，重4.14克。在菱形长对角线两侧中段中部各剪出一孔，孔呈菱形，可供直径0.1厘米左右的金丝贯穿（图7-28）。

图7-25 T0301③：184

图7-26 T0301③：52

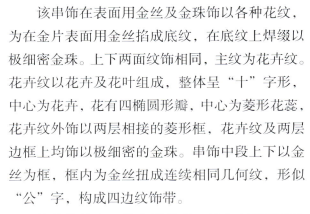

图 7-27　T0401 ④：22

图 7-28　T0401 ④：28

　　该串饰在表面用金丝及金珠饰以各种花纹，为在金片表面用金丝掐成底纹，在底纹上焊缀以极细密金珠。上下两面纹饰相同，主纹为花卉纹。花卉纹以花卉及花叶组成，整体呈"十"字形，中心为花卉，花有四椭圆形瓣，中心为菱形花蕊，花卉纹外饰以两层相接的菱形框，花卉纹及两层边框上均饰以极细密的金珠。串饰中段上下以金丝为框，框内为金丝扭成连续相同几何纹，形似"公"字，构成四边纹饰带。

　　饰件件体由 4 片金箔组成，其中上下两面为2 片等大菱形金箔，边由两片窄长金箔折成。在菱形长对角两侧上中、中下结合点处焊接在一起。中空。应注意的是，大、中、小三种类型内，尺寸近乎完全一致，差别在毫米单位内；应为成批制作，统一剪裁、统一加工，应由同一工匠或同一批工匠制成。

　　其余中者，如 C11a ①：1054，长对角线长 1.6 厘米，短对角线长 0.97 厘米，厚 0.55 厘米，重 3.08 克。小者，如 C10a ①：051，长对角线长 1.35 厘米，短对角线长 0.86 厘米，厚 0.51 厘米，重 2.39 克。

第二节 铜器

本船出土铜器种类多样，截至 2016 年 1 月，发现的完整、可辨的铜器 84 件 / 套（铜钱不计），总重量 3812.12 克。此外，还有大量的铜环残段，因残缺严重，无法估算准确数量。

本船出土铜器主要可分为器皿、佩饰、衡器、铜镜等四大类。其中，铜器皿主要分布在船体后侧的右舷部位；铜饰品中的铜环广泛分布于船体各舱室，而其他类别的饰品多分布于艉舱附近；衡器、铜镜则集中分布在艉舱及第 14 舱的左舷部位（图 7-29）。

本船铜器的质地有青铜、黄铜两种。其中青铜应用比较广泛，黄铜主要用来制作铜饰品、铜盘（如铜秤盘、凤求凰百花盘）、部分铜环及部分天平等若干价值等次较高的物品。

值得重视的是，本船集中出土了一批铜衡器，主要包含若干不同尺度的天平和成套的砝码，是难得的南宋时期的衡器实物，对衡器历史研究、贸易研究等均提供了重要材料。同时，本船出土的湖州镜、凤求凰百花盘等重要器物，也对研究本船船货的货源、性质等提供了重要线索。

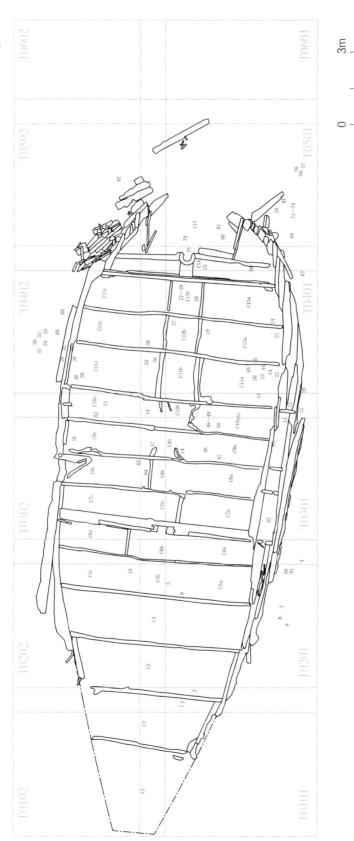

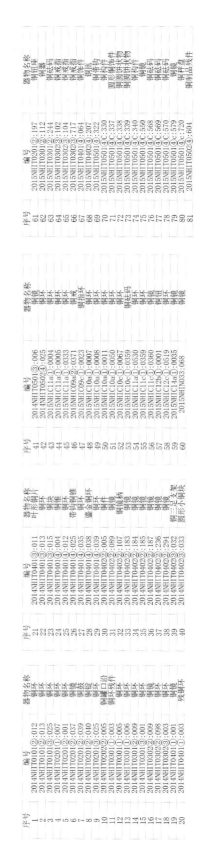

序号	器物名称	编号
1	铜环	2014NHJT0101②:012
2	铜环	2014NHJT0101②:013
3	铜环	2014NHJT0101③:025
4	铜环	2014NHJT0101③:007
5	铜鼓	2014NHJT0201②:001
6	铜鼓	2014NHJT0201②:037
7	铜铤	2014NHJT0201②:039
8	铜环	2014NHJT0201②:040
9	铜环	2014NHJT0201③:025
10	铜罐口沿	2014NHJT0202①:005
11	铜器残件	2014NHJT0301①:003
12	铜环	2014NHJT0301①:005
13	铜环	2014NHJT0301①:006
14	铜环	2014NHJT0301②:009
15	铜镜	2014NHJT0301③:001
16	铜镜	2014NHJT0302②:009
17	铜环	2014NHJT0302②:098
18	铜环	2014NHJT0302③:003
19	铜镜	2014NHJT0401①:001
20	残铜环	2014NHJT0401①:003

序号	器物名称	编号
21	叶形铜片	2014NHJT0401③:011
22	铜块	2014NHJT0401③:013
23	铜环	2014NHJT0401③:015
24	铜锥	2014NHJT0401④:004
25	带钩铜锥	2014NHJT0401④:012
26	鎏金铜环	2014NHJT0401④:025
27	铜环	2014NHJT0401④:035
28	铜环	2014NHJT0401①:038
29	铜件	2014NHJT0401①:039
30	铜件	2014NHJT0402②:005
31	铜镜	2014NHJT0402②:089
32	铜镜柄	2014NHJT0402②:107
33	铜镜	2014NHJT0402②:183
34	铜镜	2014NHJT0402②:184
35	铜镜	2014NHJT0402②:185
36	铜件	2014NHJT0402②:187
37	铜件	2014NHJT0402②:236
38	铜三足戈架	2014NHJT0402②:294
39	圆形小铜块	2014NHJT0402③:032
40	铜镜	2014NHJT0402③:033

序号	器物名称	编号
41	铜镜	2014NHJT0501③:006
42	铜环	2015NHJT0502④:025
43	铜环	2015NHJC11a①:004
44	铜环	2015NHJC11a①:005
45	铜戒指	2015NHJC11a①:033
46	铜戒指	2015NHJC11a①:0371
47	铜戒指	2015NHJC09c①:023
48	铜指环	2015NHJC09a②:007
49	铜环	2015NHJC10a①:008
50	铜件	2015NHJC10a①:011
51	铜环	2015NHJC10a①:050
52	铜环	2015NHJC10c①:0067
53	铜左钩码	2015NHJC10c①:0530
54	铜件	2015NHJC11a①:0359
55	铜件	2015NHJC11c①:0360
56	铜钮	2015NHJC11c①:0001
57	铜镜	2015NHJC12b①:0519
58	铜环	2015NHJC12c①:0035
59	铜镜	2015NHJC14a①:068
60		2015NHJN033:068

序号	器物名称	编号
61	铜钩架	2015NHJT0201②:197
62	铜钮器	2015NHJT0301②:112
63	铜砝码	2015NHJT0301②:244
64	铜戒指	2015NHJT0302③:104
65	铜戒指	2015NHJT0302③:717
66	铜饰件	2015NHJT0401④:064
67	铜甑	2015NHJT0401④:207
68	铜带钩	2015NHJT0501①:322
69	铜件	2015NHJT0402①:330
70	舵形铜饰件	2015NHJT0501④:337
71	圆形铜饰状物	2015NHJT0501④:338
72	铜阀饼状物	2015NHJT0501④:339
73	铜阀状构件	2015NHJT0501④:340
74	铜构件	2015NHJT0501④:550
75	铜镜	2015NHJT0501④:568
76	铜砝码	2015NHJT0501④:569
77	铜砝码	2015NHJT0501④:570
78	铜砝码	2015NHJT0501④:579
79	铜样盐	2015NHJT0501④:720
80	铜制品残件	2015NHJT0502④:604

图7-29 铜器分布图

图 7-30　T0402 ④：207 （1/3）

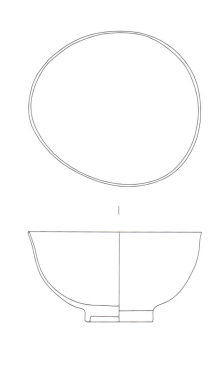

图 7-31　T0502 ④：189 （1/2）

一　铜器皿

（一）食器

1. 带柄带流铜锅（也称铜匜、铜马盂），2 件。

T0402 ④：207，整体呈红褐色，大部有铜绿色锈蚀。整器高 7 厘米，口径 16.6 厘米，底径 7.5 厘米。口沿厚 0.08 厘米，底厚 0.06 厘米。重 258.35 克（图 7-30）。器物在口沿上设有流及握把，另有三耳。流及握把呈直角方向分布，三耳中一耳分布在流、把中央，另两耳对称分布于另一侧，三耳连线呈锐角等腰三角形。其中流部最宽处为底部，宽 4 厘米，最窄处为口部，宽 3.4 厘米，最深处（底部）1.4 厘米，最浅处（口部）0.7 厘米。流整体由内向外渐收，呈一梯形凹槽，两壁斜直，底面平，底部在口沿之下。握把中空，平面呈长方形，长 3.7 厘米，宽 2.9 厘米，横剖面呈半圆形，

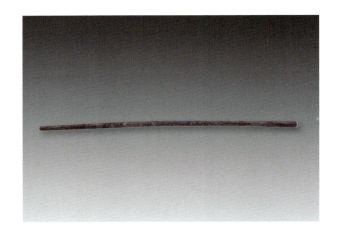

图 7-32　T0501⑥：279（1/3）

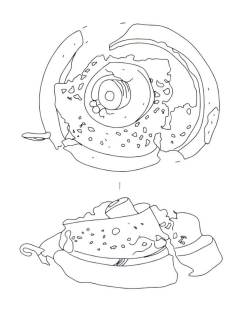

图 7-33　T0501④c：616（1/2）

最宽处半径 1.7 厘米，纵剖面呈楔形。三耳均呈半圆形，贴口沿部长 1.7 厘米，出口沿部长 1 厘米，在三耳中部均钻一直径 0.1 厘米的小孔。握把为后焊上之物，三耳及流与锅身为一体。器物口沿上部为小侈口，外翻，宽 0.15 厘米，下部为敞口，器口斜直，宽 1.8 厘米。口沿部总高 1.8 厘米。口沿下为器腹，上部略向内收束，下部为溜圆腹。底为较平缓的圜底。推测本器是一种加工汤、水类炊具，使用时在握把内插入木柄，在火上进行加热烹调后，通过流将锅内汤、水倒出。三耳的作用应是可通过耳上的穿孔，穿插线绳，将其平衡吊起，或用于储藏，或用于在火上持续加热，节省人力。

2. 铜圈足小碗，1 件。为铜、锡、铅合金，以铜为主。T0502④：189，黑色，部分可见金色。重 100.55 克。直口、圆腹、饼形圈足。无纹饰。口沿处被挤压变形。器物口径 8.8 厘米，高 4.9 厘米。圈足直径 3.5 厘米，高 0.8 厘米（图 7-31）。

3. 铜条状物，2 件。T0501⑥：279，黑色。重 16.63 克。整体呈长条圆柱状，在末端逐渐变细。长 17.6 厘米，最宽处直径 0.45 厘米，末端最窄处 0.3 厘米。推测可能是铜箸（图 7-32）。

（二）铜香薰器盖

共 2 件。如 T0501④c：616，圆形，暗绿色。该器物已残成三部分，且已挤压变形。分为纽、盖面、盖沿三部分。残径 9.5 厘米，残高 2.22 厘米，重 39.78 克。其中纽平面呈圆形，中心有穿孔，截面呈倒梯形。纽高 0.8 厘米，纽最宽处直径 1.5 厘米（图 7-33）。

盖面鼓起，以纽为圆心，周边 1 厘米錾刻整齐的菊瓣纹。菊纹外为宽约 2 厘米的镂孔带，镂孔呈竖菱形，较规则，边长约 0.2 厘米。镂空带下为一圈宽 0.2 厘米的凸起绳索纹。其下为一圈宽 1.1 厘米的周平宽边，沿下为一圈高 0.5 厘米的竖沿。在一侧平沿与竖沿结合处楔入一根粗约

0.1 厘米的铜条，该铜条入器身部分弯折在沿壁上，以起到固定作用，器身外部分弯成圈状，以便穿入提梁。该铜圈仅见于一侧，另一侧似应有，但已残。整器为一片铜片整体錾刻成型，未见焊接痕迹。镂孔推测为菱形凿凿出。以器物有镂孔带推测，该器物应是一铜香薰的盖。另一件铜香薰器盖为 T0501 ④ c ： 1110，与上形制相同，残径 3.8 厘米。仅存纽及周边菊瓣纹。

（三）凤求凰百花铜盘

1 件。T0502 ④ ：382，金黄色。重 317.8 克。形制为浅盘，平沿、圆壁、大平底。盘口径 26.1 厘米，底径 18.1 厘米，高 1.4 厘米，厚 0.1 厘米。

口沿宽 1.6 厘米，满饰连续花纹。花纹由枝、叶、花、果实组成，其中，花枝为连贯的一枝，未见间断，叶、花等皆开其上。花可见者有莲花、葵花、石榴花、桂花等四种花类，叶即这四种花类的花叶。果实为在石榴花旁可见的石榴果实。

盘底满饰凤求凰百花纹。其中花纹由枝、叶、花组成。花枝纤细，以环绕盘底、连贯未断的花枝为主干，未见缠绕，未见间断，但多有分叉，分叉上开不同花卉，如其中有一枝分为三叉，分别盛开两枝莲花及一枝葵花（图 7-34）。

在图案中心两侧，百花之间，相对各刻凤、凰一只，凤、凰头向相对，在一直线上。其中，弯颈以求者为凤，扭头与其对望者为凰。凤、凰均作展翅翱翔状，尾均表现为四根，飘逸向下，在后端分叉，各为两股，末端卷起。其中，凤头部向上微抬，眼向上望，与凰视线相接。凤身偏左，作欲向右侧凰处飞去之势。由凤头、凤颈、凤身、凤尾组成，凤身后部残。凤翅展长度 7.5 厘米，身残长 2.5 厘米，尾长 6.7 厘米。凤头由头顶翎毛、凤面、凤喙及头下翎毛组成，部分已残。其中，头顶翎毛呈竹叶状，长 1.3 厘米，宽 0.2 厘米。凤面长 0.9 厘米，宽 0.5 厘米，凤喙呈三角形，高 0.5 厘米，底宽 0.2 厘米。凤头后为弯颈，颈呈直角，在转角处较宽大，颈长 2.1 厘米，最宽处宽 0.4 厘米。凤身为两翅，翅展顶部呈弧形，

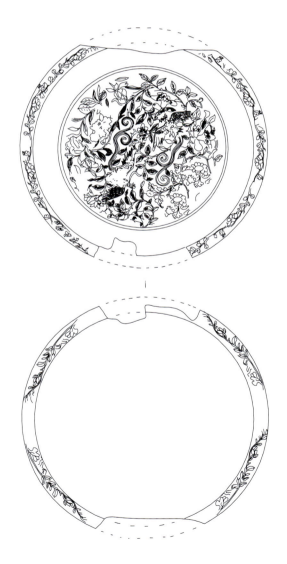

图 7-34 T0502 ④ ：382（1/4）

长 2.8 厘米。翅展底部羽毛参差不齐，长 7.5 厘米。翅上羽毛从上到下分为四层，以相接、相压的竹叶形表现，每根羽毛内均刻小斜线，以更象形。凤尾在凤身右后侧，蜿蜒向下，初时合在一处，宽 0.4 厘米，在后端分为两股，每股两根，宽 0.2 厘米。凰与凤形制相似，不同之处在于尺寸及头部。凰尺寸较凤尺寸略小，翅展上部呈弧线形，宽 2.5 厘米，下部宽 6.5 厘米，身长 2.8 厘米，尾长 5.7 厘米。其头部呈转头状，羽毛丰盛，由头顶翎毛、眼、喙及头下羽毛组成，其中眼上还密集刻有类似睫毛的竖线，更显有神。总体上看，凰较凤在翅展、尾长等方面均略小。

整器造型大方，纹饰精美，构图美观且錾刻精细，尤其是凤求凰图案更是极为传神，是一件艺术价值、研究价值较高的器物。该器物的主要元素为凤求凰、象征多子的石榴、莲花（莲蓬多子）、葵花等植物花卉以及象征祝愿的并蒂莲、不间断花枝等，表明此件铜盘的功用可能与婚嫁相关。

二　佩饰

（一）戒指

铜戒指，4 件。如 T0501 ⑥：277，色呈棕黄。由戒圈、戒面组成。重 7.79 克。戒圈最宽处外径 2.3 厘米，内径 1.9 厘米。戒指最宽、最厚处为戒面，戒面长 1.63 厘米，宽 1.24 厘米，厚 0.38 厘米。戒面呈两层台状，先是将戒身的戒面部分打制成六边形底台，在其上叠焊形制相似、大小依次递减的两层台面。在最上层戒面横向阴刻花卉纹，状似芙蓉，花卉饱满，呈盛开状，占满整个戒面。戒圈最窄处为戒面相对的部分，宽 0.3 厘米，厚 0.23 厘米（图 7-35）。

此外，还出土了 1 件多种合金戒指，以铜为主。T0402 ④：3，整体呈椭圆形。重 5.39 克。戒身略呈半圆形，内壁平直。戒圈长径 2.1 厘米，短径 1.6 厘米，戒身厚处 0.3 厘米，薄处 0.2 厘米。戒面在戒圈顶端，在截平的戒圈上焊接圆形牌饰。戒面厚 0.35 厘米，直径 1.3 厘米。戒面分两层，

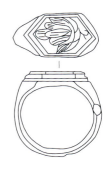

图 7-35　T0501 ⑥：277（1/1）

一层为圆形底座，一层为底座上圆形装饰金属片，现装饰金属片的纹饰已锈蚀不清。经检测：戒圈 32% 金、38% 铜、11% 银、15% 铁，戒面 89% 铜。

（二）手镯

1 件。T0402 ③：34，整体呈棕黄色，大部有铜绿色锈蚀。该手镯由窄且薄的铜片弯制而成，周长 16.9 厘米。重 7.22 克。素面。最宽处外径 6.9 厘米，内径 6.6 厘米。最宽、最厚处为手镯中央，宽 0.48 厘米，厚 0.22 厘米。镯两头较尖锐，宽 0.24 厘米，厚 0.1 厘米（图 7-36）。

（三）铜钩

1 件。T0501 ④：322，棕黄色。重 39.25 克。由钩及链条组成。钩由窄长铜片弯制而成，由底部向尖部逐渐变细。长 4.8 厘米，底部宽 0.48 厘米，厚 0.3 厘米。在底部中央穿一直径 0.3 厘米的小孔，以连接链条。链条已残，残长 20.8 厘米。由 15 个"8"字形连接环组成。"8"字链环由一根直径 0.28 厘米的铜条弯制而成，长 0.9 厘米，但大小略有差别（图 7-37）。

（四）铜环

根据铜环的形态特征，将本船出土的铜环分为四个类型。其中 A 型环体截面为圆形；B 型环体较扁平，截面呈椭圆形；C 型环体较细，直径一般在 0.3 厘米左右，截面呈圆形；D 型直径与前相比明显小，环体截面呈圆形。

1. A 型铜环，完整及可辨者 60 件，另有多件小残段。如 T0401 ④：13，褐色，部分有铜

图 7-36　T0402 ③：34

图 7-37　T0501 ④：322（1/2）

绿色锈蚀。重 51.3 克。整体呈环状，环体截面呈圆形，厚度均匀，周身无焊点，应为模铸而成。外径 8.66 厘米，内径 7.54 厘米。环体直径 0.58 厘米（图 7-38，左）。

2. B 型铜环，完整及可辨者 35 件，另有多件小残段。如 T0201 ②：1，铜绿色。重 43.64 克。整体呈环状，环体截面呈扁平椭圆形，内侧凸起，较尖且薄，外侧圆润。周身无焊点，应为模铸而成。外径 8.76 厘米，内径 7.58 厘米。环体宽 0.65 厘米，厚 0.48 厘米（图 7-38，中）。

3. C 型铜环，完整及可辨者 43 件，另有多

件小残段。如 T0301 ①：5，铜绿色。重 17.13 克。整体呈环状，环体截面呈圆形，周身无焊点，应为模铸而成。外径 8.34 厘米，内径 7.7 厘米。环体较细，直径 0.3 厘米（图 7-38，右）。

4. D 型铜环，共 7 件，均完整。如 T0201 ③：44，棕黄色，部分有铜绿色锈蚀。重 48.44 克。整体呈环状，厚度均匀，表面光滑，周身无焊点，应为模铸而成。外径 5.65 厘米，内径 4.12 厘米。环身截面呈圆形，直径 0.66 厘米（图 7-39）。

此外，将铜环放置在粉盒内保存的情况在本船未出水的时候较为常见，后因整体打捞时的晃动、震动，铜环多散出粉盒。现存的如装铜环、铜钱粉盒，T0301 ②：129。粉盒身白色，铜环墨绿色，大部有铜绿色锈蚀。沿粉盒壁层叠放入等大的 5 件 A 型铜环，铜环外径恰抵粉盒内径，形成紧密相套的形状。粉盒底部为一铜钱，锈蚀严重，已不辨字迹。粉盒底部墨书"陈□"。粉盒子母口，子口 9.1 厘米，母口 10 厘米，底径 8.3 厘米。铜环外径 8.62 厘米，内径 7.62 厘米。单个铜环重 58.51 克（图 7-40）。

三　衡器

（一）铜砝码

共 12 件，重量各不相同（图 7-41）。

1. 重 0.12 克，1 件。T0602 ④：0014，铜绿色。呈圆环状，外径 0.8 厘米，内径 0.25 厘米，厚 0.17 厘米。整器轻且小，为最小重量的砝码。

2. 重 2.34 克，1 件。T0501 ④c：3，铜绿色。整器较窄厚，呈两个上下相扣的相同的钵，两口相对，中间有突棱。上下两面圆形，截面呈六边形。突棱外廓直径 0.88 厘米，上下两面直径 0.67 厘米，厚 0.62 厘米。

3. 重 9.41 克，1 件。T0501 ④c：337，铜绿色。整器宽扁，形制与上相似。突棱外廓直径 1.64 厘米，上下两面直径 1.28 厘米，厚 0.68 厘米。

4. 重 10.25 克，1 件。T0501 ④c：569，铜

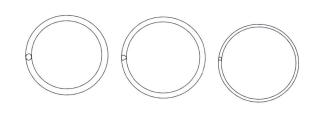

图7-38 铜环（从左至右：A型 T0401④：13、B型 T0201②：1、C型 T0301①：5）（1/4）

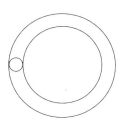

图7-39 D型铜环 T0201③：44（1/2）

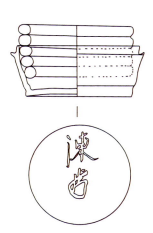

图7-40 T0301②：129（1/3）

绿色。整器宽扁，形制与上相似。突棱外廓直径
1.67厘米，上下两面直径1.27厘米，厚0.77厘米。

5. 重10.37克，1件。T0401④c：64-1，
铜绿色。整器宽扁，形制与上相似。突棱外廓直
径1.68厘米，上下两面直径1.42厘米，厚0.7厘米。

6. 重14.14克，1件。T0402③：33，铜绿
色。整器宽扁，形制与上相似。突棱外廓直径1.84
厘米，上下两面直径1.36厘米，厚0.92厘米。

7. 重18.85克，1件。T0501④c：720，铜
绿色。整器宽扁，形制与上相似。突棱外廓直径
2.1厘米，上下两面直径1.7厘米，厚0.8厘米。

8. 重19.5克，1件。T0501④c：238，铜绿色。
整器宽扁，形制与上相似。中间起棱直径2.1厘米，
上下两面直径1.8厘米，厚0.85厘米。

9. 重20.13克，1件。T0501④c：570，铜
绿色。整器宽扁，形制与上相似。突棱外廓直径
2厘米，上下两面直径1.36厘米，厚1.1厘米。

10. 重39.58克，1件。T0501④c：568，铜
绿色。整器宽扁，形制与上相似。突棱外廓直径2.7
厘米，上下两面直径2.2厘米，厚1.1厘米。

11. 重70.33克，1件。T0301②：244，铜绿色，
表面一部分有一层黑色铁质凝结物。整器宽扁，
呈两个上下相扣的相同的盘，两口相对，中间有
突棱。上下两面圆形，中心有对穿圆孔，截面呈
六边形。突棱外廓部分直径2.96厘米，上下两面
直径2.02厘米，穿孔直径0.54厘米，厚1.52厘米。

12. 重78克，1件。C10a①：0359，黑灰色。
整器宽扁，中心有对穿圆孔，形制与上相似。突棱
外廓部分直径3.2厘米，上下两面直径2.4厘米，
穿孔直径0.51厘米，厚1.53厘米。

（二）铜天平

1. 铜天平构件，1件。

T0501④c：330，铜绿色。由指针环及衡杆
组成。整器重8.43克，指针环重2.86克，衡杆
重5.57克。

其中，指针环整体呈水滴形，由上部挂圈、
水滴形环体、环内平衡中线及连接盒组成。长3.7

图7-41　铜砝码及天平、秤盘

厘米，最宽处2.6厘米，环体截面呈椭圆形，宽
0.24厘米，厚0.17厘米。挂圈与环成垂直方向，
直径0.5厘米，中心有穿孔，直径0.1厘米。挂
圈下为"凸"字形支撑，其下为环身的水平部分，
长0.6厘米。在其中心处焊接平衡中线，中线处
于指针环中轴线上，长0.3厘米。指针对准平衡
中线时，则两侧重量相等，否则指针即指向偏重
一方。与其平行处，在环体外有两小扉棱，起装
饰作用。在环体正底端焊接一个立方体盒，为连
接盒，长0.92厘米，宽0.4厘米，高0.55厘米。
其功用是连接指针环与衡杆。盒上下通透，左右
面焊接在环体上，前后面的中央部分穿孔，与衡
杆上指针上穿孔大小一致，三孔大小一致，且可
位于同一直线上。在使用时，将三孔对准，并插
入插销，即可将指针环与指针、衡杆固定在一起。
在固定后，指针与平衡中线间仅有极细的空隙，
但不妨碍指针左右晃动。如左右平衡，则可见指
针与平衡中线呈一直线。衡杆由指针与衡杆组成，
指针焊接在衡杆中央，尖细底宽，呈刺状，长2.7
厘米，底宽1厘米，厚0.12厘米。在指针底部上0.2
厘米，在指针两侧对称切出小扉棱，在称重时指
针带动扉棱活动，如一侧过重时，扉棱将卡在连
接框下缘，阻止指针继续向该侧倾斜。而与此同
时，指针也将撞击在指针环环身上。即本天平具
有重量差别的极限值，一旦到达极限值，指针上

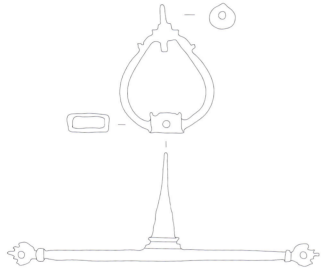

图 7-42 T0501 ④ c：330 (1/1)

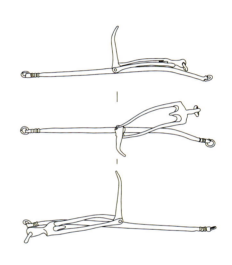

图 7-43 T0501 ④ c：924 (1/3)

扉棱及环身都将起到阻止指针继续活动的效果。衡杆长 8.4 厘米，被指针分成左右对称的两部分。衡杆中间粗而向远端渐细，中间最粗处直径 0.34 厘米，两端最细处直径 0.23 厘米。在衡杆两末端，各焊接一个带底座的花卉形（或火焰形）装饰，中央部位有小孔，以便吊起称盘。在使用时，现将挂圈、衡杆、称盘等组合在一起，再通过小挂圈将其悬挂于天平立柱的支撑物上，即可使用（图7-42）。

2. 铜天平构件，1 件。

T0501 ④ c：924，深棕色。重 28.57 克。由指针环及衡杆组成，两者已锈结在一处。其中，指针环整体呈倒梯形，由上部挂圈、梯形环体、

环内平衡中线组成。通高 7.5 厘米，梯形上边宽 1.9 厘米，下边宽 0.6 厘米。环体截面大体呈方形，边长 0.25 厘米，但其在与指针结合处打成扁平状，在其上对穿孔，与指针固定在一起。指针环上部为楔形头，在楔形头上端穿孔，插入小铜圈为挂圈。挂圈直径 0.97 厘米，圈体直径 0.17 厘米。平衡中线呈三角形，长 0.8 厘米，底宽 0.45 厘米。衡杆由指针和衡杆组成，指针呈刺状，边缘光滑，高 4.5 厘米，底边宽 0.6 厘米，厚 0.22 厘米。衡杆长 15.3 厘米，被指针分成左右对称的两部分。衡杆中间粗而向远端渐细，中间最粗处 0.47 厘米，两端最细处 0.35 厘米。在衡杆两末端，各穿一孔并插入小铜圈，以便吊起称盘。小铜圈直径 0.7

图 7-44　T0401④c：64-2（1/3）

图 7-45　T0301②：112（1/2）

厘米，圈体直径 0.1 厘米（图 7-43）。

　　3. 铜天平构件，1 件。

　　T0401④c：64-2，铜绿色。重 17.93 克。由指针环及衡杆组成，已锈结于一处。其中，指针环整体呈水滴形，由上部挂圈、水滴形环体、环内平衡中线组成。长 4.9 厘米，最宽处 3.6 厘米，环体截面呈圆形，直径 0.28 厘米。挂圈与环成垂直方向，直径 0.5 厘米，中心有穿孔，已锈结，尺寸不明。挂圈下为环身，在环身内上部中心处焊接平衡中线，中线处于指针环中轴线上，残长 0.8 厘米。环身底端可见连接盒，但因已锈结，尺寸不明。指针环与衡杆通过连接盒上的对

穿孔与衡杆上指针的穿孔通过插销连接在一起，插销已锈蚀，隐约可见。衡杆由指针和衡杆组成，指针在衡杆中轴线上，整体呈三角形，残长 1.5 厘米。衡杆长 15.2 厘米，中间粗而向远端渐细，中间最粗处 0.9 厘米，两端最细处 0.2 厘米。两端饰物已残（图 7-44）。

　　4. 铜指针（残），1 件。

　　T0301②：112，铜绿色。重 11.37 克。指针整体呈三角形，已被挤压变形。残长 9.6 厘米，底宽 1.1 厘米，厚 0.4 厘米。该指针形制较大，推测应用在尺度较大、用来称银铤等器物的天平上（图 7-45）。

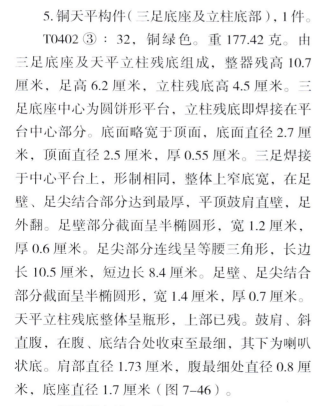

图 7-46 T0402 ③：32 （1/3）

图 7-47 T0401 ④：3 （1/3）

5.铜天平构件（三足底座及立柱底部），1件。

T0402 ③：32，铜绿色。重 177.42 克。由三足底座及天平立柱残底组成，整器残高 10.7厘米，足高 6.2 厘米，立柱残底高 4.5 厘米。三足底座中心为圆饼形平台，立柱残底即焊接在平台中心部分。底面略宽于顶面，底面直径 2.7 厘米，顶面直径 2.5 厘米，厚 0.55 厘米。三足焊接于中心平台上，形制相同，整体上窄底宽，在足壁、足尖结合部分达到最厚，平顶鼓肩直壁，足外翻。足壁部分截面呈半椭圆形，宽 1.2 厘米，厚 0.6 厘米。足尖部分连线呈等腰三角形，长边长 10.5 厘米，短边长 8.4 厘米。足壁、足尖结合部分截面呈半椭圆形，宽 1.4 厘米，厚 0.7 厘米。天平立柱残底整体呈瓶形，上部已残。鼓肩、斜直腹，在腹、底结合处收束至最细，其下为喇叭状底。肩部直径 1.73 厘米，腹最细处直径 0.8 厘米，底座直径 1.7 厘米（图 7-46）。

6.铜天平立柱，1件。

T0401 ④：3，铜绿色。重 54.47 克。整体呈锥状，长 15.4 厘米。底部呈瓶状，敞口细颈，鼓肩斜直腹，在腹、底结合处收束至最细，其下为喇叭状底。口部直径 1.1 厘米，颈部 0.5 厘米，肩部直径 1.5厘米，腹底结合处 0.55 厘米，底径 1.06 厘米。瓶上的立柱部分由底端向末端渐细，最粗处 0.63 厘米，最细处 0.18 厘米。推测这种立柱应焊接在三足底座上，底座现不存。而制成锥状体，推测应是用一小环套在尖上，用线绳连接该套环与指针环顶的挂圈，悬挂天平衡器，使之更加稳固（图 7-47）。

7.铜花卉纹称盘，1件。

T0501 ④c：720，金黄色。重 37.11 克。整体呈圜底钵状，器体扁平。盘口径 9.6 厘米，盘高 1.45 厘米，厚 0.1 厘米。在盘口、壁结合处四角各穿一直径 0.15 厘米的小孔。四孔连线呈正方形，边长 6.7 厘米。在口沿周饰一圈宽 0.8 厘米的纹饰带，纹饰为阴刻的叶花纹，分为 6 组，每组花纹相同，彼此相连。连接方式为，两组花纹边界为一倾斜花枝，两组纹饰共用该花枝。一侧的花枝上端刻叶瓣向下的三瓣草纹，另一侧花枝

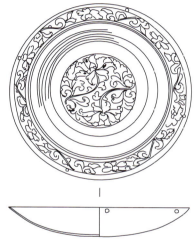

图 7-48　T0501④c：72C（1/2）

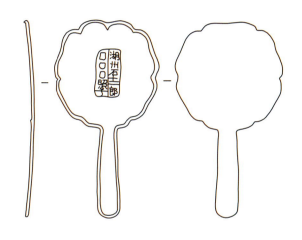

图 7-49　T0402②：184（1/3）

下端刻叶瓣向上的三瓣草纹。每组的三瓣草纹对称分布，中心簇拥一朵五瓣花纹。且，如一组中三瓣草纹向下，则花心朝上，反之，三瓣草纹朝上，则花心朝下。整体构图既有韵律感又有对称感。盘底中心为一圆形纹饰，直径 4.3 厘米。在其中满饰花纹，为一正一反两支花。花由花茎、花叶、花卉构成，花茎纤细蜿蜒，花叶呈卷云状，花卉瓣有 8 朵，中心有花蕊。该称盘较小，推测应用于称量金器、朱砂等物，并结合其出土地点距天平不远，推测该称盘可能应用于天平上（图 7-48）。

四　铜镜

（一）带柄铜镜

1. 带柄湖州镜，7 件，镜面均为六出葵花镜。

如 T0402②：184，残（镜、柄分离），铜绿色。重 81.24 克。镜面纵长横窄，正下方有握柄。通长 16.2 厘米，其中镜长 9 厘米，宽 8.3 厘米，柄长 7.2 厘米。整体呈葵花形，共有 6 边，每边中部略有起伏，以像花瓣。每边边长 3.7 厘米，边与边之间有深 0.2 厘米的凹陷。镜缘厚而镜面薄。镜缘厚 0.21 厘米，镜面厚 0.15 厘米。镜面向正面略微凸起（图 7-49）。

镜背面有字部分长 3.7 厘米，宽 1.8 厘米。字框纵向分为两框，每框宽 0.9 厘米。柄长 7.3 厘米。在镜背面中心有纵向字框，框平分为两列，列间有凸起竖线隔开。内文字为阳文，可辨者为"湖州石十二郎（第一排）□□□照子（第二排）"。握柄正面平滑，柄最宽处 1.8 厘米，最窄处 1.4 厘米，缘呈半圆形凸起，高 0.24 厘米。

图 7-50　T0201②：37（1/3）

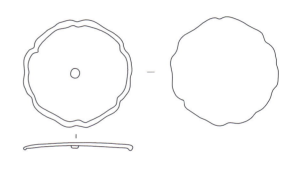

图 7-51　T0501④c：550（1/3）

此外，还出土了4件从镜上断裂下的铜镜柄，也代表了4件本类型铜镜。

2. 双凤朝阳带柄铜镜，1件，为八出菱花镜。

T0201②：37，铜绿色。重107.94克。由镜及柄组成，柄下端已残。残长15.7厘米。镜长8.7厘米，宽9厘米。每角的底边长约3厘米，缘宽0.5厘米，厚0.3厘米。缘内为双凤朝阳纹饰，为阳刻。镜面中心为直径0.28厘米的圆柱形乳突，围绕其一周饰8根长0.5厘米的直线，整体呈太阳纹。太阳纹左下方又有一圆柱形乳突，直径0.28厘米。太阳纹左右各饰一只凤凰，凤凰彼此相对，尾部可各见三根凤尾，彼此相交。头部及身部磨

损严重，已残。柄焊接在镜面正下方，截面呈梯形。残长9厘米，最窄处宽1.7厘米，最宽处宽2厘米，厚0.3厘米（图7-50）。

（二）带纽铜镜

1. 六出葵花形带纽铜镜，共2件。

T0501④c：550，暗绿色。重90.61克。整器质地均匀，造型美观。边缘厚而镜面薄。边缘向背部凸起，凸起内为圆形镜面。镜面略向内凸，为获更佳成像效果。铜镜直径8.6厘米，每边边长4.5厘米，边缘厚0.37厘米，中厚0.21厘米。圆心处为半圆体纽，纽的穿孔因锈蚀已不辨。纽直径0.74厘米，高0.3厘米（图7-51）。

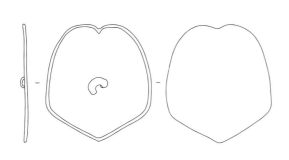

图 7-52　T0501 ④ c：579（1/2）

图 7-53　T0501 ③：5（1/2）

2. 桃形铜镜，1 件。

T0501 ④ c：579，铜绿色。重 16.13 克。整器小巧，左右对称，形如桃的截面，镜背有纽。长 6.4 厘米，最宽处宽 5.3 厘米，厚 0.13 厘米。顶端呈圆角三角形，高 1.4 厘米，底边宽 5.3 厘米，两侧边长 2.9 厘米。下部略呈梯形，高 5 厘米，底宽约 2.7 厘米。两边为圆弧形。纽在镜背中央，为桥形纽，上下两侧开孔，纽长 1 厘米，宽 0.5 厘米，高 0.3

厘米。纽上附着金属半圆形状物（图 7-52）。

（三）无柄无纽铜镜

片状铜镜，1 件。

T0501 ③：5，六出葵花形镜，深绿色，大部有铜绿色锈蚀。重 112.53 克。直径 12.5 厘米，平均分为 6 边，每边间有宽 1.2 厘米，深 0.4 厘米凹陷。整器为一片铜片制成，厚度均匀，为 0.13 厘米。略向正面凸起。未见纹饰（图 7-53）。

第三节 铁器

铁器是本船重要的贸易品，也是本船中仅次于瓷器的最为大宗的船货。截至目前的发现，铁器类型比较简单，主要以各类坯件、铁锅为主，其中又以铁器坯件为主。铁器的装载在水平层面上广泛分布于各舱室，在垂直层面上一般装载在瓷器上方。具体来讲，第 2、3、4、5、7 舱室主要装载铁器坯件，其中第 5 舱室还有少量铁锅发现；第 6 舱室左侧舱室装载铁锅，右侧舱室装载坯件；第 11 舱中部舱室装载铁器坯件；第 12 舱中间及左侧舱室装载铁锅和少量坯件。以上舱室中又以第 6、7 舱室即本船的主桅附近装载铁器最为密集（图 7-54）。

本船铁器在装载时进行了精心捆扎、包装，码放整齐有序。通过保存下来的竹篾、竹席等捆扎、填充物，可以清晰观察到铁器入船时的状态。具体来说，铁器坯件被竹篾绑缚成捆，两捆用竹篾绑缚为一组，铁器坯件捆、组之间还垫衬了草席、竹席等编织物，整齐码放船上；而铁锅则成组相摞，倒扣在船上，铁锅之间也常见竹篾、竹席等填充物。

同时，也应注意到本船铁器的装载也充分注重了负载均衡问题，船载铁器在水平层面上基本是均匀分布，在垂直层面上为上铁器、下瓷器，反映了本船船货的基本布置情况，对研究本船铁器性质及古代货物装载方式等提供了重要材料。

铁器基本上以凝结物的形式出现。凝结物是金属器尤其是铁器在海水中经历化学、物理等自然作用而与其周边的船体、瓷器、海泥等凝结在一起而形成的遗物存在现象。截至目前，已提取船体上方凝结物 70 块（尚有未提取者），总重量达 60 余吨。凝结物的主体是铁器，表面可见的类型也仅为条、片状坯件及铁锅。目前，对凝结物尚无发现将其逆转的办法，故基本上对已提取的凝结物进行了原样保留，仅使用物理办法破拆出了一少部分铁器以作保护试验、研究之用。现将已破拆出的铁器情况报告如下：

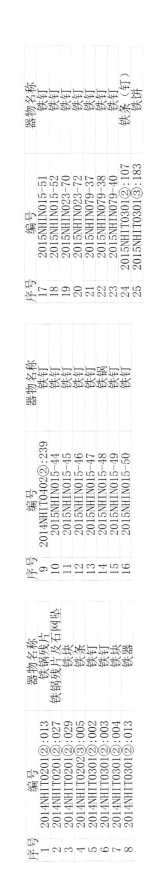

序号	编号	器物名称
1	2014NHIT0201②:013	铁锅残片
2	2014NHIT0201②:027	铁锅残片及石网坠
3	2014NHIT0201②:029	铁块
4	2014NHIT0202③:005	铁条
5	2014NHIT0301②:002	铁钉
6	2014NHIT0301②:003	铁钉
7	2014NHIT0301②:004	铁块
8	2014NHIT0301②:013	铁器

序号	编号	器物名称
9	2014NHIT0402②:239	铁钉
10	2015NHIN015-44	铁钉
11	2015NHIN015-45	铁钉
12	2015NHIN015-46	铁钉
13	2015NHIN015-47	铁钉
14	2015NHIN015-48	铁锅
15	2015NHIN015-49	铁钉
16	2015NHIN015-50	铁钉

序号	编号	器物名称
17	2015NHIN015-51	铁钉
18	2015NHIN015-52	铁钉
19	2015NHIN023-70	铁钉
20	2015NHIN023-72	铁钉
21	2015NHIN079-37	铁钉
22	2015NHIN079-38	铁钉
23	2015NHIN079-40	铁条
24	2015NHIT0301②:107	铁条（钉）
25	2015NHIT0301③:183	铁饼

图7-54 铁器分布图

一　坯件

铁器坯件尚未加工成型，以铁条状物、铁片状物为主，其下又有多种不同形态，其功用也有不同。均为锻铁制成[1]。

坯件的装载方式为，一般由35~45件坯件在其中心用竹篾捆扎成圆柱形的一捆，一般两捆为一组。每组在前、中、后三端分别用竹篾捆扎，后整齐码放入船上。

坯件捆的具体情况以破拆的 N28（本船凝结物 28 号）上的一捆铁坯件为例，该器物由 35 根铁坯件相对插入构成，在其中心用竹篾捆扎（竹篾由三道组成），整体呈圆柱形。捆长 35 厘米，直径 11 厘米，重 9.34 千克。35 件铁坯中，29 件完整，6 件已残，表面均有暗黄色锈蚀。铁坯形制不一，有条状者，有片状者；长度不一，以长 20~23 厘米者为主，最长者 24.5 厘米，最短者 16.5 厘米（图 7-55）。

截至 2016 年 1 月，共破拆出本船铁坯件完整及可辨者共 157 件，分属 N28、N15-35（指 15 号凝结物中第 35 号剥离物）、N15-43 及 N44。按照形制的不同，可将坯件分为三种类型，分别为条状（A 型）、片状（B 型）及楔形（C 型）。其中，片状（B 型）下又可分为窄（Ba 型）、宽（Bb 型）两种亚型。

（一）条状（A 型）

共 41 件。整体呈柳叶形，器身截面呈梯形，平顶或斜顶，一侧厚一侧薄，薄侧平直，厚侧有弯弧，尖底如锥状（图 7-56）。举例如下：

1. 标本 1，属 N28。整器狭长，斜顶，中部厚，底呈锥状。重 402.87 克。长 30.6 厘米，厚侧最厚处厚 1.4 厘米，薄侧厚 1.1 厘米。最宽处宽 1.6 厘米。最宽处即为最厚处，在器物的中上部，距顶部 10 厘米。顶宽 1 厘米，厚 0.4 厘米（图 7-57）。

图 7-55　成捆铁器坯件 N28

图 7-56　条状（A 型）坯件

图 7-57　A 型坯件标本 1

2. 标本 2，属 N15-43。整器粗短，斜顶，中部厚，底呈锥状。重 281.14 克。长 20 厘米，厚侧最厚处厚 1.9 厘米，薄侧厚 1.5 厘米。最宽处宽 1.5 厘米。最宽处即为最厚处，在器物的中上部，距顶部 7.5 厘米。顶宽 1.3 厘米，厚 1.5 厘米。

---

[1] 万鑫、毛志平、张治国、李秀辉：《"南海 I 号"沉船出水铁锅、铁钉分析研究》，《中国文物科学研究》2016 年第 2 期。

图 7-58　Ba 型坯件

图 7-59　Ba 型坯件标本 1

图 7-60　Bb 型坯件

图 7-61　Bb 型坯件标本 1

（二）片状（B 型）

98 件。其中整体较窄的 Ba 型 60 件、整体较宽的 Bb 型 38 件。

整体如弯刀形，尖部向外弯曲。器身截面较扁平，呈长方形或扁梯形，平顶或斜顶，一侧略厚于另一侧，尖底如锥状。举例如下：

1.Ba 型（图 7-58）。

1）标本 1，属 N28。整器窄长，截面呈扁薄的长方形，平顶，尖部呈刀尖状，明显向外侧弯曲。重 309.91 克。长 33.2 厘米，顶部最宽，为 2.5 厘米，上半部厚度均匀，为 0.9 厘米，中部向下均匀变薄（图 7-59）。

2）标本 4，属 N28。整器窄长，截面呈扁薄的长方形，斜顶，尖部呈刀尖状，明显向外侧弯曲。重 153.071 克。长 28.7 厘米，最宽处在中上部，为 1.7 厘米，上半部厚度均匀，为 0.7 厘米，中部向下均匀变薄。

2.Bb 型（图 7-60）。

1）标本 1，属 N15-35。整器宽扁，截面呈扁薄的长方形，平顶，尖部呈刀尖状，向外侧弯曲。重 306.86 克。长 25.9 厘米，最宽处在中上部，为 3.8 厘米，厚 1 厘米（图 7-61）。

2）标本 2，属 N15-35。整器宽扁，截面呈扁薄的长方形，微斜顶，尖部呈刀尖状，向外侧弯曲。重 453.15 克。长 26.5 厘米，最宽处在中上部，为 3.3 厘米，厚 1~1.3 厘米。

图 7-62　C 型坯件

图 7-63　C 型坯件标本 1

（三）楔形（C 型）

18 件。整体呈楔形，器体厚重，一般为方形顶或长方形顶，顶部最宽、厚，向下递减。两侧斜直，底呈锥状（图 7-62）。举例如下：

1. 标本 1，属 N44。纵剖面略呈三角形。顶为方形，方形上略起拱形，两侧斜直，底呈锥状。重 456.81 克。长 24.8 厘米，顶宽 3 厘米，厚 2.4 厘米（图 7-63）。

2. 标本 2，属 N44。纵剖面呈三角形。器物中上部略宽、厚于顶部，顶为方形，两侧斜直，底呈锥状。重 660.76 克。长 23 厘米，最宽处宽 3.4 厘米，厚 2.5 厘米。

二　铁锅

本船的铁锅为铸铁制成[1]，均为圜底锅。铁锅的装载方式为，一般为相同大小、形制的铁锅层摞在一起，倒扣于船板上，有的铁锅间还垫入编织物。铁锅凝结物主要发现在本船的中、后部，尤以 C12、C13 舱室为多，此处铁锅成摞出现，排列密集，码放整齐。

根据铁锅的形制不同，将其分为三种类型，以深腹锅为主。其中：

A 型，有柄铁锅。如 N28 中剥离的一组铁锅，

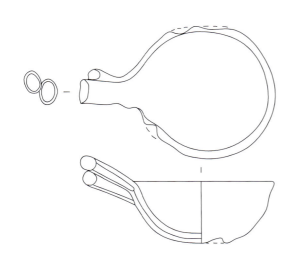

图 7-64　A 型有柄铁锅（1/6）

---

① 万鑫、毛志平、张治国、李秀辉：《"南海 I 号"沉船出水铁锅、铁钉分析研究》，《中国文物科学研究》2016 年第 2 期。

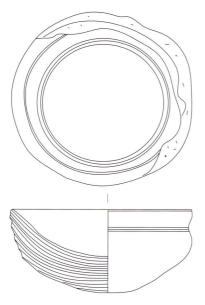

图 7-65　B 型浅腹锅（1/6）

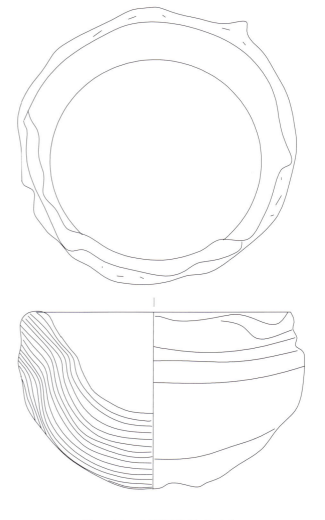

图 7-66　C 型深腹锅（1/6）

可辨者有 2 件，层摞在一处。锈蚀严重。共重 3.56 公斤。铁锅敞口圜底，浅腹，在口沿斜上方有一握柄，整体呈楔形，截面呈椭圆形，似中空，可插入木柄。上层第一件铁锅口径 22 厘米，高 7.3 厘米，壁厚 0.2 厘米。握柄长 7 厘米，宽 4 厘米，口部高 1.8 厘米（图 7-64）。

　　B 型，浅腹锅。如 N39 重剥离的一组铁锅，可辨者 14 件。共重 13.36 公斤。铁锅敞口，微向内折腹，圜底。锅内折腹处上方有三周弦纹。最上层第一件铁锅口径 28.5 厘米，高 7.7 厘米（折腹处距口沿 4.8 厘米），壁厚 0.2 厘米（图 7-65）。

　　C 型，深腹锅（图 7-66）。如 N58-29，该

组铁锅可辨者 21 件。共重 71.86 公斤。铁锅敞口、深腹、折腹、圜底。最上层第一件口径 40 厘米，高 14.3 厘米（折腹处距口沿 4.3 厘米），壁厚 0.4 厘米。

三 其他

1. 铁弹丸，1 件。T0202 ③：99-1，黑色，经检测主要成分为铁。直径 1.7 厘米，重 6.39 克。素面。整体呈球形，表面不规整。推测是猎取海洋鸟类等时使用的弹丸。

2. 铁籽，1 件。T0202 ③：99-2，黑色，经检测主要成分为铁。长 0.4 厘米，最宽处宽 0.46 厘米，重 0.22 克。整体呈滴露形，表面有麻点。推测是铃铛中的铁籽。

第四节　锡器

锡器以靠近主桅杆附近及尾舱附近分布为主。截至2016年1月，本船共发现各类锡器62件（套），此外还有八面体锡珠128颗以及大量的各类小锡珠。发现的锡器重量2027克，八面体锡珠重量147.22克，小锡珠总重量18544克。本船锡器集中出土的情况为同时期考古材料所不见，尤其是锡器不是作为明器而是作为实用物的日用品、装饰品等的情况更为少见，对研究南宋锡器制作、使用、贸易等提供了重要材料（图7-67）。

船载锡器主要可以分为饰品类、器皿类两类。其中饰品类主要包括牌饰、戒指、手镯、铃铛等。器皿类主要包括碗、盘、杯、盒等，此外，还出土了1枚锡质的印章。

值得注意的是，本章所述的锡器全部为铅锡合金。

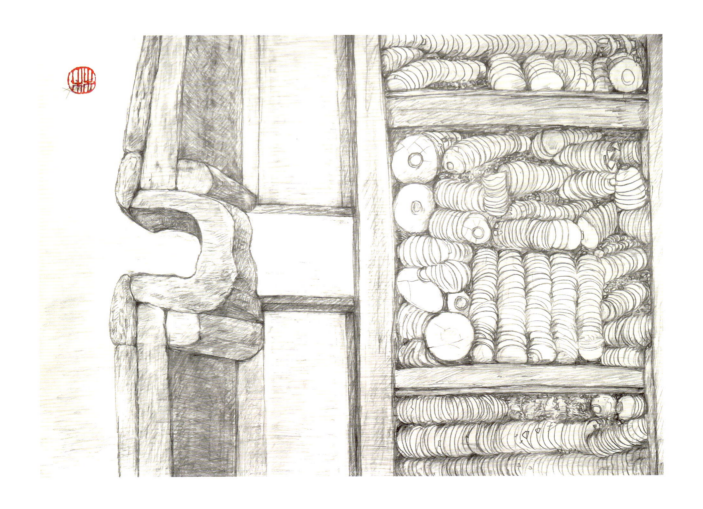

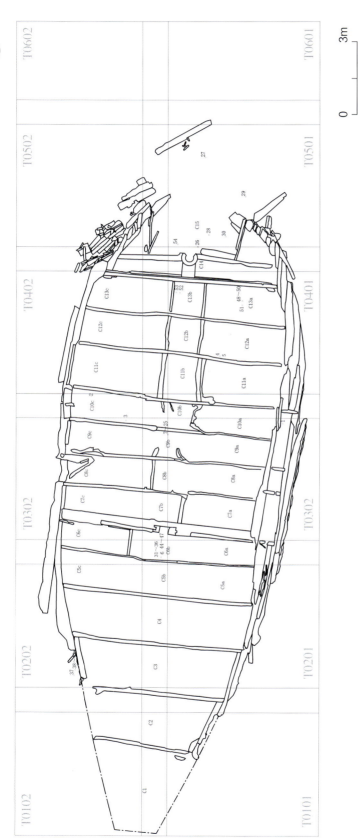

序号	编号	器物名称
1	2014NHIT0301①:001	锡盒
2	2014NHIT0302②:099	银环
3	2015NHIC10c①:0307	锡碗
4	2015NHIC12a①:0033	锡盒
5	2015NHIC12a①:0034	锡盒
6	2015NHIT0202③:103	银珠
7	2015NHIT0302③:554	小锡盘
8	2015NHIT0302③:555	小锡盘
9	2015NHIT0302③:556	小锡盘
10	2015NHIT0302③:557	小锡盘
11	2015NHIT0302③:558	小锡盘
12	2015NHIT0302③:559	小锡盘
13	2015NHIT0302③:560	小锡盘
14	2015NHIT0302③:561	小锡盘
15	2015NHIT0302③:562	小锡盘
16	2015NHIT0302③:563	小锡盘
17	2015NHIT0302③:564	小锡盘
18	2015NHIT0302③:565	小锡盘

序号	编号	器物名称
19	2015NHIT0302③:566	小锡盘
20	2015NHIT0302③:567	小锡盘
21	2015NHIT0302③:568	小锡盘
22	2015NHIT0302③:569	小锡盘
23	2015NHIT0302③:570	小锡盘
24	2015NHIT0302③:571	小锡盘
25	2015NHIT0302③:572	小锡碗
26	2015NHIT0501④c:289	锡（铅）皮卷
27	2015NHIT0501④c:443	锡器（身）
28	2015NHIT0501④c:450	锡盒（身）
29	2015NHIT0502④:605	锡器
30	2015NHIT0202③:070	银环
31	2015NHIT0202③:071	银环
32	2015NHIT0202③:072	银环
33	2015NHIT0202③:073	银环
34	2015NHIT0202③:074	银饰
35	2015NHIT0202③:075	银环
36		

序号	编号	器物名称
37	2015NHIT0202③:082	椭圆梭形银饰件
38	2015NHIT0202③:084	银鱼
39	2015NHIT0202③:085	银铃铛
40	2015NHIT0202③:086	银环（金？）
41	2015NHIT0202③:087	椭圆梭形银饰件
42	2015NHIT0202③:091	椭圆梭形银饰件
43	2015NHIT0202③:092	银铃铛
44	2015NHIT0202③:093	银牌
45	2015NHIT0202③:094	椭圆梭形银饰件
46	2015NHIT0202③:095	银铃铛
47	2015NHIT0202③:096	环（银？）残件
48	2015NHIT0202③:099	银珠？
49	2015NHIT0202③:100	圆形四孔银珠
50	2015NHIT0202③:101	椭圆形银饰件
51	2015NHIT0202③:104	银饰
52	2015NHIT0302③:486	银戒指
53	2015NHIT0502④:502	椭圆形银饰件
54	2015NHIT0502④:504	银南瓜形轮盖饰

图7-67　锡器分布图

一 饰品类

（一）牌饰

共 9 件。如 T0202③：64，灰黑色。整体呈梯形，通长 7.1 厘米，最宽处 6.5 厘米，厚 0.2 厘米。重 27.38 克。上端均匀分布三个纽，纽由上端长条锡片回折后制成。牌饰正面周边装饰一条纹饰带，带两侧有边框，框内为连续卷草纹，纹饰带宽 0.5 厘米。纹饰带内为牌饰中心，主纹为花卉纹，状似芙蓉。花卉有 8 朵花瓣，中有花蕊，周边为枝蔓叶。花上方为 4 朵连续倒垂的叶纹。纹饰中花卉雍容富贵，整体构图美观，线条纤细、流畅。整体为整块锡片裁剪成型，花纹为錾刻（图 7-68）。

（二）纽绳镯

共 7 件。如 T0202③：71，灰黑色。呈椭圆形，周长 20.6 厘米，长径 6.9 厘米，短径 5.7 厘米。重 25.5 克。整器质地柔软。由 3 股两端细、中间粗的锡条（最粗处直径 0.27 厘米）扭结而成，中部最厚，两端呈尖状，彼此相对。镯体最厚处直径 0.77 厘米，尖状处直径 0.4 厘米（图 7-69）。

（三）戒指

共 4 件。如 T0302③：9，灰黑色。整体呈马镫形，直径 2.2 厘米。由戒身和戒面组成。戒身截面为圆形，直径 0.3 厘米。在戒圈顶端焊接六边形戒面底座，在戒面底座边缘上在焊接金属丝。可辨 6 个包脚，中间包裹六边形金属片。戒面长 1.7 厘米，宽 1.1 厘米，厚 0.44 厘米（图 7-70）。

（四）铃铛

共 9 件。如 T0202③：92，包括 2 件铃铛，灰黑色，部分可见黄色锈蚀。铃铛整体呈球形，上有圆角方形细纽，铃铛内铃籽尚存，摇晃铃铛尚能听到响声。铃铛球体由两个半圆体相对焊接而成，有明显的焊接痕迹。铃铛正下方两半球相连处开一条中间宽两侧窄的细缝，最宽处 0.2 厘米，铃籽不致掉落。铃铛直径 1.67 厘米，重 3.39 克。铃籽直径 0.4 厘米，重 0.27 克。推测是先制

图 7-68 T0202③：64（1/2）

图 7-69 T0202③：71（1/2）

作好一侧半球后，放入 1~2 颗铃籽，再焊上另一侧的半球，形成铃铛（图 7-71）。

（五）串珠

1. 小串珠，有大量发现，灰黑色。为圆形、

图 7-73　小串珠

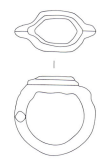

图 7-70　T0302③：9（2/1）

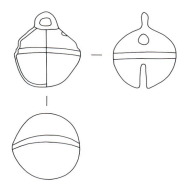

图 7-71　T0202③：92（2/1）

椭圆形穿孔小珠，直径一般在 0.3 厘米左右，形制略有不同。一般来说，2~3 颗重量为 1 克，本船截至 2016 年 1 月已发现类似小珠重量为 18544 克（图 7-73）。

2. 八面体瓜形锡串珠，共 128 件。集中发现了 52 件该类器物。如 T0202③：101，该串珠呈八面体，灰黑色。单个重 1.15 克左右。单个串珠长 1.56 厘米左右，中部最宽处宽 0.84 厘米左右，两端最窄处宽 0.37 厘米左右。中空，两侧对穿直径 0.35 厘米的孔（图 7-72）。

3. 正方体三孔锡珠，共 1 件。T0202③：100，灰黑色。整体呈圆角正方体，边长 0.9 厘米，重 0.96 克。该器物三侧有孔，顶面孔径约 0.3 厘米，两侧对穿孔孔径约 0.25 厘米。应在串饰中起结合点所用，结合其与八面体锡珠的穿孔大小尺度相近，推测与该类型锡珠关系密切。

二　器皿类

（一）锡碗

共 3 件。如 T0502④：82，2 件。灰黑色，略有挤压变形。碗高 3.2 厘米，口径 11.9 厘米，底径 7.8 厘米，壁厚 0.23 厘米。重 115.94 克。碗通体素面，整体宽扁。直口，腹部上直下曲，

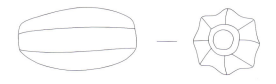

图 7-72　T0202③：101（2/1）

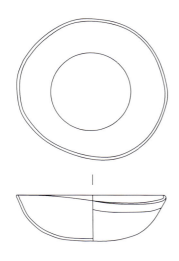

图 7-74 T0502 ④：82（1/3）

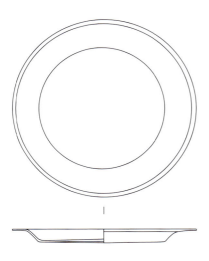

图 7-75 T0301 ③：183（1/3）

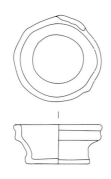

图 7-76 T0302 ③：580（1/2）

大平底。质料为铅锡合金，为一整块锡片锤打成型，未见焊接痕迹（图 7-74）。

（二）锡盘

共 9 件，出土时层摞一处。

T0301 ③：183，均为灰黑色，部分可见亮银色。锡盘呈圆形，通体素面。卷沿、平口、曲腹、大平底。口径 14.9、底径 10.24、高 1.1、盘体厚 0.1 厘米。单件重 136.69 克（图 7-75）。

（三）锡杯

1 件。

T0302 ③：580，黑色。口径 4.5 厘米，底径 3.9 厘米，高 1.9 厘米。重 48.52 克。整器直口、圆沿，上腹直，下腹内折，平底。上腹上有一圈雕刻的花纹，因锈蚀已不可辨。杯内底部略微向上鼓起（图 7-76）。

（四）盒盖

1. 花卉纹盒盖，1 件。

C10c ①：0069，灰黑色。圆形，直径 5.4 厘米，高 1.9 厘米，重 22.39 克。主题纹饰与表现手法与锡牌饰相近。在盒盖上方圆形区域内装饰小方格形底纹，底纹上装饰花卉纹。花似牡丹，中心为花蕊。沿花蕊周边装饰 19 片花瓣，花瓣呈滴露形或半圆形，花下有花茎。牡丹纹四周装饰卷叶纹。靠盖底上有一圈附加的、宽 0.9 厘米的纹饰带，纹饰带内为连续卷草纹（图 7-77）。

2. 南瓜形盒盖，1 件。

T0502 ④：504，灰黑色。外径 3.66 厘米，内径 3.53 厘米，高 1.66 厘米，重 9.44 克。盒盖盖顶錾刻出 12 个扇形，形似南瓜。盖顶中心为南瓜蒂部，略低于周边。南瓜下焊接一圈 0.8 厘米的锡带，由 4 段组成，锡带上饰一圈卷草纹（图 7-78）。

三 其他

1. 印章，1 件。

T0201 ②：197，灰黑色，部分可见绿锈。

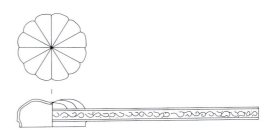

图7-78 T0502④：504（1/2）

图7-77 C10c①：0069（1/1）

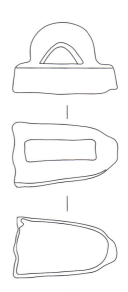

图7-79 T0201②：197（1/1）

印章通高1.93厘米，长2.75厘米，重22.58克。由印章和其上的半椭圆形纽组成。印章部分略呈梯形，最宽处1.7厘米，最窄处0.75厘米，高0.7厘米。半椭圆形纽在印章中部，焊接其上，长1.75厘米，宽0.46厘米，高1.23厘米。在纽上开直径0.49厘米小孔，供穿线绳佩戴。印章底部文字锈蚀严重，已不能辨识（图7-79）。

2. 锡环，1件，已残。

T0202③：96，黑色，残长3.5厘米，重0.85克。截面呈长方形。

3. 小锡环，5件。

T0202③：86，包括5件小锡环，单个小锡环直径1.26厘米，重2.77克。环体截面呈圆形，在环体上还装饰有刻划而成的绳索纹。5件锡环大小相同。

第五节 银、锌、铅制品

一 银器

2件，为银钵。T0201②：39，残，腹部破损，黑色，部分有铜绿色锈蚀。共重777.14克。为大小相套的两件银钵，现已胶结在一处。两银钵形制相同，均为圆口向内微敛。浅腹，腹部圆溜，上部微鼓。大平底。其中，外侧大银钵口径16、底径10、高6厘米。内侧小银钵口径14.6、底径8.5、高6厘米（图7-80）。

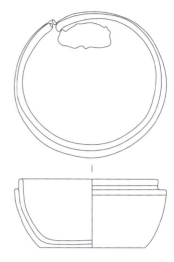

图7-80 T0201②：39（1/4）

二 锌器

鱼形挂饰，共4件。如T0202③：84，金色，部分可见银色。长3.9厘米，最宽处（鱼腹）宽1.2厘米，高1.1厘米。重4.73克。该器物表面錾刻菱格状鱼鳞，鱼尾分叉，每叉上刻细纹，背上三个连续三角形象征鱼鳍，中央鱼鳍顶点处焊接挂圈。鱼眼戳印。鱼腹下部有开口。与该器物在一起出土的有铃籽一颗，推测鱼形挂饰可能是鱼形铃铛。该器物质地经检测为锌，但其表面为金色，疑为表面进行过鎏金处理，部分鎏金已脱落，露出银色（图7-81）。

类似器物共发现四件，两件已残，两件完整。形制在细节上略有不同。

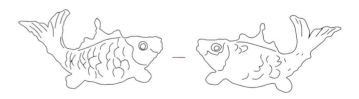

图7-81 T0202③：84（1/1）

三 铅制品

1.楔形网坠，共1件。T0501④：321，灰黑色。重47.19克。吊坠整体呈楔形，高4.36、最宽处1.4、最窄处0.9、最厚处1.2、最薄处0.56厘米。距顶端0.4厘米处对穿0.2厘米小孔，供渔网穿过。该类网坠质量较重，推测应用在沉网上，用来捕捉水面下较深处鱼类。

2.管形网坠，多件。如T0502④：113，灰黑色。铅皮厚0.1、长4.86、直径0.95厘米，重13.11克。该器物为铅皮卷制而成，本件周身滚圆，双腹鼓起、中有空槽，两端内收，使用时将其绑定在渔网上。该类网坠质量较轻，推测应用在浮网上，用来捕捉水面下较浅处鱼类。

🚢 第六节 小结

《宋史·食货志·互市舶法》中指出："南渡，三路舶司岁入固不少，然金银铜铁，海舶飞运，所失良多。"[1]本船所载金属器数量之多，即是这段史料的例证。事实上，金属器贸易始终是南宋时期海外贸易的重要内容，且有明确的记载。《宋会要辑稿·职官·市舶司》中明确记载的海外诸国向中国输入的金属货物，包括金、金箔、夹杂金、银、银子、夹杂银、洗银珠、镀铁、粗铁、铁熨斗、铜器、白锡、水银等。此外，还记载了属于禁榷品的镔铁[2]；而在史料中，中国向海外输出的金属则主要是用来博买海外舶货的"金银、缗钱、铅锡"等[3]。从本船出土的金属制品看，其种类不仅包括货币，还包括贸易史料中不曾深入涉及的大量金、铜、锡类生活物品及大量的铁器，为研究南宋时期海外贸易实况提供了大量实物例证。本船出土的金属器的研究有若干值得注意的问题。

一 金器相关问题

（一）金器反映的海外风格

本船出土的金器中，如犀角形牌饰的项链、窟嵌宝石的戒指、圆圈形耳环等部分金饰在我国以往的考古资料中尚未发现类似者，而如在犀角形牌饰、蝶形胸佩、方形带铐等器物表面点缀、镶嵌宝石的金器装饰方法也基本不见于我国宋代考古材料。虽然在辽代如陈国公主墓[4]、耶律羽之墓[5]、吐尔基山辽墓[6]中出土的盾牌形戒指上也有类似在戒面上窟嵌宝石的情况，但戒指形制与窟嵌宝石的方式与本船出土的器物有较大区别，当不属辽地风格。

而据南宋时人朱彧《萍洲可谈》中记载，当时居住于广州蕃坊的蕃人"其人手指皆带宝石，嵌以金锡，视其贫富，谓之指环子，交阯人尤重之，一环直百金"[7]，反映了佩戴类似窟嵌宝石

---

[1] （元）脱脱：《宋史·食货下八》，中华书局，1985年。

[2] （清）徐松（辑）：《宋会要辑稿·职官四四》："太平兴国初……后又诏：民间药石之具恐或致阙，自今惟珠贝、瑂、犀牙、宾铁、鼍皮、珊瑚、玛瑙、乳香禁榷外，他药官市之余，听市货与民。"其余所列金属品名皆为该史料中所举，上海古籍出版社，2014年。

[3] （元）脱脱：《宋史·食货下八》："（开宝）四年，置市舶司于广州，后又于杭、明州置司。凡大食、古逻、阇婆、占城、勃泥、麻逸、三佛斋诸蕃并通货物，以金银、缗钱、铅锡、杂色帛、瓷器，市香药、犀象、珊瑚、琥珀、珠琲、镔铁、鼍皮、玳瑁、玛瑙、车渠、水精、蕃布、乌樠、苏木等物。"中华书局，1985年。

[4] 内蒙古自治区文物考古研究所、哲里木盟博物馆：《辽陈国公主墓》，文物出版社，1993年。

[5] 内蒙古文物考古研究所、赤峰市博物馆、阿鲁科尔沁旗文物管理所：《辽耶律羽之墓发掘简报》，《文物》1996年第1期。

[6] 内蒙古文物考古研究所：《内蒙古通辽市吐尔基山辽代墓葬》，《考古》2004年第7期。

[7] （宋）朱彧：《萍洲可谈》卷二，中华书局，2007年。书中同段记载这些蕃人"衣装与华异，饮食与华同。或云其先波巡尝事瞿昙氏，受戒勿食猪肉，至今蕃人但不食猪肉而已。又曰汝必欲食，当自杀自食，意谓使其割己肉自啖，至今蕃人非手刃六畜则不食，若鱼鳖则不问生死皆食。"这里的"瞿昙氏"是释迦牟尼佛的姓，意指书中蕃人自认其先祖曾受佛教；而"受戒勿食猪肉"的"猪"按文渊阁本作"诸"，连后句也是"诸"字较合逻辑，全句意即先前不食肉，但后来只戒猪肉。而不食猪肉、非手刃六畜则不食、鱼鳖则不问生死皆食等与伊斯兰教义基本吻合，似可推测这些蕃人先信奉佛教，现已转而信奉伊斯兰教，而此处蕃人所戴的窟嵌宝石的指环则是伊斯兰风格。

的戒指是海外诸国的习惯。同时，据《岭外代答》中"安南国"条目记载"安南国，绍兴二十六年乞入贡，许之……所献方物甚盛，表章皆金字。贡金器凡一千二百余两，以珠宝饰之者居半。"① 也同样说明在金器上饰以珠宝的做法，在当时主要为海外诸国所采用。

而器物上的线索则较明确地把本船部分金器指向阿拉伯风格。在国家博物馆举办的"阿拉伯之路——沙特出土文物"展览上，集中展示了一批阿拉伯风格的金器，与本船出土的部分金器在风格乃至形制上均有相近之处。如沙特泰伊泰尔萨亚遗址（Thaj, Tell al-Zayer site）出土的公元 1 世纪的带宝石的项链上，窟嵌了珍珠、绿松石、红宝石，说明窟嵌是阿拉伯地区自古以来的传统金器装饰手法，与本船出土的金器窟嵌宝石方法、风格接近② （图 7-82）；沙特卡耶特法奥遗址（Qaryat al-Faw site）出土的 1 对公元 1~3 世纪耳环③ （图 7-83）以及艾恩加湾遗址（Ayn Jawan site）出土的公元 2 世纪部分耳环为圆圈形耳环④ （图 7-84），虽然其形制细节与本船出土的圆圈形耳环有不同之处，但都为圆圈形且风格较为接近；同遗址出土的公元 2 世纪环形挂饰⑤ （图 7-85），不仅其窟嵌风格、工艺与本船有接近之处，且其中央的细密金珠焊制的三角形装饰与本船部分金器的装饰主题极为相近；另一件该遗址出土的公元 2 世纪项链上的锥形筒串饰⑥ （图 7-86）与本船出土的一件连接带钩的锥形筒饰（T0401④：47）的形制几乎完全相同，也说明了本船与阿拉伯风格金器关系之密切。

图 7-82　沙特泰伊泰尔萨亚遗址出土带宝石项链

图 7-83　沙特卡耶特法奥遗址出土耳环

---

① （宋）周去非著、杨武泉校注：《岭外代答校注》卷二、外国门上，安南国，中华书局，1999 年。
② 吕章申主编：《阿拉伯之路：沙特出土文物》展览图录，现存沙特国家博物馆，北京时代华文书局，2016 年，第 203 页。
③ 同上 258 页，现存沙特国王大学考古系。
④ 同上 335 页，现存沙特国家博物馆。
⑤ 同上 333 页，现存沙特国家博物馆。
⑥ 同上 336 页，现存沙特国家博物馆。

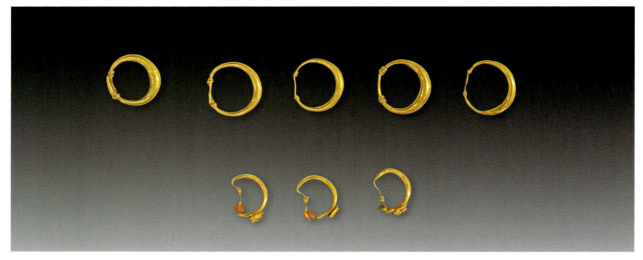

图 7-84 沙特艾恩加湾遗址出土耳环

图 7-85 沙特艾恩加湾遗址出土环形挂饰

图 7-86 沙特艾恩加湾遗址出土项链

（二）金器中反映的辽地风格

本船出土的金器中，金瓜形串饰和项链上的桃心形挂饰基本不见于宋代考古材料中，而在辽代考古材料中多有发现。

但首先应看到，本船出土的金瓜形串饰与在我国江苏甘泉广陵王刘荆墓、长沙五里牌汉墓、广州汉墓东汉前期墓（M4013）、广西合浦汉墓（风门岭 M10 出土 2 个、北插江 M1、M4 分别出土 8 个和 14 个）、隋李静训墓中均出土的空心金球形饰，即报告中所谓"多面金珠"或"金花球"形制、尺寸接近[1]。这类金球形饰品一般是由 12 或 14 个金环彼此焊接而成球形，直径 1.5 厘米左右，在环间焊接处一般还堆焊有 1~3 个金珠。多数研究者都认为类似球形饰品或至少其工艺是

[1] 南京博物院：《江苏邗江甘泉二号汉墓》，《文物》1987 年第 11 期；湖南省博物馆：《长沙五里牌古墓葬清理简报》，《文物》1960 年第 3 期；广州市文物管理委员会、广州市博物馆：《广州汉墓》，文物出版社，1981 年；广西壮族自治区文物工作队、合浦县博物馆：《合浦风门岭汉墓——2003~2005 年发掘报告》，科学出版社，2006 年；中国社会科学院考古研究所编著：《唐长安城郊隋唐墓》，文物出版社，1980 年。

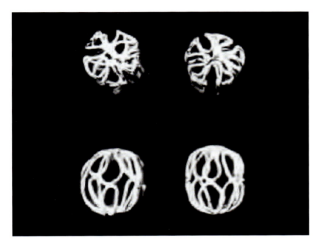

图 7-87　陈国公主墓出土金球形饰

图 7-88　吐尔基山出土项链上的金球形饰

从海外舶来中国的，[①]这种球形金饰虽在形制上、制作工艺与本船出土的金瓜形串饰不同，但因其尺寸、形制的相似，并不妨碍将其视为本船瓜形串饰的早期类型。

与本船金瓜形串饰形制最为接近的是辽代的材料，即报告中所谓"镂空金球"或"金丝球"，主要见于吐尔基山辽墓、陈国公主墓、耶律羽之墓、法库叶茂台7号墓等多个墓葬[②]（图7-87、7-88），这种"镂空金球"或"金丝球"是由细金丝扭成，侧面呈"8"字形，尺寸与本船瓜形串饰相近，且同为上下两个半球体焊合在一起的结构。类似器物在辽墓中主要运用在所谓"璎珞"上，一般与玛瑙管同出。如在陈国公主墓中，2件金丝球与3件玛瑙管相间穿缀，同出于公主胸前右侧，属胸璎珞的串饰。

此外，以桃心形为装饰的主题，在宋代的材料中基本不见，而在辽代材料中较为多见，在耶律羽之墓、陈国公主墓等多处墓地遗址中均有发现[③]。辽代的桃心装饰一般为立体形状，质地有玛瑙、水晶、琥珀、金和鎏金铜等多种，且桃

①　"（李静训墓出土项链上的链珠）这种链珠又称多面金珠，在巴基斯坦、印度东部海岸及越南南部海岸均有发现。其原型可溯至希腊迈锡尼文化。"（熊存瑞：《隋李静训墓出土金项链、金手镯的产地问题》，《文物》1987年第10期）；"1996年，合浦县博物馆王伟昭等同志曾送部分样品给原中国历史博物馆馆长、已故的俞伟超先生做鉴定，俞先生认为其造型具印度风格，应是从印度输入的。"（广西壮族自治区文物工作队、合浦县博物馆：《合浦风门岭汉墓——2003~2005年发掘报告》，科学出版社，2006年）；"多面金珠的形制、工艺均非中国所固有。鉴于此点，这种金珠或者其制作方法有可能是由海路传入我国的。"（岑蕊：《试论东汉魏晋墓葬中的多面金珠用途及其源流》，《考古与文物》1990年第3期）；全洪：《广州出土海上丝绸之路遗物源流初探》，《华南考古·1》，文物出版社，2004年；孙机：《建国以来西方古器物在我国的发现与研究》，《文物》1999年第10期。

②　内蒙古文物考古研究所：《内蒙古通辽市吐尔基山辽代墓葬》，《考古》2004年第7期；内蒙古自治区文物考古研究所、哲里木盟博物馆：《辽陈国公主墓》，文物出版社，1993年；内蒙古文物考古研究所、赤峰市博物馆、阿鲁科尔沁旗文物管理所：《辽耶律羽之墓发掘简报》，《文物》1996年第1期；辽宁省博物馆、辽宁铁岭地区文物组发掘小组：《法库叶茂台辽墓记略》，《文物》1975年第12期。

③　除陈国公主墓、耶律羽之墓外，还有朱碌科辽墓（冯永谦：《辽宁省建平、新民的三座辽墓》，《考古》1960年第2期）；南皂力营子一号辽墓（辽宁省博物馆：《阜新南皂力营子一号辽墓》，《辽海文物学刊》1992年第1期）；克什克腾旗二八地一号辽墓（项春松：《克什克腾旗二八地一、二号辽墓》，《内蒙古文物考古》1984年第3期）等。

图 7-89 耶律羽之墓出土项链上的桃心形吊饰

图 7-90 浙江建德下王村宋墓出土金钳镯

心表面或在桃心形饰物的包金上饰以各类精美花纹。本船出土的项链上桃心形挂饰的形制为平面片状，但其桃心形主题与辽代相同，推测这种主题装饰是受到辽地风格影响（图 7-89）。

（三）金器中反映的宋地风格

本船出土金器的若干装饰纹样、装饰主题及部分手镯与缠钏反映出宋地风格。如由一片金片锤鍱而成的带插销手镯装饰纹样中的连续花卉纹，由花、枝、叶组成，其风格、纹样等为宋地常见，其錾刻的加工方法也为宋地常见；而另一件与上形制类似的花卉纹手镯上的纹饰则是宋地常见的四季花卉纹。值得指出的是，本船出土的花卉纹金手镯与浙江建德下王村宋墓中出土的金手镯（报告中所谓"钳镯"）从形制、花纹、錾刻

手法等方面十分相近，具有明显的宋地风格[①]（图7-90）。而本船出土项链上象生而制的桃坠饰、石榴坠饰则是宋地用来象征美好祝愿的常用的瓷器装饰主题。

此外，本船出土的缠钏也具有明显的宋地风格。金钏（缠钏）、金鋜（手镯）、金帔坠是南宋嫁娶时聘礼的"三金"[②]，本船出土了缠钏和金镯两项，未见帔坠。金缠钏在江西安义李硕人墓中有发现[③]，而在福州茶园山南宋许峻墓[④]、济南老城区卫巷宋代金银器窖藏[⑤]中则发现了多件银缠钏（报告中所谓"条脱"），形制与本船出土的金缠钏相近。

综上所述，本船出土的金器中包含了海外风格（阿拉伯风格）、辽地风格、宋地风格等三种

① 北京大学中国考古学研究中心、杭州市文物考古所：《浙江省建德市大洋镇下王村宋墓发掘简报》，《考古与文物》2008 年第 4 期。

② 吴自牧：《梦粱录》卷二十，"嫁娶条"："且论聘礼，富贵之家当备三金送之，则金钏、金鋜、金帔坠者是也。若以铺席宅舍，或无金器，以银镀代之。否则贫富不同，亦从其便，此无定法耳"。中国商业出版社，1982 年。

③ 转引扬之水：《奢华之色——宋元明金银器研究：宋元金银首饰（卷一）》金钏部分，中华书局，2010 年。

④ 福建省博物馆：《福州茶园山南宋许峻墓》，《文物》1995 年第 10 期。

⑤ 济南市考古研究所：《济南老城区卫巷遗址出土的宋代金银器窖藏》，《中国国家博物馆馆刊》2016 年第 6 期。

风格。总的来看，以海外风格（阿拉伯风格）为主，宋地风格为辅，辽地风格只是个别因素，应只是贸易传播的结果。

二 铜器相关问题

（一）铜镜

本船出土的铜镜按照柄、纽的有无可分为带柄铜镜、有纽铜镜、无柄无纽铜镜三种。其中，带柄铜镜中的六出葵花形镜镜背中央均有阳刻铭文，言明这些铜镜为湖州镜（湖州石十二郎□□□照子）。湖州镜是宋代墓葬、遗址中常见的铜镜类型，其分布也遍于全国，资料不胜枚举。其中，六出葵花镜占湖州镜的大宗，但带柄的六出葵花镜就已搜集到的材料来看尚未发现（多是带柄八出葵花镜），本船出土的带柄六出葵花镜无疑补充了这方面的材料，同时也说明湖州镜在当时业已成为出口商品。而从其铭文字体扭曲、笔画不端来看，其私铸的可能性更大。

本船还出土了桃形铜镜，类似桃形铜镜是直至宋代才出现的铜镜类型，且有宋一代，这种桃形的铜镜并不少见。见于发掘报告的有长沙东郊杨家山宋墓[①]，收藏桃形镜见诸报道的有青州、丹棱县、武进县等多地的博物馆[②]。而本船出土的无柄无纽镜，明显不适合于手拿，而应是搁置在镜架上使用。现存台北故宫博物院的宋代画家王诜《绣栊晓镜图》展示了铜镜搁置在镜架上使用的情形。

值得指出的是，本船出土的铜镜都存在一定程度的凸起，镜面中心高而四周略低，镜面整体略呈弧形。沈括在《梦溪笔谈·卷十九·器用》里指出：

古人铸鉴，鉴大则平，鉴小则凸。凡鉴凹则照人面大，凸则照人面小。小鉴不能全观人面，故令微凸，收人面令小，则鉴虽小而能全纳人面。仍复量鉴之小大，增损高下，常令人面与鉴大小相若。此工之巧智，后人不能造。比得古鉴，皆刮磨令平，此师旷所以伤知音也。[③]

本船出土的铜镜均镜面微凸，应是为取得更好成像效果而特意如是制作的。本船的铜镜是沈括书中所及凸面镜的实物例证，且并没有"刮磨令平"，还保留了古风。

（二）铜环

本船出土的铜环是铜器的大宗，数量极多，完整及可辨者目前即有145件，另有大量铜环残段未纳入统计范畴内。但是，占本船出土铜环绝大多数（138件完整及可辨者）的A、B、C型铜环的外径达9厘米左右，内径可达8厘米左右，作为铜镯未免尺寸过大；且铜环为封闭的圈状，无法调节松紧，不适合实际佩戴。其是否仅是作为铜料运送出境，尚待进一步研究。

时人认为："（与诸蕃的海外贸易）贩于中国者皆浮靡无用之异物，而泄于外夷者乃国家富贵之操柄。所得几何，所失者不可胜计矣。"[④]铜作为钱币制作的原材料无疑为"国家富贵之操柄"，而实际情况是"国家置舶官于泉、广，招徕岛夷，阜通货贿……今积习玩熟，来往频繁，金银、铜钱、铜器之类，皆以充斥外国"[⑤]。虽然，有宋一代都在施行铜禁政策，尤其是随着铜钱外流、毁钱铸器等导致的"钱荒"的日益严重，作

① 高至喜：《长沙东郊杨家山发现南宋墓》，《考古》1961年第3期。
② 鞠志海：《青州市博物馆藏北宋许由巢父桃形镜》，《文物春秋》2016年第5、6期；万玉忠：《丹棱县出土宋代桃形青铜镜》，《四川文物》1989年第1期；夏星南：《介绍江苏武进县博物馆藏的一件宋代铜镜》，《文物》1993年第8期。
③ （宋）沈括：《梦溪笔谈》，中华书局，2009年。
④ （元）脱脱：《宋史·食货下二》，中华书局，1985年。
⑤ （清）徐松（辑）：《宋会要辑稿·刑法二》，上海古籍出版社，2014年。

为制钱原材料的铜，理所应当地成为宋代中央政府严格控制的重要物资，禁止私存铜器[1]、禁止私造铜器[2]、禁止铜器交易[3]。然而，在宋政府三令五申下，铜器交易乃至海外贸易仍在持续，例如，《宋会要辑稿·刑法二》中即记载了一例拟走私海外贩卖铜器的案例："顷年泉州尉官捕捉铜錠千余斤，光灿如金，皆精铜所造"[4]。

本船出土的大量铜环也是一例。海外铜贸易无疑要承担极高的风险，除以上禁令外，还有针对海舶专门的严令，如："自国家置市舶于浙于闽于广，舶商往来，钱宝所由以泄，是以临安出门有禁，下江有禁，入海有禁。凡舶船之方发也，官必点视，及遣巡捕官监送放洋。"[5]"多于舶船离岸之时差官检视之外，令纲首重立罪状。舟行之后，或有告首败露，不问缗钱之多寡，船货悉与拘没。"[6]本船的"纲首"或货主要把这些

铜器通过海舶带出境外，除了要冲破层层关卡，还要冒着蒙受重大损失及牢狱之灾的风险。因此，本船最为大宗的铜器类型—铜环的装载，可谓谨慎小心。其具体做法是，将铜环装入粉盒中隐藏起来，以此躲避检查。粉盒装铜环的情况在前文的器物描述中即已说明。值得注意的是，在出土的装铜环粉盒中还有一枚铜钱，说明在货物装载时是将铜环和铜钱同装在一起的，这也为说明本船铜钱的装载方式提供了材料。类似粉盒装铜钱的例子虽截至目前仅发现1例，但在水下调查时多有发现[7]，现在散落出土的情况应是船体在沉没及整体打捞期间因晃动导致铜环、铜钱外泄。

（三）其他

沙特卡耶特法奥遗址（Qaryat al-Faw site）出土的公元前3世纪~公元3世纪的拳头状青铜雕像残件上[8]（图7-91），无名指的第三指节与

---

[1] （清）徐松（辑）：《宋会要辑稿·刑法二》："（绍兴二十八年）士庶之家除照子，及寺观佛像钟磬铙钹、官司铜锣存留外，其余所有鍮石铜器，如违限不纳入官，不满十斤杖一百，赏钱一百贯，十斤以上并徒二年，赏钱三百贯，许诸色人告。或豪富、命官之家限外尚敢沉匿，依条给赏、断罪外，具名取旨。当职官奉行违慢，重行黜贡。铸铜器匠人立赏钱三百贯，许人告捉，从徒二年断罪，配铸钱监重役。"上海古籍出版社，2014年。

[2] （清）徐松（辑）：《宋会要辑稿·刑法二》："（绍兴四年）禁戢私铸铜器，已有见行条法罪赏。若私置炉烹炼，销、磨错、剪凿钱宝铸造铜器，乞以五家结为一保，自相觉察。除犯人依条外，若邻保内不觉察，亦乞依私铸钱邻保知而不纠法。诏依。六年五月二十七日，诏：今后有销毁钱宝及私以铜鍮石制造器物卖买兴贩者，一两以上并依服用翡翠法徒二年，赏钱三百贯。邻保失觉察铸造，并杖一百，赏钱二百贯，许人告。仍令州县每季检举"。上海古籍出版社，2014年。

[3] （清）徐松（辑）：《宋会要辑稿·刑法二》："（绍兴二十六年）其买铜器之人未有约束，欲并从杖一百私罪科断。""（绍兴二十六年）乞将已成坏而未铸者、已铸而未出卖者，并许诸色人告，尽以家业充赏，仍以犯人断配钱监。""（绍兴三十二年）近日民间多有货鬻铜器者，公然销钱铸造。乞行下州县，将逐处铜匠籍定姓名，如有违犯人，先次断罪，押赴铸钱监充役"。

[4] （清）徐松（辑）：《宋会要辑稿·刑法二》，上海古籍出版社，2014年。

[5] （元）马端临：《文献通考·钱币考二》，中华书局，1986年。

[6] （清）徐松（辑）：《宋会要辑稿·刑法二》：绍熙十年十一月二十九日，臣僚言："臣闻楮币之折阅，原于铜钱之消耗；铜钱之消耗，原于透漏之无涯。乞行下庆元、泉、广诸郡，多于舶船离岸之时差官检视之外，令纲首重立罪状。舟行之后，或有告首败露，不问缗钱之多寡，船货悉与拘没。仍令沿海州郡多出牓示于湾隩泊舟去处，重立赏格，许人缉捉。每获到下海铜钱一贯，酬以十贯之赏，仍将犯人重与估籍，庶几透漏之弊少革。"从之。

[7] 承当时的水下考古调查者孙键先生面告。

[8] 吕章申主编：《阿拉伯之路：沙特出土文物》展览图录，现存沙特国王大学考古系，北京时代华文书局，2016年，第271页。

图7-91　沙特卡耶特法奥遗址出土青铜雕像残件

小指的第二指节上各佩戴了一枚戒指，其形制与本船出土的铜戒指相近。

三　铁器坯件相关问题

本船出土了大批条状、片状及少量的楔形铁器，即前文所述的铁器坯件，占本船铁器的大宗。这些铁条、铁片类型多样，且每类型下长短、宽厚的形制也不统一，甚至同一捆铁器中的同一类型物品也有诸多不同，据此判断这些铁器尚未最终加工成型，尚是半成品，故称其为坯件[1]。

根据这些坯件的形制并结合相关线索，推测其为兵器坯件。如本船出土的片状B型坯件，分

为宽窄两种亚型，总体特点为整体明显呈弯刀形，一侧（背部）厚而相对一侧（刃部）薄，尖部锐利，明显具有刀身特征。如此，在坯件形制基础上只需再依其形状进行简单锻打之后，即可成为成品。而这些坯件据科技分析，是用炒钢锻打的方法制成的[2]，类似产品的特点是含碳量低、延展性好，也适合进行再次锻打。

与此同时，本船出土了一批疑似为刀柄的木器，高12厘米左右，整体呈上下两段，下段为握把，上段呈椭圆形，在刀柄顶部开有刀身插孔，插孔长一般3厘米左右，宽1厘米左右，深3厘米左右。其开孔大小恰与B型坯件顶部的宽、厚近似。这类刀柄有散落出土的，也有扎为圆盘状、成捆出土的，其出土地点均在各铁器凝结物内，与铁器坯件的关系密切。进一步证明了B型铁器坯件为兵器的可能性更大，同时，既然B型坯件与其他两种类型坯件一般捆绑在一起出土，则A型、C型坯件的用途不作他想，也应属兵器范畴。

类似的弯刀按照宋制，长不过一尺左右，虽说尚是半成品，但其加工后明显不会增长太多。在宋代兵书《武经总要》中详细列举了军中所用的刀品，其中仅有手刀"柄短如剑"，但其刀身与本船出土的坯件则有很大不同，而其余各类如屈刀、笔刀、眉间刀等均为带有长柄的刀品[3]。虽然《武经总要》中未列出手刀的尺寸，但就淳安县出土的手刀实物来看，一般刀身（不含刀柄）长短在50~70厘米间[4]。因此，类似弯刀似不在宋地使用。推测本船所载兵器坯件并不是宋地风

---

[1] 在这批坯件发现之初，也曾有研究文章称其为铁钉、铁条者，固然是铁器坯件形状的形象叫法，但没有涵盖其全部内容。如：李庆新：《南宋海外贸易中的外销瓷、钱币、金属制品及其他问题——基于"南海I号"沉船出水遗物的初步考察》，《学术月刊》2012年第9期；林唐欧：《"南海I号"沉船凝结物分析》，《中国文物科学研究》2016年第1期；王志杰、王元林：《试析"南海I号"沉船出水遗存属性的多样性》，《中国文物科学研究》2016年第2期等。

[2] 万鑫、毛志平、张治国、李秀辉：《"南海I号"沉船出水铁锅、铁钉分析研究》，《中国文物科学研究》2016年第2期。

[3] （宋）曾公亮等：《武经总要前集》影印本，卷十三《器图》，中华书局，1959年。

[4] 淳安县文物管理委员会：《浙江淳安县出土宋代兵器》，《考古》1988年第4期。

格，而应是按海外某国刀品模样，在宋地制成半成品后，贩运往该国的。而宋人范成大在《桂海虞衡志》中记载的黎刀"海南黎人所作。刀长不过一二尺，靶乃三四寸，织细藤缠束之。"[①]则与本船出土的坯件及刀柄在尺寸上较接近。

类似运送兵器半成品的例子在史籍中也见记载，如北宋太平兴国时期，宋太宗认为"又大通冶出铁，每送作坊作兵器，复加烹炼，十裁得四五，宜谕本冶，自今制成刀剑之朴，乃以上供。若此二事，计省力役不少……"[②]其中"刀剑之朴"即刀剑的半成品，即宋太宗不认可大通建兵器制造水平，认为其浪费铁料太过，要求将最后的步骤放在京内完成，节省力役。而本船的情况，推测应也是将加工"刀剑之朴"最后的也是最简单的步骤留待目的地的工匠完成，一方面节约成本，另一方面也方便海上运输。而宋代政府明确规定"贾人由海道往外蕃，令以物货名数并所诣之地，报所在州召保，毋得参带兵器或可造兵器及违禁之物，官给以券"[③]，既携带了违禁的铜，又携带了可造兵器之物，本船可想而知，是无券的。本船的"纲首"把如此成规模的兵器坯件贩运出境，想必是费尽了周折。

---

① （宋）范成大：《范成大笔记六种·桂海虞衡志》，中华书局，2002年。
② （宋）刘焘：《续资治通鉴长编》卷二十四，中华书局，1995年。
③ （元）脱脱：《宋史·食货下八》，中华书局，1985年。

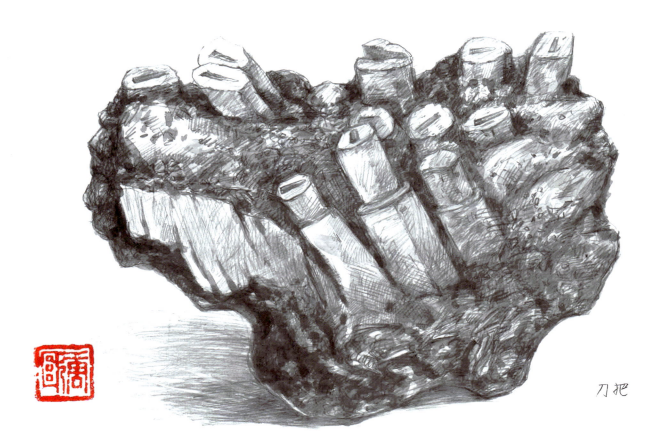

刀把

南海Ⅰ号

沉船考古报告之二

2014~2015年发掘

竹木漆器

在"南海Ⅰ号"沉船中发现的竹木漆器相对于大宗的瓷器和铁器来说并不多，但品类较为丰富，尤其是漆器较具特色。髹红、髹黑褐等一色漆器和剔犀、剔红等雕漆器的确是一批难得的宋代漆器的代表，是宋代参与海外商贸交流的主要外销品之一。

截至 2016 年 3 月，共清理编号提取竹木漆器 194 件（组）。其中，清理发现竹质品可辨器形者 16 件，包括竹篾、竹管、竹栓、竹篮、竹席、竹条、竹篦、竹片等；已发现各类木器共 112 件（组），可分为木桶、木盆、木盘、木盒、木杯等生活用具，木秤杆、木刀柄、木线轮等生产工具，木梳、串饰等生活用器，货物签牌以及印章、木钉、木雕构件等其他木制品；漆器共计提取标本 66 件，主要散见于沉船中后部，包括髹黑褐色和髹红色的一色漆器及剔犀、剔红雕饰漆器，还有一些杉木质的薄木片、细木条、片状竹条等，多属于漆器的竹木胎，另有大量剥落的剔犀、剔红及红、黑褐色漆皮。

第一节 竹器

截至 2016 年 3 月，清理发现包括竹条类遗物在内的多件竹制品，其中可辨器形者 16 件，包括竹箧、竹管、竹栓、竹篮、竹席、竹条、竹篾、竹片等，以散乱竹篾占多数。除了以捆扎铁锅铁钉使用的竹篾在沉船多区域可见外，其他竹器主要散落于舵孔外侧区域，且以残件或残片为多。

1. 竹箧，1 件。

T0202 ③：77，发现于 T0202 ③层北部即主桅前部，即第 6 船舱中部。盖无存，仅存箧身，长方形，竹篾编织而成，外表用细木板条撑型，因受挤压略有变形，边缘残损，残存口部长约 47~56 厘米，宽约 40~47 厘米，深 20 厘米（图 8-1、8-2）。竹箧内残存 5 件盒子，盛装顺序可辨，互相紧密黏结，且有叠压现象，均已提取，因存在残损保护问题暂未开启，盒子内装载物不完全明了。其中，圆筒状子母扣木盒 3 件，均有不同程度开裂，里面满装物品，性质不明；剔犀六方漆奁 1 件，盒内装载物不明，下部暴露墨绿色黏粉状物质，酷似韭菜末；长方体漆盒 1 件，木胎，外表施灰白色厚漆，装载铃铛、梭形穿孔饰、牌饰等银器。因水下扰动，竹箧内淤积有小块凝结物、泥沙，有害水体长期浸泡，保护提取难度较大，该竹箧现依然留存于沉箱内沉船舱内原位。

2. 竹管，3 件。

T0501 ④ c：567，船尾中后部舵孔外左侧堆积中发现，残损，橘黄色，中空，残长 8、管径 1、管壁厚 0.2 厘米（图 8-3）。

T0501 ④ c：木 21，橘黄色，中空，残长 8.5 厘米（图 8-4）。

3. 竹栓，1 件。

T0501 ④ c：木 60，船尾中后部舵孔外侧堆积中发现，表面黑灰色，呈一端厚一端薄的竹槽

图 8-1 竹箧（T0202 ③：77）

图 8-2 竹箧局部（T0202 ③：77）

图8-3 竹管（T0501④c：567）

图8-4 竹管（T0501④c：木21）

图8-5 竹栓（T0501④c：木60）

图8-6 包装银铤的竹筐（C10c①：294）

状，厚端为搭接榫口结构。长13、宽2.2、一端厚2、一端厚0.8厘米（图8-5）。

4. 竹篮，又称竹编筐，主要为包装酱釉大罐和银铤等船载物品的粗制编织物。

C10c①：294，包装银铤的篮箱，口沿外用木条固型，发现时里侧盛装凝结一体的多件银铤，均已现场加固整体提取实验室保护（图8-6）。

5. 竹席，8件，均为残片，主要为隔垫陶瓷器与铁器等船货的席子类编织物，有的可见竹条、竹篾与竹席共存的痕迹，应属铺垫和捆扎相结合的包装方式。

拆解提取N：021、N：026和N：033等凝结物的过程中发现了用竹席铺垫码放铁钉或铁锅的痕迹，如铁钉类凝结物N：026中发现成片的竹席，N：026-3，但从质地较疏松且表面不平整等特征观察，也有可能属于一种质地偏硬实的草席（图8-7）。

在N：021中提取了大小5片残存竹席痕迹。

图8-7　竹席（N：026-3）

图8-8　竹席（T0202③：1）

图8-9　竹席（T0202③：4）

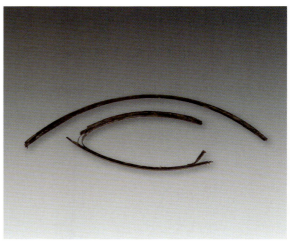

图8-10　漆器竹条胎（T0501④c：577）

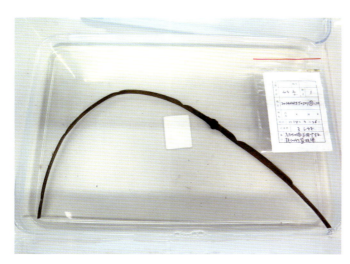

图8-11　竹条（T0501③：10）

图8-12　T0501③层漆木器堆积中的竹条与竹片
（T0501③：10、11）

图 8-13 竹篾结（N：44）

图 8-14 竹篾（T0202③：2）

T0202③：1，竹编织物为垂直和斜交结合编织而成（图 8-8）。

T0202③：4，编织痕迹为斜纹交织而成（图 8-9）。

6. 竹条，分两种，一种是包装成摞瓷碗的较宽厚的直条状，这类依附于成摞瓷碗外表，没有单独提取。另一种是规整的窄细条，多呈弯曲状，应属漆器的竹胎。

T0501④c：577，T0501④c 东南部堆积中发现，断面方棱形，边宽 0.2~0.3 厘米（图 8-10）。

T0501③：10，发现于船尾左侧外部的漆器散落堆积中，呈细竹条状，环形弯曲，一边缘带三角刻齿豁口，推测应当为竹木条片堆叠制作的漆盒口沿内胎，极有可能属于叠压其上的漆盒（T0501③：6）口沿胎体（图 8-11）。

7. 竹片，均为残片，有的呈半圆形薄片状。

T0501③：11，推测为漆器竹胎残片，表面漆皮剥落（图 8-12）。

8. 竹篾，大量发现，多呈多股纽编的捆扎物，主要为捆扎铁钉和铁锅的包装用材。

N：044，多股竹篾打结扎绑成捆铁钉（图 8-13）。

T0202③：2，拆解凝结物 N：021 时提取，呈多股竹篾纽编的环状（图 8-14）。

第二节　木器

对沉船内外尤其是船尾区域的发掘清理发现，散落堆积大量木质残件，对这些散落的船木及木桶、木盆、木盘等木容器和木盒、木秤杆、木梳、木牌、木签等进行分辨、分类提取，除沉船尾部的上部舱室建筑的木踏道或说木阶梯踏板等船木和性质不可辨的散木外，器器基本上可分为生活用具、生产工具、货物签牌、生活用器以及其他木制品。另外，表面涂刷轻薄橘黄色青漆或桐油的八边形盘类器与传统的漆器有别，本报告归为木器介绍。截至 2016 年 3 月已发现的各类木器共编号 112 件（组）。

一　生活用具

1. 木桶。

沉船中后部发现大量弧形木板，已编号提取 13 件（组），多数两端残存铁箍或一端铁箍的锈蚀痕迹，这种数量较大，应属木桶壁板，与大型木桶造型应一致，这种木桶和木盆在玛丽罗斯号等沉船中发现较多。

T0501 ④ c：木 66，残存木桶壁板，板条形，弧背表面两端残留两道铁质凝结物，应属箍束木桶残留物。壁板高 28、宽 7.5、厚 1.4 厘米（图 8-15）。

2. 木盆。

沉船后部还发现一些弧形木板，有的顺弧形的一宽边或两边缘残留铁片或铁钉、铁条箍粘的锈蚀痕迹，应属矮小的圆形木盆壁板，这种木盆或木桶在玛丽罗斯号等沉船中也有较多发现。一般木板弧形边长约 2.6~30、宽 6~10、厚 1~2 厘米。

T0501 ④ c：木 15，在 T0501 ④ c 西南部即舵孔外左后部堆积中发现，圆木盆壁板，残损，出土时为 2 件弧形木片相对黏合在一起，均弧形，一侧近边缘处残留铁质凝结物一道。长 26、宽 8、厚 1.3 厘米（图 8-16、8-17）。

图 8-15　木桶（T0501 ④ c：木 66）

图 8-16　木盆出土状况（T0501 ④ c：木 15）

图 8-17　木盆（T0501 ④ c：木 15）

图 8-18　八方木盘（T0501 ④ c：329）

图 8-19　八方木盘（T0501 ④ c：868）

图 8-20　八方木盘（T0501 ④ c：868）外底

3. 木盘。

船尾外侧堆积中发现较多散落的橘黄色薄漆板，多数残存榫口结构，从 T0501 ④ c 层东南部即舵孔外左后部发现完整的八边形木盘观察，这些薄板应属散落的木盘底板和腹壁板残件。除了多件木盘残片外，可辨器形者共 6 件，从木胎观察，至少可见木质细腻硬实的薄木胎和较厚木胎及质地较疏松且厚实木胎等三种胎质，从盘壁及底板形制结构比对，散落于木船后部的同类木片结构较多，可见该类木盘数量可统计，已编号 14 件。虽然这类木盘内外表面施极薄的橘黄色青漆或涂刷一层桐油，但与传统的漆器有所区别，故

列入木器介绍。

八方木盘，又称八角青漆木盘或八边形木盘，T0501 ④ c：329，完整，叠压于 T0501 ④ c：328之下，口朝下倒扣青灰色海泥上。平底，斜直壁，由 4 块底板和 8 块壁板构成，底板边缘与壁板用细木钉卯合，壁板之间分别用三组榫卯嵌套联结。对边底宽 42、口宽 53~55 厘米，对角底宽 46、口宽 56~58、高 7 厘米。壁板上边宽 22、下边宽 17、高 7.5 厘米，底板每块宽 10 厘米（图8-18）。

T0501 ④ c：868，完整，结构、尺寸和质地与前件一致（图 8-19、8-20）。

T0501④c：328，1件，残，仅存少半，一片底板和四片斜壁板，底板薄，较致密，壁板底板与壁板之间用细木钉铆钉，斜壁板之间使用3组榫卯嵌套。通体用大漆中调入桐油成分的透明薄漆髹涂，无漆灰层，部分漆皮剥落。上口最大宽50、底宽40、边宽22、高5、壁板宽7.5、底板胎厚0.5、壁板厚0.7厘米（图8-21）。

八方木盘，T0501④c：881，八边形，只剩一半，木质较前述三件略疏松且木胎较厚实。木盘底部边缘与斜壁用木钉铆合时，垫用一周窄薄木片，用以加固底与壁的紧密黏合，且呈极低的矮圈足。木盘底部近边缘处有"黄□□"行书墨书款识（图8-22、8-23）。

八方木盘，T0501④c：876，T0501④c船尾左后部外侧散落堆积层发现，八边形，木质疏松，部分残损（图8-24）。木盘下方叠压另三件同类木盘和一件剔红葵口漆盘，这些漆盘均有不同程度的残损，如T0501④c：879和T0501④c：880仅存一半（图8-25）。

八方木盘，T0501④c：604，开裂，散落于船尾外后部周边，残存14块木板，木质致密坚硬，通体施橘黄色薄青漆或桐油。底板最长4.5、宽7、厚0.3~0.4厘米，壁板宽23.5、高7.5、厚0.7厘米（图8-26）。

图8-21　八方木盘（T0501④c：328、329）外底

图8-22　八方木盘（T0501④c：881）外底

图8-23　八方木盘（T0501④c：881）外底墨书

图8-24　八方木盘（T0501④c：876）

图 8-25 四件八方木盘叠压（T0501④c：876、879、880、881）

图 8-26 八方木盘（T0501④c：604）

图 8-27 木盘底板（T0501④c：木5）

图 8-28 木盘壁板（T0502④c：182）里面

木盘底板，T0501④c：木5，船尾外侧凝结物 N052 之下发现，残损，为组成八方形木盘的多块底部，质地致密，表面涂橘黄色薄漆或桐油。木板长 45 厘米，宽度不等，有 11、7、6、4 厘米等不同规格，厚 0.4~0.5 厘米（图 8-27）。

木盘壁板，T0502④c：182，6件，微残，为小型八角或六角木盘的斜壁板，板体呈上宽下窄的梯形，两端开规整的斜口榫卯各 3 组，上端平直，下端斜面，内外表面均涂橘黄色薄青漆或桐油。按长短可分两种，较长的木板上端长 23.5、下端长 18.5~19、高 8、木胎厚 0.7 厘米；较短的木板上端长 21~22、下端长 16、高 8、木胎厚 0.6~0.7 厘米（图 8-28、8-29）。

图 8-29 木盘壁板（T0502④c：182）外面

图 8-30 漆木盒出土状况

图 8-31 圆木盒（T0202③：76）

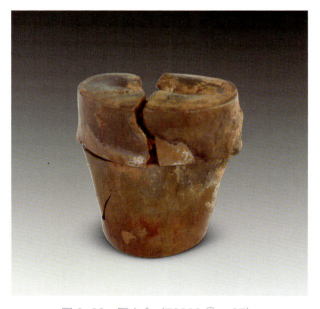

图 8-32 圆木盒（T0202③：97）

图 8-33 圆木盒（T0202③：97）里侧

4. 木盒。

分圆形、方形两类，圆形木盒又有筒状和粉盒之分，方形木盒也存在正方体和长方体两种，稍大者也可称为木箱。木盒大多为素面，仅个别存在涂刷薄桐油或青漆。

1）圆木盒。

筒状木盒，3 件，与 1 件剔犀六方漆盒（T0202③：58）和 1 件方形漆盒（T0202③：68）一起装载于一件竹筒内（图 8-30），形制一致，直圆筒状，带盖，子母口，盒盖平顶，盒身平底，木色橘黄，因挤压饱水浸泡而变形，极其松软，不易打开，盒内盛装物品暂不明了。

T0202③：76，完整，局部开裂，未打开，里侧不明，通高 9.5、直径 6.5 厘米（图 8-31）。

T0202③：97，盖子残断为两半，内装一件用小木盖封口的圆形木质小口壶（图 8-32、8-33）。

图 8-34 圆木盒（T0202 ③：98）

图 8-35 圆木粉盒（T0501 ④ c：木 22）

图 8-36 圆木粉盒（T0501 ④ c：木 22）盒身

图 8-37 圆木粉盒（T0501 ④ c：木 22）盒盖

T0202 ③：98，完整，局部开裂，身高 6、盖高 3、通高 9、直径 6.8 厘米（图 8-34）。

圆形木粉盒，1 件，T0501 ④ c：木 22，船尾中后部外侧堆积发现，内装似水晶或玛瑙吊坠 1 件（T0501 ④ c：750）。木盒身、盒盖开裂残损，木质灰黑，松软。盒身子母口，浅腹，斜弧壁，平底，口径 6、高 1、胎厚 0.6 厘米；盒盖表面平弧，斜直壁，口径 6、高 0.7、胎厚 0.6 厘米，木盒通高约 1.5 厘米（图 8-35~8-37）。

器盖，1 件，T0501 ④ c：719，口沿残，圆形，圆弧状盖顶微内凹，中间雕刻矮尖锥形纽，器壁极薄，胎体似骨贝质、椰子壳或木质，表里均有细纹里痕迹。口径 5.5、高 1.2、胎厚 0.1 厘米（图 8-38）。

图 8-38 粉盒盖（T0501 ④ c：719）

2）方木盒。

7件。

N033：79，清理凝结物N：033中发现，残，长方形，残存木盒一角及完整木底板，底板与侧板均使用木钉固定，无榫卯结构，底板外表涂橘黄色薄漆或桐油，盒内残存凝结物。长30、宽12.5、残高8.5厘米（图8-39、8-40）。

T0301②：木15，凝结物N：031北侧隔舱发现，开裂，薄木胎，表面涂桐油。其中4块木

板长22、宽8、厚0.2厘米，5块薄木板长15、宽10、厚0.2厘米（图8-41）。

T0202③：68，残，长方形，盒壁较厚，外表似髹灰白色漆，内盛银器和锡器等。残宽22、厚17、高12厘米，木胎厚8~10厘米（图8-42）。发掘过程中已提取盒内部分锡铅质手环和牌饰，但漆盒上部开裂残损严重，因保护问题还未完全打开过，漆盒内盛装物品面貌暂不明。

图8-39　木盒（N033：79）

图8-40　木盒（N033：79）

图8-41　方木盒（T0301②：木15）

图8-42　方形漆盒（T0202③：68）

图 8-43　方木盒壁板（T0501④c：603）表面

图 8-44　方木盒壁板（T0501④c：603）里面

图 8-45　方木盒壁板（C10c①：33）

图 8-46　木杯（T0202③：138）

T0501④c：603，在 T0501④c 船尾中后部堆积层提取木板残件 3 块，长方形，表面施桐油或青漆，属木盒残件。长 27、宽 16.5、厚 0.4~0.5 厘米（图 8-43、8-44）。

C10c①：33，方木盒壁板，表面涂桐油，宽边中间厚、两边薄，长 9、宽 6.8、厚 0.5 厘米（图 8-45）。

5. 木杯。

1 件，T0202③：138，用木头或椰子壳雕刻而成，口部残，胎壁较薄。圜底，椭圆形口，平唇，深腹，口径 10.7、高 5.6、胎厚 0.2~0.4 厘米（图 8-46）。

二　生产工具

1. 木秤杆。

已发现的生产工具主要为木秤杆，共发现 5 件之多。这些木质秤杆主要在沉船后部堆积中发现，在 N：015 凝结物中也发现黏结有秤杆，大多残断，大小长短不一，还发现与之相关的铜砝码、铜秤盘等，推测船载珠子、朱砂、货币甚至铁钉等部分货物要经过计量出售交易，但这些称重计量的秤类均残损散落，完整组合还没有发现。

图 8-47　木秤杆（T0502④：617）

图 8-48　木秤杆残段刻度（T0502④：617）

图 8-49　木秤杆（T0502④c：607）

图 8-50　木秤杆残段大刻度（T0502④c：607）

　　T0502④c：617，在 T0502④c 层即船尾右后侧堆积层散落的木块、木条、木板等木质残件中发现，秤杆木质细腻密实，韧度高，黑褐色，残断成 9 节，中间粗，两端稍细，刻度较清晰，木杆一端可见箍榫。残长 103 厘米，秤杆中部直径 3 厘米，两端直径分别为 1.6、1.5 厘米（图 8-47、8-48）。

　　T0502④c：607，舵孔外侧右后部发现，秤杆严重断裂残损，圆木条状，木色黑褐，木质坚硬，韧度高，表面残留两道称重刻度标识的金属小嵌钉痕迹。残存六段长 75、截面最大直径 1.4、最小直径 0.8 厘米（图 8-49~8-51）。

　　T0502④：628，T0502④c 探方的东北角淤泥层内发现，秤杆残断扭曲，残损较为严重，木色红褐，韧性高，表面有针孔刻度，残长 45、直径 1~2 厘米（图 8-52）。

　　N003：140，凝结物 N003 的残渣中采集，残断，黑灰色圆木条形，木质细腻，韧性高，一端有圆榫头，表面有两道刻度，镶嵌金属刻度点

图 8-51　木秤杆残段小刻度（T0502④c：607）

数，应属木秤杆的尾部残段。残长 20.5、最大直径 1.8 厘米（图 8-53）。

　　2. 木刀柄。

　　在编号为 N015 和 N023 等凝结物中发现有成捆的木柄铁刀，大多刀刃腐蚀残断，仅存木质刀把。N015：1，属于 N015 凝结物上部黏结的部分，T0502 东南角出土。该凝结物表面凝结有木柄铁心状成捆遗物，应为铁刀或铁剑的把手或手柄，因与海贝等凝结而提取不完整，铁刀或铁剑部残断（图 8-54）。数件成一捆状，可见 11 件，木柄中间开板槽，镶嵌铁刀的柄部，因与铁钉凝结

图 8-52　木秤杆（T0502④：628）出土状况

图 8-53　木秤杆（N003：140）

图 8-54　刀柄（N015：1）

图 8-55　刀柄（N023：31）

图 8-56　木线轮（T0501④c：90）

物等分离而刀部残断。木柄中嵌入铁片，木柄长12~13厘米，木柄断面呈椭圆形，长径2~2.5厘米，短径2厘米，铁片厚0.3~0.5厘米，木柄外另嵌套长6厘米木柄套。N023：31，从铁刀凝结物中剥离出数件木刀柄，凸榫状，把柄部较粗，通长11、直径3~4厘米（图8-55）。

3. 木线轮。

1件，T0501④c：90，完整，黑褐色，两边挡线板之间形成宽木槽，边缘规整弧收，中间穿透一大圆孔。直径6.8、孔径2.5、高3厘米，缠线槽宽1.9厘米（图8-56）。

图 8-57 木梳（T0501 ④ c：576）

图 8-58 木梳（T0501 ④ c：721）

图 8-59 木梳（T0501 ④ c：491）

图 8-60 木梳（T0501 ④ c：木 59）

三 生活妆饰用器

1. 木梳。

2007 年沉船整体打捞时曾出水 1 件，木梳体残断，仅存梳背和局部木齿。本次发掘已发现木梳 4 件，其中 2 件较完整，2 件残缺较多，木质细腻厚重，多为红褐或黑褐色，应属红木质梳子。

T0501 ④ c：576，完整，发现于 T0502 ④ c 东南部、船尾中后部堆积层，饱水脆弱。木梳的周围散落着大量碎瓷片以及各种贝类，而且上表面被另外一块小木板及凝结物所压，保护处理中开裂。黑褐木色，梳体较宽厚，宽长齿，平弧形梳背，表面刻连续凹槽。梳面宽 15.5、高 8.5、梳背厚 1.3、梳齿最大长 7.2 厘米（图 8-57）。

T0501 ④ c：721，T0501 ④ c 船尾中后部舵口外侧堆积发现，小木鬃梳，黑褐色，形体较完整，开裂，可复原，凸齿状梳背，梳齿窄薄，较致密。面宽 7、高 2.7 厘米，梳背厚 0.5 厘米（图 8-58）。

T0501 ④ c：491，严重残损，仅残存木梳少部分，黑褐木色，木质致密，梳体宽厚，圆弧梳背，宽梳刺。残宽 5、残高 3、梳背厚 1.5、梳刺最宽 1.2 厘米（图 8-59）。

T0501 ④ c：木 59，木梳残件，仅存端部一小段，黑褐色，木质细腻致密，胎体宽厚。残宽 4.5、梳背厚 1.5 厘米（图 8-60）。

图 8-61 木串珠 (T0502 ④ c ：923)

图 8-62 葫芦形木饰件 (T0502 ④ c ：14)

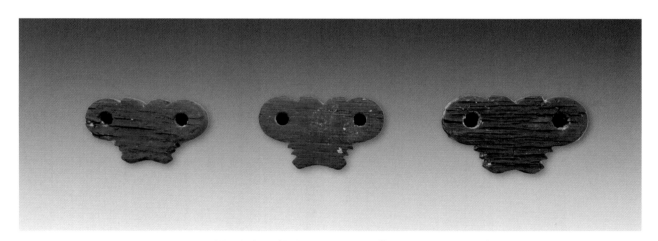

图 8-63 蝶形木饰件 (自左至右为 T0501 ④ c ：444、15、751)

2. 饰件。

出土木质饰件形制和数量较多，大多已散落，有葫芦形、蝶形、细颈瓶形和穿单孔圆珠等多种组件，其中穿孔圆珠最多。

串饰，1件，T0501 ④ c ：923，散落于船尾中后部舵孔外侧泥沙中，但串饰的形制组合较完整，由黑色圆球形木珠27粒和蝶形与小花瓶形陂坠饰各1件共记29件串联组合而成，应属一件手串形木珠饰品。木珠直径0.7厘米，蝶形饰件面宽2.1厘米，花瓶形饰件高1.7厘米（图8-61）。

葫芦形木饰件，1件，T0501 ④ c ：14，完整，葫芦形状，黑灰色，木质表面有开裂。高1.6、最大腹径0.7厘米（图8-62）。

蝶形木佩饰组件，3件，T0501 ④ c 船尾中后部堆积层清理发现。完整，黑褐色，木质细腻坚硬，表面平滑规整，边缘带对称锯齿状或 V 形凹槽，整体似花边蝶形薄木片状，正面开二圆孔，宽端表面开二圆形小斜孔，窄端弧形凹槽正中开一较粗通透圆孔，应属木串佩饰的下部收束状陂坠式组件，大小略有不同。T0501 ④ c ：444，面宽2.2、高1.2、厚0.4厘米（图8-63，左）。T0501 ④ c ：15，面宽2.2、高1.3、厚0.5厘米（图8-63，中）。T0501 ④ c ：751，面宽2.6、高1.4、厚0.5厘米（图8-63，右）。

图 8-64　细颈瓶形木饰件（T0501 ④c：木 61-1）正面

图 8-65　细颈瓶形木饰件（T0501 ④c：木 61-1）底部

图 8-66　束腰形木饰件（T0501 ④c：785）

图 8-67　木串珠（T0501 ④c：木 61-2）

细颈瓶形木饰件，4 件。T0501 ④c：木 61-1，3 件，T0501 ④c 船尾中后部散落，木质细腻，表面髹薄黑漆，大部分剥落，细颈花瓶形状，上下通透穿一孔，应属木串饰的下端收束组件。口径 0.6、最大腹径 0.8、底径 0.4、高 1.7~1.8 厘米（图 8-64、8-65）。

束腰形木饰件，1 件，T0501 ④c：785，T0501 ④c 船尾中后部堆积层发现，受海水和海生物腐殖污损，表面呈黑灰色，硬度高，似骨质或细石质，存明显磨痕，束腰，表面有两道深凹槽，正面似莲花台座，宽端上表面存 5 道凹槽，且开 2 个上下通透的对称圆形穿孔。高 0.8、宽 2、厚 0.4 厘米（图 8-66）。

木珠，共发现 100 余粒，圆球形，穿一孔，上下穿孔的两面略平弧，表面髹黑褐薄漆，应属木串饰组件。T0501 ④c：木 61-2，29 粒，依直径大小可分为三种规格，大者 1 厘米，小者 0.8 厘米，再小者 0.5 厘米（图 8-67）。

图 8-68 木牌（T0501 ④ c：724）

图 8-69 木牌（T0501 ④ c：723）

图 8-70 木牌（T0501 ④ c：935）

图 8-71 木牌（T0501 ④ c：634）

四 货物牌签

截至 2016 年 6 月，已发现墨书木牌签 5 件，均为方形小木块，制作较随意粗糙。这些木牌应属货签，是附挂在可移动的船载货物上的标识，与用于仓库等处为保管所用的标签或者货牌有所不同。

T0501 ④ c：724，T0501 ④ c 船尾中后部堆积发现，近方形木块，完整，木纹理清晰，表面行书体墨书"张直槽姜"四字，长 9.8、宽 9.5、厚 0.9~1 厘米（图 8-68）。

T0501 ④ c：723，中间开裂，方形小木牌块，偏中部开四个对称小孔，左上角行书体墨书一"可"字。边长 3.8 厘米，厚 0.3 厘米，小孔直径 0.5 厘米（图 8-69）。

T0501 ④ c：935，T0501 探方西北部散落堆积层发现，不规则方形，表面和边缘不平整，厚薄不均，表面墨书"水燈陆上"四字。长 11.5、宽 10、厚 0.6~0.8 厘米（图 8-70）。

T0501 ④ c：634，近方形木牌，长 13.5 厘米，上端宽厚，下端较窄薄，下端宽 9.5、厚 0.5 厘米，上端宽 10.2、厚 0.8 厘米。正面墨书"茶口水口"四字（图 8-71）。

图 8-72　墨书木残片（T0501④c：742）

图 8-73　木印章（T0502④：485）

图 8-74　木印章（T0501④c：741）

图 8-75　木印章（T0501④c：332）

T0501④c：742，长条形薄木残片，一端残断，表面有墨书，文字不可辨。残长 18、宽 30、厚 0.5 厘米（图 8-72）。

五　印章

3 方，均为木质，端部带一穿孔。

T0502④c：485，T0502④c 层东南部出土，整体保存较完好，呈梯形，窄边略束腰，纽端孔口缺损一角，宽端横截面长方形，2 个阳刻汉字印文清晰可见，但由于保水受低压略有变形而不易辨识，似为"□记"。通高 7.5、印面长 4.2、宽 2.2 厘米（图 8-73）。

T0501④c：741，为黑灰色木质，印身扁平，尾端开一圆形穿孔，长方形印面，印面长 2.6、宽 1.1、通高 2.4 厘米，印铭阳刻行书体"王直"二字（图 8-74）。

T0501④c：332，橘黄色，木质细腻致密，印面长方形，圆弧角扁平纽，稍薄，中间开一圆孔。印铭为篆书阳文"王记"二字。高 2、宽 2.5、厚 1 厘米（图 8-75）。

六 其他木制品

1. 木钉。

共计6枚，分长短两种。

长木钉，2枚。N003：木41，铁锅凝结物夹缝中发现，较完整，呈圆锥形，长20厘米，粗径3厘米（图8-76）。

短木钉，4枚，主要发现于船尾中后部即舵孔外侧堆积层。扁平体，呈锥形凸榫状，钉帽一端宽粗，尖部细小且残断。T0501④c：木17，残长2.5、厚0.4、钉帽尾端宽0.9厘米（图8-77，左）。

T0501④c：376，残长1.9、厚0.2、钉帽尾端宽0.6厘米（图8-77，中）。

T0501④c：377，残长2、厚0.4、钉帽尾端宽0.8厘米（图8-77，右）。

2. 木构件。

2件。

T0501④c：578，舵孔外右侧堆积中发现，长条形薄木片状，边缘有刮削痕迹，正中间带一圆台状凸榫，两侧各开一方形孔，两孔距板体两端均为6厘米。板长23、宽3.3、厚1厘米，凸榫高2.5厘米，方形孔边长1厘米（图8-78）。

T0201③：木1，完整，呈半环状桥形，表面圆滑规整，两翼端各开一细圆孔，应属木船中用于绳索滑轮或拉环等约束性木构件。高10、厚4厘米（图8-79、8-80）。

图8-76 木钉（N003：木41）

图8-77 木钉（从左至右：T0501④c：木17、376、377）

图8-78 木构件（T0501④c：578）

图8-79 木构件（T0201③：木1）正面

3. 木雕饰件。

4 件。

T0401③：27，硬木质，黑褐色，鼓腹，敞口，外表如花瓶形的一半，内侧似蝉形，外表阴刻三道双细线旋纹，里侧阴刻交叉线纹。高 3、最大腹径 2.6、口径 2 厘米（图 8-81、8-82）。

T0501④c：木 47，木雕饰件 3 件，分别为穿孔圆柱状木雕，高 3、直径 4 厘米；亚腰状木雕，长 10、厚 1 厘米；近方形小木片状木雕器，边长 3、宽 2、厚 1 厘米（图 8-83）。

4. 其他木器残件。

除了可辨器形的木器和木雕及木构件外，还有大量散落的木器残件，已编号提取 53 组（件），由于残损和开裂较多，仅以木器残件采集，应当包含船木、木桶、木盘等残件和一些木构件、木饰件等。

图 8-80 木构件（T0201③：木 1）背面

图 8-81 木雕饰件（T0401③：27）表面

图 8-82 木雕饰件（T0401③：27）里面

图 8-83 木雕饰件（T0501④c：木 47）

第三节 漆器

截至 2016 年 3 月，清理发现了较多一色漆器和雕饰漆器，共计编号提取标本 66 件，其中包括残片若干件。另外，一些杉木质的薄木片、细木条、片状竹条等，多属于漆器的竹木胎。这些漆器主要分布于沉船中后部，大多散乱残破，沉船尾部外侧散见较多漆器残片，包括竹条胎、木胎和剔犀、剔红及红、黑褐色漆皮（图 8-84~8-86）。从木条、木片残存结构和散见的若干剔犀、剔红及单色髹漆器残片形制看，可辨器形有漆碟、漆盒、漆盘、漆勺、漆簪等（表 8-1），共计 56 件。同类漆器在 2002、2007 年水下调查时提取出水若干残片。

一 一色漆器

一色漆器或称素髹漆器，是宋代漆器最为流行的一个品类，以髹黑、朱、酱色为主，其中以黑褐色为多，酱褐色次之、朱红又次之。器表光素无纹，器形有盘、碟、盒、托盏等，除圆口器外，也常见起棱或分瓣的方形和圆形器，与同时

图 8-84 船尾左侧漆木器埋藏状态

图 8-85 船尾左侧散落漆木器

图 8-86 船尾左侧散落的雕漆盘

表 8-1 出水可辨器形的漆器分类统计表

种类	技法	器形	数量
一色漆器	髹黑褐漆	圆盒	3
		方盘	1
		委角方碟	3
		葵口碟	2
		如意纹璧形器	1
		残片（漆盘或漆盒底）	2
		残件（托盘）	1
	髹红漆	漆木勺	1
		漆木匙	2
		漆木笄（簪）	11
		圆盘	1
		漆木板（漆木箱）	1
		圆木柱状物	1
		残件（圆形漆器的顶或底板）	1
雕饰漆器	剔犀	香草纹圆漆盘	8
		香草纹菱花形圆漆盒	1
		香草纹漆匣	2
		香草纹漆器残片（漆盘或漆盒的底部）	7
	剔红	双凤缠枝花卉纹菱花口圆漆盘	1
		香草纹菱花口圆漆盘	2
		菱花口圆漆盘	1
		卷草纹圆漆盒	1
		漆器残片（漆盘或漆盒的底部）	2

代的瓷器和金银器造型特征有相通之处。该沉船共发现30余件可辨器形的髹黑褐色和红色漆器，另有较多残损碎片。

1. 髹黑褐色漆器。

共发现可辨器形者13件，包括盒、碟、盘、托盏和玉璧形装饰器等，另有一些盘类漆器残片。

这些髹黑褐色漆器均为木胎，中、细漆灰，是否裱布、裱麻暂不明，漆皮多为掺杂了铁粉的黑色推光漆，断面观察应涂刷4至5层而抛光。从一些残片的边缘痕迹观察，漆灰堆积的边缘线区域采取了宽薄木片胎和厚漆灰、厚漆皮涂刷的制作工艺。

图 8-87 髹黑褐漆圆盒（T0201②：41）

图 8-88 髹黑褐漆圆盒（T0501④c：447）

图 8-89 髹黑褐漆圆盒（T0501④c：558）

髹黑褐漆圆盒，3 件。

T0201②：41，发现于 T0201 东北部木船体左前部舷板外侧，盒身微侧放，上口部叠压一件与之大小相当的平底青铜敛口钵（T0201②：039），整体提取后因实验室泡水而散落，木胎条脱落严重，漆盒开裂变形。圆形漆盒、盒底、盒盖薄木片胎，盒壁细木条及薄木片堆砌，表面髹黑褐单色薄漆。盒身高 15、腹径 15、底径约 12 厘米，木片、木条胎厚 0.1~0.2 厘米（图 8-87）。实验室清理发现，漆盒内盛装样式各异的金器饰件和金叶子、金块等 70 余件，其中残存金戒指 3 枚，折叠金片 7 件，金耳环 20 枚，金饰柱状物 18 枚，三链金璎珞胸佩 1 件，二链金璎珞胸佩 1 件，小金饼 2 件及其他金箔数片等。

T0501④c：447，在 T0501④c 东南角左后舷板外侧发现，之下叠压剔犀漆盘 1 件（T0501④c：448），与 T0201②：041 可能相似，推测原本为盛装金器的盒子。残，盒身宽木片胎开裂剥落，形成约 4 层木胎片叠套现象，平底、直壁、表面髹黑褐色漆。口径 29.5、残高 8 厘米（图 8-88）。

T0501④c：558，在 N：015 凝结物之下清理发现，残件，折肩，表面模印几何纹饰，黑灰色漆灰为胎体构成，表面髹黑褐单色漆。胎质脆弱，表面严重受腐蚀或烟火熏燎，似属于陶器。残宽 12.5、残高 7、薄胎厚 0.2~0.6 厘米（图 8-89）。

髹黑褐漆方盘，1 件。

T0501③：13，叠压于剔犀卷草纹圆漆盘（T0501③：12）之下，残存方形漆盘一边，边缘规整，薄木胎。宽平折沿，边缘上折，斜弧壁，浅腹，底部残缺不明，通体髹黑褐色漆。口宽 27、高约 3.5、胎厚 0.5 厘米（图 8-90、8-91）。

髹黑褐漆委角方碟，亦称髹黑色漆葵角方托盘，3 件。

T0501④c：318，发现于木船左尾部外侧，委角方形，平折沿，浅腹，平底微残，通体髹黑褐单色漆。口宽 12.5、平沿宽 1.5、高 1.5 厘米（图 8-92、8-93）。

图 8-90 髹黑褐漆方盘（T0501③：13）里侧

图 8-91 髹黑褐漆方盘（T0501③：13）外侧

图 8-92 髹黑褐漆委角方碟（T0501④c：318）

图 8-93 髹黑褐漆委角方碟（T0501④c：318）外底

　　T0501④c：333，发现于木船左尾部外侧。碟角微残，委角方形，平折沿，浅腹，平底，通体髹黑褐单色漆。口宽12.5、平沿宽1.5、高1.8厘米（图8-94、8-95）。

　　T0501④c：336，发现于木船左尾部外侧。碟身开裂微残，局部漆皮起翘剥落。委角方形，平折沿，浅腹，平底，通体髹黑褐单色漆。口宽12.5、平沿宽1.5、高1.8厘米（图8-96、8-97）。

　　髹黑褐漆葵口碟，2件。

　　C10c①：68，T0302第10船舱右半段发现。口沿残，可复原。葵口、斜平折沿、出筋斜壁，

平底，通体髹黑褐色漆，素面，薄木条堆砌胎。口径11、高1.5、底径8厘米（图8-98、8-99）。

　　T0402④：102，T0402东隔梁等区域泥沙中过滤浮选发现，残存一半，葵口圆形，两面均髹黑褐色漆，边缘残存堆砌黏结痕迹，黑灰色漆灰下地，应属于葵口碟（盘）底胎残片，也有可能是葵口圆漆盒的底胎或顶盖胎板。直径约17、木片胎厚0.3厘米（图8-100、8-101）。

　　髹黑褐漆如意纹璧形器，1件，T0501④c：317，舵孔外侧发现，开裂，局部残缺，圆环璧形，穿一孔，胎体厚重，胎中可见薄木片胎的两侧髹

图 8-94　髹黑褐漆委角方碟（T0501 ④ c：333）正面　　　图 8-95　髹黑褐漆委角方碟（T0501 ④ c：333）背面

图 8-96　髹黑褐漆委角方碟（T0501 ④ c：336）正面　　　图 8-97　髹黑褐漆委角方碟（T0501 ④ c：336）背面

图 8-98　髹黑褐漆葵口碟（C10c ①：68）正面　　　图 8-99　髹黑褐漆葵口碟（C10c ①：68）背面

图 8-100　髹黑褐漆葵口碟（T0402④：102）正面

图 8-101　髹黑褐漆葵口碟（T0402④：102）外底

图 8-102　髹黑褐漆如意纹璧形器
（T0501④：317）正面

图 8-103　髹黑褐漆如意纹璧形器
（T0501④c：317）背面

极厚的黑灰色漆灰，两面均模制压印如意纹，表面通体髹黑褐漆。直径6.5、孔径1.8、厚1厘米（图8-102、8-103）。

髹黑褐漆器残片，2件。

T0501④c：327，残存近长方形漆板，表里均髹黑褐漆，部分漆皮剥离，木片胎，应属漆盘或漆盒底部残片。长15.5、宽7.8、木胎厚0.2厘米（图8-104、8-105）。

T0402④：148，长方形木板，一端残断，边缘规整，表里髹黑褐色薄漆，应属漆盘或漆盒底胎残件。长17.5、宽5、厚0.6厘米（图8-106）。

髹黑漆木器残件，1件，T0502④：629，T0502④c船尾中后部，即舵口外侧堆积层清理发现，在清理过程中有很多散落的果核及黑色漆皮。髹黑色漆，红褐色木胎，质地松软，开裂易碎。圆直形口，宽平沿，应属托盘类漆木器。口径10、残高5厘米（图8-107）。

2. 髹红色漆器。

图 8-104 髹黑褐漆器残片 (T0501 ④ c ： 327)

图 8-105 髹黑褐漆器残片 (T0501 ④ c ： 327)

图 8-106 髹黑褐漆木板 (T0402 ④ ： 148)

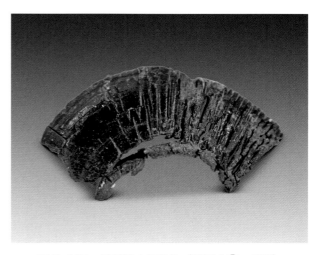

图 8-107 髹黑漆木器残件 (T0502 ④ ： 629)

共发现 18 件，包括食具漆勺、漆匙和束发髻的漆笄、漆簪，另有少量的髹红漆圆盘残件，还发现个别髹红漆箱板和髹红漆圆木柱状物等。

髹红漆木勺，1 件，T0502 ④ c ： 632，残片，发现于 T0502 第 4c 层，勺柄残缺，口沿有烟熏或其他物质感染痕迹，发炭黑色，勺身内外髹红色漆，薄桧木条盘堆胎，黑漆灰较厚，口沿外撇，一端斜收，微鼓腹。残宽 6.5、残高 4、胎厚 0.2~0.3 厘米（图 8-108、8-109）。

髹红漆木匙，2 件。T0501 ④ c ： 1281，尾舵外左侧堆积中发现，匙柄及勺形尖部残断，弧曲形，通体髹红漆，木胎。残长 5、勺面最宽 3、胎厚 0.4 厘米（图 8-110）。

C10c ① ： 181，匙柄残缺，勺形尖部开裂，通体髹红漆。残长 8、残宽 2.5、木胎厚 0.2~0.3 厘米（图 8-111）。

髹红漆木笄（簪），1 件。T0501 ④ c ： 722，舵孔外右后部堆积发现，残，可修复，通体髹红漆，束腰柄，笄身断面呈微弧形，且中间厚，两缘薄，近柄部墨书“捨入人会□”五字。总残长 21.5、柄长 1.5、身宽 0.8~0.9、厚 0.2~0.3 厘米（图 8-112、8-113）。

图 8-108　髹红漆木勺（T0502④c：632）里侧

图 8-109　髹红漆木勺（T0502④c：632）外表

图 8-110　髹红漆木匙（T0501④c：1281）

图 8-111　髹红漆木匙（C10c①：181）

图 8-112　髹红漆木笄（T0501④c：722）

图 8-113　髹红漆木笄（T0501④c：722）

图 8-114　髹红漆木簪（T0501④c：木 29）

图 8-115　髹红漆木簪（T0502④：631）

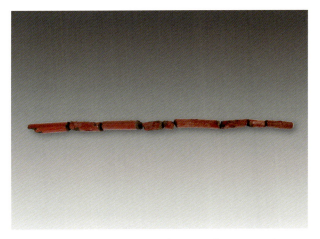

图 8-116　髹红漆木簪（T0501④c：331）

图 8-117　髹红漆木簪（T0501④c：442）

髹红漆木簪，10 件。T0501④c：木 29，舵孔外侧堆积发现，共采集 7 件髹红漆木簪，均残断，4 件圆条直木形，2 件为柄部略弯曲，1 件为簪柄，通体髹红漆。长者 15.3 厘米，短者 2 厘米（图 8-114）。

T0502④：631，残断，弯曲状，圆条形，柄端扁宽，红褐色木胎，通体满髹红色漆，部分漆皮剥落。残长 13、直径 0.7 厘米，柄端宽 1、厚 0.2 厘米（图 8-115）。

T0501④c：331，T0501④c 东南部即舵孔外堆积中发现，残断成九段，细圆木条状，一端粗，一端细，通体髹红漆。残长 15.5、直径 0.4~0.7厘米（图 8-116）。

T0501④c：442，T0501④c 东南部即舵孔外堆积中发现，残断。圆条状木胎，表面髹红漆。残长 7、直径 0.5~0.7 厘米（图 8-117）。

髹红漆圆盘，1 件。T0402④c：113，残存圆形盘底边缘部分，内外均一色漆素面，表面髹红色漆，外底面髹黑褐色漆，木片胎，残长 37、宽 7.5、胎厚 0.7 厘米（图 8-118、8-119）。

髹红漆器残件，1 件，T0502④：603，弧边圆形，木胎，表面髹红漆，背面髹黑褐色漆，应属圆形漆器的顶或底板。残长 9、宽 6 厘米（图8-120）。

髹红漆木板，1 件，T0501④c：751，第 15 船舱右小舱（C10b）即船尾右后部开裂底板中暴

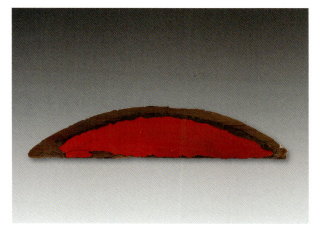

图 8-118 髹红漆圆盘（T0402④c：113）表面

图 8-119 髹红漆圆盘（T0402④c：113）里面

图 8-120 髹红漆器残件（T0502④：603）

图 8-121 髹红漆木板（T0501④c：751）

露一大块髹红漆薄木板，应为髹红漆木箱或船尾建筑饰板（图 8-121）。漆板严重受叠压，自上而下分别叠压一条残长 32 厘米的竹片，一片长 22、宽约 9、厚 0.3 厘米的长方形素面木板，木板下方又有一块厚度为 1 厘米的大木板，大木板下叠压该红漆木板，而且红漆木板还延伸至船尾散落的船体木结构下，无法提取，暂原址保存，且由于漆板暴露在空气中时间太久而色调有所变暗淡，现把已暴露的漆板部分糊上泥浆，减少损坏。

髹红漆圆木柱状物，1 件，T0501④c：木 23，圆木柱状，底面平滑，顶端圆弧且中间有一道矮凸棱，断面椭圆形，表面髹红色薄漆或为残留红色颜料，似研墨棒。高 4.5、长径 3、短径 2.5 厘米（图 8-122）。

图 8-122 圆木柱状物（T0501④c：木 23）

图 8-123 剔犀香草纹圆漆盘（T0502④c：630）出土时状况

图 8-124 剔犀香草纹圆漆盘（T0502④c：630）内底

图 8-125 剔犀香草纹圆漆盘（T0502④c：630）外底

二 雕饰漆器

雕饰漆器是宋代漆器的另一种类，这类漆器精雕细作，制作工艺各不相同，可分为雕漆、金漆、犀皮、螺钿镶嵌几种，各品种又有多种做法，如雕漆包括剔红、剔黄、剔彩、剔犀，金漆有泥金、描金、戗金数种。该沉船出土雕饰漆器主要为剔犀和剔红漆器两类。

1. 剔犀漆器。

剔犀是漆器制作工艺之一，沉船中发现的这类漆器表现为以红黑二色的大漆相间涂层后，再用刀以 45 度角雕刻出回纹、云纹、卷草等不同的图案，刀口断面呈现双色线纹，极为雅致。器形有圆漆盘、圆漆盒、漆匣和一些漆器残片等。

剔犀香草纹圆漆盘，可辨器形者 8 件，其中较完整者 3 件。依口径大小分两种，大者口径约 40 厘米，小者口径约 30 厘米。

T0502④c：630，在沉船外侧右后部散木堆积中清理发现，仅存底部较大的三块，部分残缺，盘壁断裂无存，胎体断面较直，边缘部位有凸榫结构。内底自中心一卷草团花纹或称香草纹向外呈同心圆放射状拓开，形成缠枝状三圈分布，香草团花式纹样中心 1 朵，次外圈 3 加 3 共 6 朵，再外圈 12 朵，最外圈 20 朵。外底面髹黑褐素漆。内底直径 38 厘米，木片胎厚 0.3 厘米（图 8-123~8-125）。

图 8-126　剔犀香草纹圆盘（T0501 ③：12）正面

图 8-127　剔犀香草纹圆盘（T0501 ③：12）

图 8-128　剔犀香草纹圆盘（T0501 ③：12）外底

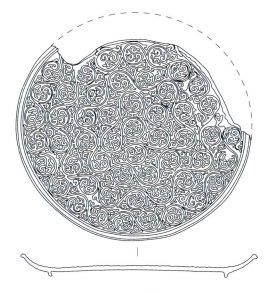

图 8-129　T0501 ③：12（1/5）

　　T0501 ③：12，沉船尾部左后侧出土，器底部黏结的砂土中存在果核。较完整，口沿部微残，木胎体，边缘卷木皮胎，木胎上裱有麻，底面为木胎，木胎两边涂有很厚的漆灰层，胎体厚度约2毫米。观察漆皮断面可见，底漆为黑漆，约0.3毫米，第二层漆为银朱红，第三层漆为黑漆，第四层漆为石黄色漆，第五层为透明漆，面漆为黑漆，总漆层厚度约1.5毫米。漆灰层由中灰和细灰组成，漆灰主要成分为砖粉、生漆，并可能含有草木灰，接近木胎的层面为中灰，中灰上层为细灰。通体双面髹涂，背面边缘与正面工艺一致，髹饰红黑漆，外表腹壁部与器内整个盘面均为黑地红彩装饰卷草云头纹雕花，由中心卷草纹呈团花状向周边衍生，直至口部，卷草边髹鲜红漆线，口部内壁也有两周红漆弦纹，整体呈黑地红花的剔犀工艺。雕刻刀法为仰瓦式，刻沟宽度约为2.43毫米，凸起纹饰宽度约为2.86毫米。外底髹黑褐漆素面，漆层偏薄。敞口，口沿微外卷，斜弧腹，宽平底，矮圈足。口径31、通高3、胎厚0.6、外底径23、圈足高0.6厘米（图8-126~8-129）。

图 8-130　剔犀香草纹圆漆盘（T0501④c：448）
出土状况

图 8-131　剔犀香草纹圆漆盘（T0501④c：448）

图 8-132　剔犀香草纹圆漆盘（T0401④c：49）正面

图 8-133　剔犀香草纹圆漆盘（T0401④c：49）外底

　　T0501④c：448，位于 T0501④c 东南角，紧贴左舷后部外侧的长条形船木下前方，叠压于漆盒（T0501④c：447）之下，其下叠压较多木块及白釉罐和酱釉罐、瓷片等。局部开裂残缺，略有变形，因保护处理，未完全清理。圆形、平底，矮圈足，内侧和外壁剔犀香草纹，外底髹黑褐色漆。口径 29、高 3 厘米（图 8-130、8-131）。

　　T0401④c：49，T0401 北隔梁中部出土。散落于船尾舵孔外左后部淤积中。残损，部分残缺，可复原。圆唇，斜弧壁，平底，矮圈足。盘底木片胎，盘壁及圈足之间用细竹条缠绕堆砌，其他部分均细木条堆砌，黑灰色漆地，内表及外壁剔犀香草纹，外底髹黑褐色漆。口径 30、底径 21、通高 3、木胎厚 0.5、圈足高 0.5 厘米（图 8-132、8-133）。

图 8-134 剔犀香草纹圆漆盘（T0501④c：103）内侧

图 8-135 剔犀香草纹圆漆盘（T0501④c：103）外底

图 8-136 剔犀香草纹漆盘（T0501④c：335）内底

图 8-137 剔犀香草纹漆盘（T0501④c：335）外底

T0501④c：103，T0501 南部中间出土，散落于舵孔外左侧淤积中。仅存底、口沿残片，分成 2 片。圆唇，斜弧壁，平底，矮圈足。盘底木片胎，盘壁及圈足木条堆砌，黑灰色漆地。内表及外壁剔犀香草纹，外底髹黑褐色漆。底径约 21、通高 3、木胎厚 0.3、圈足高 0.5 厘米（图 8-134、8-135）。

T0501④c：335，位于船尾外侧左后部，残存底部和极少部分口沿残片，并有散落漆皮残片若干，盘壁大部分无存。盘底木片胎，盘壁木条堆砌胎。内表面和盘壁外侧剔犀香草纹，外底髹黑褐色漆面。残底直径 21.5、胎厚 0.7 厘米（图 8-136、8-137）。

图 8-138　剔犀香草纹漆盘（T0501④c：544）内底

图 8-139　剔犀香草纹漆盘（T0501④c：544）外底

图 8-140　剔犀香草纹葵形圆漆盒（T0202③：58）

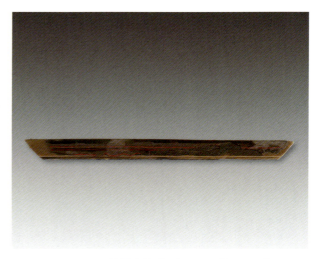

图 8-141　剔犀方漆盒（T0501④c：1）

　　T0501④c：544，发现于船尾外下部堆积中，漆盘底部边缘残片，木片胎，表面剔犀香草纹，外底髹黑褐色漆。残长14.5、残宽4.5、木胎厚0.2厘米（图8-138、8-139）。

　　剔犀香草纹葵形圆漆盒，1件，T0202③：58，对该件漆盒上部的盒盖误认为属于另一件漆盘T0202③：78，实际上属于同一件漆盒的上下组合，故合并为T0202③：58。圆漆盒与3件木盒和1件方形漆盒一起装载于一件竹篑内，漆盒开裂残损严重，盒盖漆皮严重残损，因保护问题还

未打开过，漆盒内结构及盛装物品面貌暂不明。漆盒葵花圆形，分盒盖及两层盒身，共三层，盒身表面剔犀香草纹。直径18、通高15厘米。因保护处理，盒盖已分离，菱花形，表面剔刻香草纹，里侧髹黑褐漆，最大直径18厘米，胎厚0.5、木片胎厚0.2厘米（图8-140）。

　　T0501④c：1，残片，长条形，两端斜直，中间开一道深槽，表面剔犀双线纹和花边纹，里面髹黑褐色漆。应属剔犀漆匣一面板端头。长15.9、宽1、厚0.7厘米（图8-141）。

图 8-142　剔犀香草纹漆匣（T0501④c：565）外表

图 8-143　剔犀香草纹漆匣（T0501④c：565）里侧

图 8-144　剔犀香草纹漆盘（T0402④c：55）内底

图 8-145　剔犀香草纹漆盘（T0402④c：55）外底

　　剔犀香草纹漆匣，2件。T0501④c：565，残片，仅存一面壁板，由挡头和壁板呈榫卯结构组成，残长22.5、宽14、厚约0.5厘米，残缺三条装饰边框，正面为剔犀云纹，背面髹极薄橘黄色单漆（图8-142、8-143）。对已经吊走的N015：22下方进行清理，该位置土色黑，较松，夹杂有大量小海贝壳、瓷片、木块，器形有四系罐、双系罐、喇叭口瓶、盒、小蝶。剔犀香草纹漆匣叠压于散落木块之下，其下为白釉大瓷盘，再下为剔

犀红云纹漆盘，均有不同程度残损，属于木船生产生活区散落漂移于船外左后部。

　　剔犀香草纹漆器残片，编号者7件，另有大量细小的漆皮残片，作为样品采集。T0402④c：55，剔犀漆器残片，断裂，部分漆皮剥落。长方形片状，一端呈圆弧形，表面剔犀香草纹，背面髹黑褐色漆，应属漆盘或漆盒的底部残片。残长19、宽5、胎厚0.3厘米（图8-144、8-145）。

图 8-146　剔犀香草纹漆盘（T0402④c：24）里侧

图 8-147　剔犀香草纹漆盘（T0402④c：24）外底

图 8-148　剔犀香草纹漆盘（T0501④c：320）内底

图 8-149　剔犀香草纹漆盘（T0501④c：320）外底

T0402④c：24，剔犀漆器残片，部分漆皮剥落。长方形片状，一端呈圆弧形，表面剔犀香草纹，背面髹黑褐色漆，与剔犀香草纹漆器残片（T0402④c：55）应属漆盘或漆盒的底部残片。残长16.5、宽8.5、胎厚0.2~0.3厘米（图8-146、8-147）。

T0501④c：320，剔犀漆器残片，部分漆皮剥落。圆弧形片状，表面剔犀香草纹，背面髹黑褐色漆，应属漆盘或漆盒的底部残片。残长14、宽5.3、木胎厚0.3厘米（图8-148、8-149）。

2. 剔红漆器。

"南海Ⅰ号"沉船出土剔红漆器的漆层相对较薄，在器物的胎型上涂刷朱色大漆的数层也较少，雕刻成形纹样的浮雕感较低，但剔红的技法明了，红漆格调单纯。共发现可辨器形者5件，大多为菱花口圆漆盘，圆漆盒仅1件，另有大量碎小剔红漆皮和残片。

剔红圆漆盘，4件，较完整。剔红漆盘尺寸与剔犀黑地红花卷草云头纹漆盘相当，器外底为单一褐色漆皮，外侧腹壁及内部均妆饰剔红的卷草纹、花鸟纹等。

剔红双凤缠枝花卉纹菱花口圆漆盘，1件，T0501④c：883，发现于沉船左后部外侧，口朝下倒扣于海泥中，漆盘内外粘黏泥沙、小海贝残骸和铁钉及钙化凝结物残块等，上部叠压白瓷盘、木盘等，保护较好，部分边缘开裂残损，盘底与盘壁基本形成裂隙，局部漆皮剥落。木胎，菱花口，平沿，出筋曲腹，内腹壁有十道出筋，把腹壁分为10格，平底，矮圈足。平沿表面满绘缠枝草叶纹，内外腹壁满髹红漆缠枝草叶花卉纹，漆盘内底剔红图案分四部分，自盘内底中央向边缘依次为凤凰一对、十二朵缠枝花卉一周，盘内外壁为连续十格分区成相同的十瓣，每格内3朵缠枝花卉纹，至口沿部为缠枝花卉约60朵。十二朵缠枝花卉中有四季花卉山茶、菊花、芍药、栀子、牡丹、蔷薇、秋葵、莲花、月季、石榴、兰花、梅花等。外底髹黑褐漆素面。漆盘口径45、内底径32、外底径35、口沿宽2、通高4厘米（图8-150、8-151）。

剔红香草纹菱花口圆漆盘，2件。

T0501④c：566，部分口沿开裂残缺。菱花口，腹壁由八道出筋分隔成八格，平底，外底矮圈足。盘内及外壁满髹红漆，剔刻成香草纹，由内底中央向外至平沿呈缠枝团花状连续环绕，外底髹黑褐色漆。包含平沿最大口径30、沿内口径26、平沿宽2、盘内深2.5、内底直径20、通高3厘米（图8-152）。

T0501④c：326，残，位于船尾外侧左后部，部分残片开裂散落。葵口，花边窄平沿，出筋曲腹，平底，盘底薄木片胎，盘壁木条堆砌胎。内表及外壁均剔红香草纹，花边平沿处剔红缠枝纹，外底髹黑褐色漆。残底径约20、口径约30、高约4厘米（图8-153、8-154）。

剔红葵口圆漆盘，1件。T0501③：6，漆盘遗存在木船左后部外侧凝结物的堆压之下，且包含于海生物残骸、瓷片、碎木块、泥沙之中，叠压在该雕漆花口盘的黑地红花圆口方唇漆盘T0501③：12两者花纹不同，在漆盘周围及表面

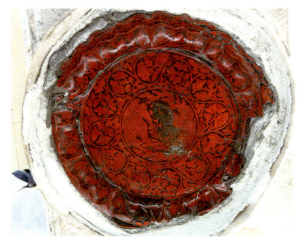

图8-150　剔红双凤缠枝花卉纹菱花口圆漆盘
（T0501④c：883）里侧

图8-151　剔红双凤缠枝花卉纹菱花口圆漆盘
（T0501④c：883）外底

图8-152　剔红香草纹折沿菱花口漆盘
（T0501④c：566）

图 8-153　剔红香草纹菱花口漆盘（T0501④c：326）
出土状况

图 8-154　剔红香草纹菱花口漆盘（T0501④c：326）

图 8-155　剔红葵口圆漆盘（T0501③：6）里侧

图 8-156　剔红葵口圆漆盘（T0501③：6）外侧

堆积中发现有植物果核及絮状物等，属于二次堆积，经清理周边和提取直后，漆盘下部存在多件大小不一的剔红漆器残片，从漆盘旁侧发现弯曲状木胎髹红漆器残片，应为漆器葵口口沿。该漆盘残，器身开裂严重，漆皮剥落散见多片，为外侧边缘雕红漆团花纹及内缘黑褐漆构成的漆盘，盘壁内侧黑褐漆素面，外表剔红卷草纹，盘底内外黑褐色一色漆素面，木条堆砌胎。底径 17.5、口径约 25、残高 4.5、胎厚 0.5 厘米（图 8-155、8-156）。

剔红卷草纹圆漆盒，1 件。T0501④c：314，位于船尾舵孔外左后部，T0401④c：49 剔犀漆盘北侧，保存较完整，受挤压略有变形，部分漆皮开裂，盒盖叠套于盒身之下，口部朝上放置。外侧一件的外表剔红，内表髹黑褐漆，应为盒盖，内侧一件口沿存子母扣，腹壁外表剔红，内表髹黑褐漆，外底髹黑褐漆，属盒身。口部呈椭圆形，窄薄木片堆砌胎，应属一件完整的带盖漆盒。盒盖口径 24~26、高 6.5 厘米，盒身口径 23~25、高 6.5厘米，漆盒通高 13 厘米（图 8-157~8-159）。

剔红漆器残片，2 件。T0202③：102，残存平板状，木片胎，表面剔红香草纹，底面髹黑褐色漆，应属剔红漆盘或漆盒的底部残片。残长 10、宽 5.5、胎厚 0.5 厘米（图 8-160、8-161）。

图 8-157　剔红卷草纹圆漆盒 (T0501 ④ c ：314)

图 8-160　剔红卷草纹漆器残片（T0202 ③：102）里面

图 8-158　剔红卷草纹圆漆盒 (T0501 ④ c ：314)
盒身里侧

图 8-161　剔红漆器残片（T0202 ③：102）外底

图 8-159　剔红卷草纹圆漆盒
（T0501 ④ c ：314）盒盖

图 8-162　漆器残片（T0501④c：327）

图 8-163　圆形薄木片（T0501④c：木 38）

图 8-164　圆形薄木片（T0501③：11）

三　漆器残片

1. 漆皮残片。

沉船内外尤其是船尾区域清理发现了大量散落的黑褐、红色、剔犀、剔红漆器的剥落漆皮，在提取泥沙的过滤清洗中也发现了大量这类漆器残片和漆皮，均为船载漆器的残损剥落残片。如 T0401 北隔梁中部和 T0501 南部相邻区域即舵孔外左侧的第④层堆积，左舷尾端小隔舱右侧堆积杂乱，包含船木、瓷片、海生物残骸，下部集中暴露黑地红花漆器残片 8 处，5 处为碎小漆皮残片，其中两处面积较大，推测为黑地红花漆盘底部残片，整体细碎零散。从保存现状和堆积成因分析，漆器残损严重，成碎片散布，且与船木块、瓷片、黏泥沙土和海贝混杂，应为扰动回填堆积。对于这类漆皮残片，均按出土单位采集保存。T0501④c：327，船尾外侧散落，为剔犀、剔红漆器残片（图 8-162）。

2. 漆器木胎残片。

在沉船中后部堆积中发现了较多边缘呈弧形或圆形的残损薄木片和弧状的四棱或三棱细木条，这些棱角分明的细木条应为堆叠法制作漆盘的胎料，有的木残片表面存在划纹，有的表面残存漆灰，大多漆皮和漆灰剥落无存，这些应属于漆盘或漆盒的木胎底板或器壁堆砌木胎。已编号采集 16 组（件）。

T0501④c：木 38，船尾左后部外侧发现，部分残缺，原为整片圆形木板，灰黑色，应属较大型圆漆盘的木胎底板。直径 33.5、胎厚 0.5 厘米（图 8-163）。

T0501③：11，薄木片，开裂成大小不等的多片，大片者呈圆弧形，应属漆盘或漆盒底部木胎，直径 24、最宽者 10.5、胎厚 0.2 厘米（图 8-164）。

T0502④：456，圆形漆木器底部残片，仅存一半。直径 28、胎厚 0.5 厘米（图 8-165）。

图 8-165 圆形漆木器底部残片（T0502 ④：456）

图 8-166 漆器木胎残片（T0501 ④ c：木 44）

图 8-167 长条形薄木片（T0501 ③：9）里面

图 8-168 长条形薄木片（T0501 ③：9）背面

T0501 ④ c：木 44，船尾外侧中后部和舵孔外侧堆积层发现，散乱无序，属于漆盘、漆盒等漆木器的木胎，分平底木胎和漆壁堆砌的木条胎，部分木条胎带有三角刻槽。底板长约 9~21、宽约 2~5、厚 0.2~0.3 厘米。木条胎长约 4~21、宽约 0.5~0.9、厚 0.5~1 厘米（图 8-166）。

T0501 ③：9，探方北隔梁下凝结物东部边缘距沉箱东内壁 0.6 米处采集，薄木片，扭曲变形，边缘弧形，胎体轻薄，应属漆盘或漆盒底部木胎，残长 16.5、宽 3.6、厚 0.3 厘米（图 8-167、8-168）。

第四节　其他木质遗物

除了上述可辨器形和性质的竹木漆器外，截至目前的沉船发掘中还发现了一些用于船载货物的铺垫或隔垫的木质品，这些装货用垫木大多呈自然木条状，有的略带加工痕迹。如第 8 船舱右段（C08c）清理发现，成排的酱釉四系罐倒扣于排列整齐的木条垫层之上，其下平放青瓷碗、白釉执壶等瓷器（图 8-169）。

另外，在清理船尾中后部沉积层时，发现不但有大量瓷器、木板、草席等散乱堆积，还发现有一些散落的自然状圆木条，且性质不明，用于木船上取火木材或者其他用途的可能较小，推测也应该属于船载货物的铺垫或隔垫物。

图 8-169　成排铺垫的木条

第五节 小结

该沉船清理发现的竹木漆器品类多样，功能性质较为复杂。在木船体内外尤其是船尾堆积部位发现的一些种类繁多但数量较少的竹器、木器、木雕饰件、漆器以及一些个体较小的散落木材等，除了少量器形可辨的漆器和木器外，大部分遗物的器形、性质、功用等难以判断。初步推测，应当属于随船人员的日常生产生活用品，这在船舱内极少发现。之所以如此判断，其中之一是这些遗存物品可能主要是从木船的中后部和艉楼部位散落沉积，而且很大可能与远洋贸易商船的流动性小社会特征有关。随船人员要在船上长时间生产生活，所用物品自然会显得复杂多样，包括食物、工具和其他个人物品等。如承装东西的木盘、木盆、木桶、木箱、漆盘、漆盒等器具，其他一些物品包括木质印章等等很可能是船员的日常生活用品，另有木梳等梳妆用品，反映了随船人员的民俗信仰和精神世界。还发现了数件规格不一的木秤杆，与铜秤盘、铜砝码等应是作为一些铁钉、朱砂甚至金叶货币等货物要经过计量出售而使用。另外，发现的一些墨书木签牌应属于船货的标贴物。

"南海Ⅰ号"沉船出土漆器数量相对于大宗的瓷器和铁器来说并不多，但这批漆器是本沉船较具特色的船载物品之一，从器物种类和制作工艺观察，的确是一批难得的宋代漆器的代表。我国是世界上最早发现并使用天然漆的国家，在距今六七千年的新石器时代就已经出现了漆器的制作和使用，此后经历了商周、战国、汉唐、宋元、明清等历史时期的发展变化，形成了不同时代的工艺特色和艺术风格。有宋一代，漆器以一色漆制作较为精良，堆漆与镶嵌、戗金与填漆的完美结合也广为世间所称道。"南海Ⅰ号"宋代沉船出水的各式漆木器，正是这一历史的见证。

从该沉船髹红、髹黑褐等一色漆器和剔犀、剔红等雕漆器反映出宋代尤其是南宋时期的漆器朴质无纹与雕饰华美交相辉映，相得益彰，广受海内外人士喜爱，也成为参与海外商贸交流的主要外销品之一。从漆器种类和器形看，剔犀和剔红雕漆器均有圆形的盘、盒、奁等，装饰纹样基本上以香草纹、卷云纹、缠枝纹和花鸟纹等为主体，剔红漆器的红色漆层相对后世的堆漆雕刻漆器要显得轻薄许多；一色漆器表里一色，主要素髹红、黑褐、橘黄（桐油）等单色漆，器形主要为黑褐漆方碟、葵口圆碟和漆盘及红漆箱、盒，橘黄色漆箱、盘等，但髹黑褐色漆碟和盘应属典型的宋代单色漆器。这些漆器的胎质以薄木胎为主，兼有竹条胎，具有胎质轻薄、造型随意的特点。

从该沉船所承载的大量瓷器和金银器特征分析，此船可能从福建沿海的泉州等地出海南行远航，再结合南宋时期漆器的生产制作地域和多年来陆地考古发现的大量南宋墓葬出土品，推测这批漆器的产地可能出自南宋都城及近畿地域，即浙江杭州、温州以及福建福州等东南沿海城镇。

南海Ⅰ号

沉船考古报告之二

2014～2015年发掘

沉船遗址作为考古对象之一，在水下考古以及后续文物保护中有着重要的参考价值。同时作为一个局部开放性的环境，其中的生物痕迹在一定程度上也应反映出遗址的变迁。

"南海 I 号"古船沉没于中国南海的广东省台山市川岛海域。川山群岛海区共有 267 个海岛，其中面积大于 1 平方千米的海岛有 8 个，面积最大的两个海岛为上川岛和下川岛（大于 50 平方千米），各海岛滩涂基本以软相（沙滩、泥滩、泥沙滩等）为主，上、下川岛的硬相滩涂（岩礁滩）面积大于 1 平方千米；川岛海域底质多为砂质、砂泥质和泥砂质，其中上川岛及下川岛南部海域以软泥或泥沙底质为主。川岛海域温度和盐度均较高且稳定；浮游动植物丰富，底栖动物丰度及栖息密度均较高；从物种种类组成来看，多为暖水种，分布情况表现为热带—亚热带性质。底栖生物的丰度组成以软体动物为主，占总丰度的 82.69%，其余依次为螠虫类（Echiurus）、多毛类（Polychaeta）、棘皮类（Echinoderm）和甲壳类（Crustacea）等；在栖息密度方面，同样以软体动物最为重要，占总栖息密度的 51.35%。本海域常见的软体动物为棒锥螺、习见赤蛙螺、杂色鲍、长肋日月贝、毛蚶、管角螺、衣硬篮蛤、栉江珧、网纹扭螺和多刺鸟蛤等。

为全面了解"南海 I 号"沉船遗址的历史信息，我们全面地开展了对遗址沉积层中动物体残骸的分析，其结果对该沉船遗址的变迁有重要的指示作用。

第九章

沉积层中的海洋生物

一 取样时间、分类鉴定、数据统计

2014年12月至2016年12月期间,我们对"南海I号"沉船遗址表面沉积物中的海洋动物标本进行了分离鉴定。所有标本经考古人员发掘,按探方和分层编号,标明有关文物信息以及采集者,然后送至冲洗平台。冲洗后进行挑拣、分类鉴定、数据统计。

在数据统计工作中,由于标本数量巨大,瓣鳃纲物种先计数所有个体,然后取其总数的1/2,而非单独统计左壳或右壳。为排除各种不确定因素带来的可能干扰,统计生物数量时仅选取完整(或基本完整)的个体。

虽然受到海洋动力、渔业生产和水下调查工作的影响,但"南海I号"船体遗址沉积层的层位基本清晰。沉积层位大致可分为黄沙层(第1层)、黄褐色海泥层(第2层)、青灰色海泥层(第3层)、黑灰色和灰褐色海泥层(第4层)等文化层,以及船体沉没之前的原生青灰色海泥。第1层海泥是在2007年对沉船进行整体打捞时回填黄沙所形成,并非原有的自然沉积;第2层

海泥为船体沉没晚期形成的堆积,主要分布于船体前侧和中部;第3层海泥较为纯净,含有大量的海洋生物残骸;第4层与船体关系密切,沉积物情况较复杂,根据现场情况分为4a、4b和4c三层,其中4a层多集中于船尾,包含大量瓷器碎片;4b层主要为凝结物及钙化凝结层;4c层主要堆积在船货周围,所包含的海洋生物体型较小。第2层至第4c层为船体沉没至1987年沉船被发现这一段历史时期中自然形成的海底沉积[①]。

由于所采集的标本均来自于年代较久的沉积物中,所得各类软体动物均已死亡。标本无法用齿舌进行鉴定,也难以运用分子生物学技术手段进行分析,故软体动物残骸分类时的主要依据为外壳和形态特征,并利用地理分布和区系研究文献作为辅助依据。

腹足纲分类系统参照 Ponder & Lindberg[②],掘足纲分类系统参照蔡英亚等[③]和郑小东等[④],瓣鳃纲分类系统参照蔡英亚等[⑤]和徐凤山等[⑥],并依据相关文献的描述对软体动物进行种类鉴定、生态类型及区系划分[②~㉘]。

对采集到的软体动物标本进行优势度指

---

① "南海I号"考古队:《"南海I号"宋代沉船2014年的发掘》,《考古》2016年第12期。

② Ponder W F & Lindberg D R. *Towards a phylogeny of gastropod molluscs: an analysis using morphological characters.* Zoological Journal of the Linnean Society, 1997, 119(2): 83–265.

③ 蔡英亚、谢绍河:《广东的海贝》,汕头大学出版社,2006年。

④ 郑小东、曲学存、曾晓起等:《中国水生贝类图谱》,青岛出版社,2013年。

⑤ 同④。

⑥ 徐凤山、张素萍:《中国海产双壳类图志》,科学出版社,2008年。

⑦ 蔡英亚、林永木、欧瑞木:《广东南澳岛贝类区系的研究》,《湛江水产学院学报》1990年第10期。

⑧ 黄宗国、林茂:《中国海洋生物图集》第四册,海洋出版社,2012年。

⑨ 胡忠恒、陶锡珍:《台湾现生贝类彩色图鉴》,自然科学博物馆,1995年。

⑩ 吉良哲明:《原色日本贝类图鉴》,保育社,1959年。

⑪ 李宝泉:《中国海塔螺科系统分类学和动物地理学研究》,博士学位论文,中国科学院海洋研究所,2006年。

⑫ 李凤兰、林民玉:《中国近海笋螺科的研究》,《海洋科学集刊》1999年第10期。

⑬ 李海涛、何薇、周鹏等:《伶鼬榧螺 Oliva mustelina 的分子鉴定及其形态变异》,《海洋学报》2015年第4期。

⑭ 刘春芳:《中国近海蚶总科贝类的系统发育及泥蚶不同群体遗传多样性研究》,硕士学位论文,中国科学院研究生院,2014年。

数（Y）、Margalef 物 种 丰 富 度 指 数（D）、Shannon-Wiener 多样性指数（H'）、Pielou 均匀度指数（J'）和群落相似性 Sorenson 指数（Cs）生物多样性和群落相似性的计算；对软体动物群落的相似性，分别运用等级聚类（CLUSTER）和非度量多维标度（MDS）对各层群落进行分析。

二　调查结果

1.沉积层中的海洋无脊椎动物残骸的种类组成。

在"南海Ⅰ号"沉船遗址沉积层中，分离和采集到动物标本共计 1,052,478 号，分属 5 门（刺胞动物门、环节动物门、软体动物门、节肢动物门和棘皮动物门），7 纲（珊瑚纲、多毛纲、腹足纲、掘足纲、瓣鳃纲、甲壳纲和海胆纲）（表 9-1），具体种类名录见本章后表 9-11；其中软体动物共计 1,041,807 号，分属 91 科 290 种（含 33 个未定种）。

2.沉积层中软体动物的区系分布。

在"南海Ⅰ号"沉船遗址沉积层中采集到的软体动物标本共有 290 种（其中有 33 个未定种，未能确定其分布海域）（见本章后表 9-11），其区系分布见表 9-2。

在全部已鉴定出的种类中，其中仅分布于南海海区的软体动物标本共 124 种，占已鉴定种类的 48.25%。这些种类为热带种，多分布于福建、台湾以南的沿海、在动物地理学上属长江以南中国大陆近海区中的南海（北部）亚区，一般不越过台湾海峡以北进入东海，常见有带凤螺、网纹扭螺和中华鸟蛤等。分布于东海和南海海域的软体动物标本 86 种，占已鉴定种类的 33.46%。这些种类为亚热带种，多分布在长江口以南，海南岛北岸以北、动物地理学上属长江以南中国大陆近海区，常见有棒锥螺、习见赤蛙螺和波纹巴非蛤等。标本中还包括了在我国南北沿海地区均有分布的软体动物 38 种，占已鉴定种类的 14.79%。这些种类对海水的盐度和温度有较广的适应范围，常见有甲虫螺、中国笔螺和近江牡蛎等。另外，也采集到横山廉玉螺、环肋笔螺、布尔小笔螺、杰氏裁判螺、尖光梯螺、中国蛤蜊、猫爪牡蛎、栉孔扇贝和薄壳和平蛤等 9 种温带软

⑮ 马绣同、张素萍：《中国近海玉螺科的研究Ⅰ玉螺亚科和四新种》，《贝类学论文集（第四辑）》，青岛海洋大学出版社，1993 年。

⑯ 唐以杰、林炜、崔雪文：《广东上川岛潮间带软体动物的分布》，《动物学杂志》2004 年第 3 期。

⑰ 唐以杰、林炜、陈明旺等：《广东海陵岛沿海软体动物的分布》，《华南师范大学校报（自然科学版）》2005 年第 1 期。

⑱ 王如才：《中国水生贝类原色图鉴》，浙江科学技术出版社，1988 年。

⑲ 徐凤山：《中国海双壳类软体动物》，科学出版社，1997 年。

⑳ 杨静文、张素萍：《中国近海织纹螺科系统分类研究的现状与展望》，《海洋科学》2009 年第 10 期。

㉑ 杨文、蔡英亚、邝雪梅：《中国南海经济贝类原色图谱》，中国农业出版社，2013 年。

㉒ 张素萍：《中国海洋贝类图鉴》，海洋出版社，2008 年。

㉓ 张素萍：《中国近海肋脊螺科的研究》，《海洋科学集刊》1997 年第 10 期。

㉔ 张素萍、张福绥：《中国近海荔枝螺属的研究（腹足纲：骨螺科）》，《海洋科学》2005 年第 8 期。

㉕ 张树乾、张素萍：《中国近海蛾螺科系统分类学研究现状与展望》，《海洋科学》2014 年第 1 期。

㉖ 张玺、齐钟彦、李洁民等：《南海的双壳类软体动物》，科学出版社，1960 年。

㉗ 张玺、齐钟彦、张福绥等：《中国海软体动物区系区划的初步探究》，《海洋与湖沼》1963 年第 2 期。

㉘ Serge A, Andrew B, Laureline C, *et al.*, *Spread of the green snail Turbo marmoratus in French Polynesia 45 years after its introduction and implications for fishery management*. Ocean & Coastal Management, 2014, 96: 42–50.

表 9-1 沉积层中的海洋无脊椎动物统计

类群	个体数	种类数
腹足纲（Gastropoda）	476291	146
掘足纲（Scaphopoda）	6991	4
瓣鳃纲（Lamellibranchia）	558525	140
甲壳纲（Crustacea）	10442	2
海胆纲（Echinoidea）	28	2
多毛纲（Polychaeta）	180	1
珊瑚纲（Anthozoa）	21	1
合计	1052478	296

表 9-2 沉积层中软体动物的区系分布

区系类型	种类数	占比（%）	代表种
热带种（*tropical*）	124	48.25	带凤螺、网纹扭螺、中华乌蛤
亚热带种（*subtropical*）	86	33.46	棒锥螺、习见赤蛙螺、波纹巴非蛤
广温广布种（*polytopic*）	38	14.79	甲虫螺、中国笔螺、近江牡蛎
温带种（*temperate*）	9	3.50	环肋笔螺、尖光梯螺、中国蛤蜊

体动物种，占已鉴定种类的 3.50%，这些种类在沉积层中偶有出现，数量极少。它们的野生种群在我国的主要栖息地为黄海和渤海。

3. 沉积层中软体动物的常见种和稀有种。

在“南海 I 号”沉船遗址沉积层所有软体动物个体中，联珠蚶为绝对优势种，西格织纹螺为优势种，二者数量之和占沉积层软体动物总个体数的 54%。常见种（个体数量占比 1% 以上）按个体数量大小排列依次为：习见赤蛙螺、三角凸卵蛤、假奈拟塔螺、中国小铃螺、白龙骨乐飞螺、褐玉螺、棕栉毛蚶、乳玉螺和近江牡蛎，其中习见赤蛙螺的个体较大，玉螺多为幼龄个体（图 9-1）。

a. 联珠蚶 (*Anadara consociate*)；b. 习见赤蛙螺 (*Burfonaria rana*)；c. 三角凸卵蛤 (*Pelecyora trigona*)；d. 假奈拟塔螺 (*Turricula nelliae spurius*)；e. 中国小铃螺 (*Minolia chinensis*)；f. 白龙骨乐飞螺 (*Lophiotoma leucotropis*)；g. 褐玉螺 (*Natica vitellus*)；h. 棕栉毛蚶 (*Didimacar tenebrica*)；i. 乳玉螺 (*Polynices mammata*)；j. 近江牡蛎 (*Crassostrea ariakensis*)

除此之外，某些软体动物仅偶见，个体总数极少（个体数量小于 10 个），如：中华楯蝛、鼠眼孔蝛、银口凹螺、美丽丽口螺、尾嵌线螺、管角螺、厚角螺、舟蚶、泥蚶、粒帽蚶、隆起隔贻贝、毛卵乌蛤、粗糙乌蛤、强棘栉乌蛤、陷月乌蛤、狄氏斧蛤、小刀蛏、对角蛤、日本镜蛤、奋镜蛤、巧环楔形蛤、日本杓蛤和新加坡帚形蛤等，这些种类多为潮间带习见种或其他海域习见种。这些稀有种的出现可能与洋流运动有关[①,②]。

① 陈耀泰：《珠江入海泥沙的浓度和成分特征及其沉积扩散趋势》，《中山大学学报（自然科学版）》1991 年第 1 期。

② 应铁甫：《粤西沿岸流及其沿岸沉积》，《中山大学学报（自然科学版）》1999 年第 3 期。

图 9-1 "南海 I 号"沉积层中常见的软体动物

a. 联珠蚶 (*Anadara consociate*) b. 习见赤蛙螺 (*Burfonaria rana*) c. 三角凸卵蛤 (*Pelecyora trigona*) d. 假奈拟塔螺 (*Turricula nelliae spurius*) e. 中国小铃螺 (*Minolia chinensis*) f. 白龙骨乐飞螺 (*Lophiotoma leucotropis*) g. 褐玉螺 (*Natica vitellus*) h. 棕栉毛蚶 (*Didimacar tenebrica*) i. 乳玉螺 (*Polynices mammata*) j. 近江牡蛎 (*Crassostrea ariakensis*)

表9-3　沉积层中软体动物的垂直分布

层位	个体数	占比（%）	分布密度	种类数
1	634	0.06	28156	36
2	200908	19.28	25733	247
3	480735	46.14	36902	275
4a	332735	31.94	22892	264
4c	26796	2.57	19209	181
合计	1041807	100.00	28320	290

4.沉积层中软体动物（含未定种）的分布情况。

表9-3列出了软体动物在沉积层中的垂直分布，结果显示自最底层（第4c层）至最表层（第1层），底栖软体动物的丰度、分布密度以及物种丰富度均表现为：先升高后下降，最高值出现在第3层；表明软体动物群落早期的逐渐繁荣和后期的逐渐衰落。

在水平方向上自船首（T0101、T0102）至船尾（T0601、T0602），底栖软体动物的丰度、分布密度以及物种丰富度的整体表现为：船体首尾两侧数值均较低，中部出现高值；表明软体动物集中栖息于船体中部各探方（表9-4）。

其中，船体右侧（T0101～T0601）中部（T0301）在丰度、分布密度以及物种丰富度上均稍低于周围各探方（T0201、T0401和T0302）；船体左侧（T0102～T0602）在丰度和

物种丰富度方面表现与遗址整体基本一致，但分布密度自中前部的T0202向船体后侧（T0602）逐步递减。软体动物个体数量的最大值出现在探方T0302，分布密度最高值出现在探方T0202，物种种类最多的探方为T0201。此外，探方T0401、T0402在丰度、物种丰富度和分布密度上也表现出较高的值。低值分布区域主要为船体首尾两侧（T0101、T0102，T0501、T0502、T0601和T0602），这些区域部分暴露于船体之外，多细小的砂石，所包含的贝类多体型较小或为幼贝，如构形小囊蛤、玉螺幼体等。

5.沉积层中软体动物（含未定种）的优势种及物种多样性变化。

在垂直方向上：根据优势种（Y>0.02）和绝对优势种（Y>0.1）的定义[1]~[5]，"南海I号"沉船遗址沉积层中，各层的优势种分布如表9-5所

[1] Clarke K R. *Non-parametric multivariate analyses of changes in community structure*. Australian Journal of Ecology, 1993, 18(1): 117–143.

[2] Olsgard F, Somerfield P J, Carr M R. *Relationships between taxonomic resolution and data transformations in analyses of a macrobenthic community along an established pollution gradient*. Marine Ecology Progress Series, 1997, 149(3): 173–181.

[3] 徐兆礼、陈亚瞿：《东黄海秋季浮游动物优势种聚集强度与鲐鲹渔场的关系》，《生态学杂志》1989年第4期。

[4] 安传光、赵云龙、林凌等：《崇明岛潮间带夏季大型底栖动物多样性》，《生态学报》2008年第2期。

[5] Farina A C, Freire J, Gonazlez E. *Demersal Fish assemblages in the Galician Continental shelf and upper slope (NW Spain): spatial structure and longterm changes. Estuarine*, coastal and shelf science, 1997, 44: 435 — 454.

表9-4　沉积层中软体动物的水平分布

探方	个体数	占比（%）	分布密度	种类数
T0101	36432	3.52	27444	188
T0201	172455	16.67	35984	253
T0301	91298	8.82	30509	221
T0401	137007	13.24	39540	232
T0501	97701	9.44	17096	240
T0601	8578	0.83	10033	148
T0102	34713	3.35	15125	180
T0202	62442	6.03	40811	201
T0302	181231	17.51	39484	229
T0402	125730	12.15	33867	232
T0502	79067	7.64	16895	229
T0602	8178	0.79	15144	153
合计	1034829	100.00	28355	290

示。自沉积物底层（第4c层）至表层（第2层），年代由远及近，各层软体动物群落的优势种较为稳定，均为联珠蚶和西格织纹螺，且各优势种的优势度较为稳定；在第1层沉积物中，习见赤蛙螺为新出现的优势种。

各多样性指数的分析结果表明（表9-6），在自然沉积中，自底层（第4c层）至表层（第2层），软体动物群落多样性较高，波动范围较小，但有降低的趋势。

在水平方向上软体动物优势种分布及变化如表6所示。自船体前侧至后侧，各群落优势种表现稳定，除探方T0602（船体外侧左后方）之外，均为联珠蚶和西格织纹螺，且各优势种的优势度较为稳定；T0602中优势种仅有联珠蚶一种。

多样性指数比较分析结果表明（表9-6），自沉箱前侧至后侧，软体动物群落的H'和J'表现基本一致，均为先降低后升高，左右两侧的最低值分别出现在中部的探方T0302和T0301，最高值分别出现在船体之外后方的T0602和T0601，但右侧中前部T0201的H'稍高于其前侧的探方T0101。D表现为：在船体部分（T0101 ~ T0501和T0102 ~ T0502）逐渐增加，但右侧中前部T0201出现最高值，在船体之外后方（T0601和T0602）出现最低值。

6. 各层沉积物中软体动物（含未定种）群落的相似性。

在垂直方向上各沉积层中软体动物群落的相似性表明：自第4c层到第2层，各层相互之间相似性指数均较高；第4c层与其他各层的群落相似性稍小；第1层与其他各层的群落相似性指数较低（表9-7）。

为了进一步分析各沉积层中软体动物群落的相似性，分别运用等级聚类（CLUSTER）和非度量多维标度（MDS）对各层群落进行分析。

等级聚类分析结果显示：自第1层至第4c层可以分为3支，其中第2层、第3层和第4a层聚为1支；第4c层的距离稍远，单独1支；第1层与整体距离最远，单独1支（图9-2）。

表 9-5 沉积层中软体动物的优势种及生物多样性的垂直变化

层位	种类数	H'	D	J'	优势种	优势种占比（%）
1	36	3.10	5.43	0.60	联珠蚶、西格织纹螺、习见赤蛙螺	72
2	247	3.64	20.15	0.46	联珠蚶、西格织纹螺	56
3	275	3.71	20.94	0.46	联珠蚶、西格织纹螺	54
4a	264	4	20.68	0.50	联珠蚶、西格织纹螺	50
4c	181	3.94	17.65	0.53	联珠蚶、西格织纹螺	51

注：H'：Shannon-Wiener 多样性指数；D：Margalef 物种丰富度指数；J'：Pielou 均匀度指数

表 9-6 沉积层中软体动物的优势种及物种多样性的水平变化

探方	种类数	H'	D	J'	优势种	优势种占比（%）
T0101	188	3.65	17.80	0.48	联珠蚶、西格织纹螺	56
T0201	253	3.71	20.90	0.46	联珠蚶、西格织纹螺	54
T0301	221	3.62	19.26	0.46	联珠蚶、西格织纹螺	56
T0401	232	3.83	19.53	0.49	联珠蚶、西格织纹螺	53
T0501	240	4.07	20.80	0.51	联珠蚶、西格织纹螺	49
T0601	148	4.16	16.23	0.58	联珠蚶、西格织纹螺	44
T0102	180	3.67	17.12	0.49	联珠蚶、西格织纹螺	55
T0202	201	3.70	18.11	0.48	联珠蚶、西格织纹螺	54
T0302	229	3.53	18.83	0.45	联珠蚶、西格织纹螺	57
T0402	232	3.80	19.67	0.48	联珠蚶、西格织纹螺	53
T0502	229	4.00	20.22	0.51	联珠蚶、西格织纹螺	49
T0602	153	4.20	16.87	0.58	联珠蚶	32

注：H'：Shannon-Wiener 多样性指数；D：Margalef 物种丰富度指数；J'：Pielou 均匀度指数

表 9-7 不同沉积层中软体动物群落的相似性

层位	1	2	3	4a
2	25.44			
3	23.15	91.95		
4a	24	93.15	93.51	
4c	32	83.65	78.95	81.35

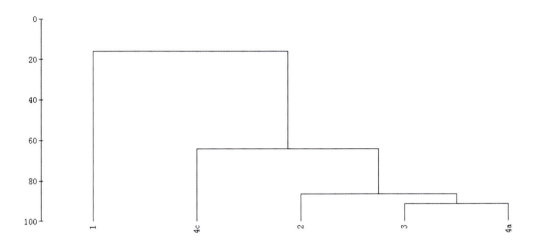

图 9-2　"南海 I 号"不同沉积层中软体动物群落的聚类分析

非度量多维标度分析结果表明各层沉积物大致聚为 3 群，其中第 2 层、第 3 层和第 4a 层聚集图片的左下角；第 4c 层单独分布于图中的正上方，第 1 层单独分布于图中的右下角（图 9-3）。

压力系数（stress）为 0，远小于 0.1，表明 MDS 分析结果吻合度非常好[1]。

各层位之间的距离代表着彼此相似性高低，距离越近则相似性越高。

水平方向上各探方间的群落相似性分析显示：船体部分各探方之间群落相似性较高；船首两个探方 T0101、T0102 与船体其他探方的群落相似性稍低；船体外侧后方的两个探方 T0601、T0602 与其他探方之间的群落相似性较低（表 9-8）。

分别运用等级聚类和非度量多维标度对各探方群落进行分析。

等级聚类分析结果表明各探方中的软体动物群落可以分为 3 支：其中沉箱最南端的 T0101 和 T0102 聚为 1 支，最北端的 T0601 和 T0602 聚为 1 支，其余各探方聚为 1 支；船体外侧的探方 T0601 和 T0602 与各探方距离最远（图 9-4）。

非度量多维标度分析可明显观察到各探方大致聚为 3 群，其中 T0101 和 T0102 分布于图的中央；T0601 和 T0602 分布于图的右侧；其余各探方聚集于图的左侧（图 9-5）。

压力系数为 0.01，小于 0.1，表明分析结果的吻合度比较好[2]。

7. 沉积层中软体动物（不含未定种）的生态类型分布。

"南海 I 号"沉船遗址所处海域底质以软泥和泥砂质为主，船体的沉没对原有的底质环境产生了较大的扰动，船体本身和逐渐形成的凝结物为某些营附着生活、钻孔生活的贝类和污损生物提供了较好的栖息环境。底栖生物的分布及种类组成，与其栖息环境关系密切，其中最重要的影响因素分别为盐度、温度和底质环境类型。

在"南海 I 号"沉船遗址所处的沉积层环境中，各探方的底质环境类型在局部略有不同。在所有已鉴定的软体动物种类中，绝大多数种类为营底栖生活，仅有 2 种营浮游生活（表 9-9）。

[1]　Clarke K R & Warwick R M. *Change in Marine Communities: An Approach to Statistical Analysis and Interpretation*. UK: Plymouth Marine Laboratory, 1994.

[2]　同注[1]。

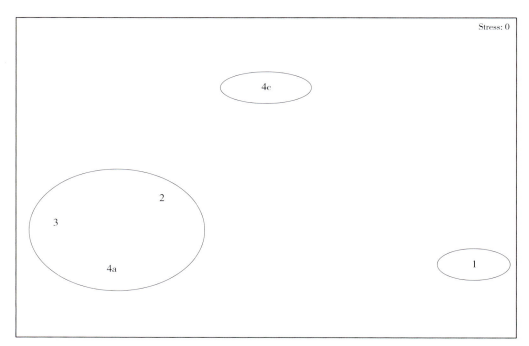

图 9-3 "南海I号"不同沉积层中软体动物群落的 MDS 分析

（压力系数为 0，远小于 0.1，表明 MDS 分析结果吻合度非常好；

各层位之间的距离代表着彼此相似性高低，距离越近则相似性越高）

表 9-8 各探方中软体动物群落的相似性

探方	T0101	T0102	T0201	T0202	T0301	T0302	T0401	T0402	T0501	T0502	T0601
T0102	88.59										
T0201	81.63	82.22									
T0202	85.86	87.14	86.34								
T0301	83.13	85.79	90.30	87.20							
T0302	84.41	87.04	90.87	88.84	92						
T0401	86.19	85.44	91.96	89.15	89.62	91.11					
T0402	83.81	85.44	91.96	88.22	88.74	91.54	90.52				
T0501	82.71	83.33	92.49	86.62	88.50	91.26	91.53	89.83			
T0502	85.85	83.62	90.87	87.91	88.89	91.27	91.54	89.37	91.68		
T0601	76.79	78.05	72.32	76.79	75.88	75.33	76.32	74.21	76.29	77.98	
T0602	77.42	78.08	74.38	76.84	79.14	77.49	77.40	76.88	77.35	79.06	83.06

　　软泥质海底（O）：生活在泥质或泥砂质海底中的软体动物种类较多，共 136 种，占全部软体动物种类总数的 52.92%，常见的种类有中国

小铃螺、棒锥螺、长白樱蛤等。

　　砂质海底（S）：生活在砂或砂泥底质中的软体动物共 115 种，占所有软体动物种类总数的

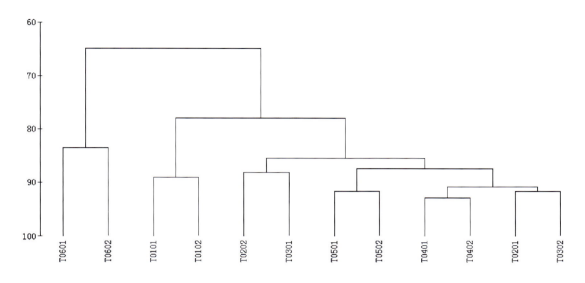

图 9-4 "南海 I 号"不同探方中软体动物群落的聚类分析

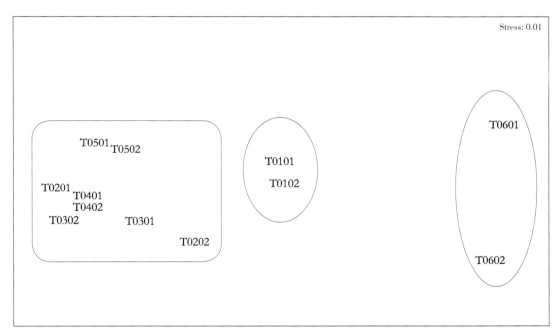

图 9-5 "南海 I 号"不同探方中软体动物群落的 MDS 分析

（压力系数为 0.01，小于 0.1，表明分析结果的吻合度比较好）

44.75%，常见的种类有伶鼬榧螺、西格织纹螺、大竹蛏等。

砾石质海底（G）：生活在砾石底质的软体动物种类较少，共 16 种，仅占所有软体动物种类总数的 6.23%，常见的种类有布尔小笔螺、单齿螺和波纹巴非蛤等。

岩礁质海底（R）：生活于岩礁质海底的软体动物共 63 种，占所有软体动物种类总数的 24.51%，常见的种类有紫口拟枣贝、覆瓦小蛇螺、笠帆螺等。

凿石穴居（BS）：仅有卵形马特海笋和短石蛏 2 种。

表9-9 沉积层中软体动物的生态类型分布

生态类型	种类数	占比（%）	代表种
软泥质（ooze）	136	52.92	中国小铃螺、棒锥螺、长白樱蛤
砂质（sand）	115	44.75	伶鼬榧螺、西格织纹螺、大竹蛏
砾石质（gravel）	16	6.23	布尔小笔螺、单齿螺、波纹巴非蛤
岩礁质（rock）	63	24.51	紫口拟枣贝、覆瓦小蛇螺、笠帆螺
凿物穴居（burrow）	3	1.17	马特海笋、卵形马特海笋、短石蛏
浮游生活（planktonic）	2	0.78	长吻龟螺、长海蜗牛

表9-10 沉积层中软体动物生态类型的变化

层位	O（%）	S（%）	R（%）	G（%）	其他（%）
1	75	50	11.11	5.56	0
2	47.66	41.59	24.30	5.61	1.40
3	53.53	43.15	24.90	5.81	1.66
4a	55.79	45.49	23.18	5.15	0.43
4c	62.03	39.87	22.78	5.70	1.27

注：R：岩礁质海底；G：砾石质海底；O：软泥或泥砂质海底；S：砂或砂泥质海底

凿木穴居（BW）：仅有马特海笋1种；但在船体的木材（尤其是暴露于海水之中的船木）中还发现了大量白色的石灰质薄管，推测应该是船蛆科（Teredinidae）软体动物活动之遗留，但尚未发现其贝壳。

营浮游生活（P）：仅发现了长海蜗牛和长吻龟螺2种营浮游生活。

部分种类的生境具有多样性，可在多种底质环境中有较好的生存状况。

虽然各层沉积物中的底栖动物群落均以软泥质和砂泥质种类为主，但各生态类型的具体分布仍所不同，其中以岩礁质海底为主要栖息地的种类在底部各层所占比例呈升高趋势，具体变化列于表9-10。

三 结果分析

1. 沉船遗址沉积层中软体动物的区系归属。

在"南海Ⅰ号"沉船遗址沉积层中发现的软体动物以生活在南海的热带—亚热带种为主，占所有已鉴定种类的48.25%，有较大优势；其次为分布于东海和南海的亚热带种，占已鉴定种类的33.46%；再次为全国南北沿海各地均有的广温广布种；而主要分布于黄、渤海的温带种较少，仅占总物种数的3.50%，且这些种类的个体数量均极少。这与"南海Ⅰ号"沉船沉没点位于暖水海洋生物区，属于长江口以南至海南岛北部间近海区的动物地理学划区吻合，生存的底栖动物表现为热带—亚热带种类性质。

2. 沉船遗址沉积层与附近海域软体动物种类组成的对比分析。

在"南海I号"沉船遗址沉积层中采集到的软体动物优势种及常见种与珠江口及其以西海域的种类组成基本相符，热带种类的性质较强，与粤东海域的种类组成存稍大差异，说明了沉船遗址所处海域的局部海洋环境总体上相对长期稳定。

沉船遗址所处海域临近的上、下川岛以及海陵岛的潮间带软体动物主要种类有：渔舟蜒螺、单齿螺、黑凹螺、粒花冠小月螺、珠带拟蟹守螺、黄口荔枝螺、节织纹螺、舟蚶、泥蚶、豆斧蛤、团聚牡蛎和菲律宾蛤仔等，这与沉船遗址中的稀有种和少见种也基本吻合。

3.沉船遗址沉积层中软体动物的空间分布差异。

在垂直方向上，各沉积层中软体动物群落丰度较大，种类丰富，优势种类稳定，群落结构较为复杂，群落相似性较大，多样性水平较高，由底层至表层呈下降趋势，底部各层的物种分布较上层均匀，可能的原因为上层受到渔业活动、水下调查等人为扰动较多。

第4c层深约0.45～1.9米，厚约0.1~0.42米，与船体最密切，为船体沉没早期的海底淤积层，其下方为船体和船货，其上方为片状分布的凝结物，生活空间有限。该层采集到的软体动物中有62.03%的种类可较好的适应软泥质的底栖环境，群落多样性较高，J'表现最好，但分布密度和物种丰富度呈现为低值，底栖软体动物以体型较小的种类或幼体为主，如杓形小囊蛤、圆筒原盒螺、棒形棱角贝、玉螺幼体等，表明当时的底栖环境并不理想。该层与船体上方各层之间软体动物群落的相似性较低，说明其沉积环境与上层有所差异。

第4b层为凝结物，深约0.40～1.74米，厚约0.05～0.58米，分布的海洋生物残骸较少，

多与凝结物黏结在一起，难以分离。本层相当于一个空间屏障，将第4c层与第4a层隔开，使得两层的软体动物群落相似性表现低，软体动物个体差异大，并导致第4c层中大量幼体死亡。凝结物数量多，重量大，覆盖在船体之上，防止了渔业拖网、非法盗捞对船体的破坏[1]。

第4a层深约0.52～1.7米，厚约0.05～0.34米，位于凝结物及船体之上，空间较第4c层更为开放。底栖生活的软体动物群落丰度和分布密度较大，物种丰富度较高，优势种类所占比例最低，使得多样性最高，均匀度较大，表明底栖类群开始聚集在此处生活，底栖环境比较适宜生存，已经逐渐恢复稳定。本层软体动物群落中，以岩礁质和砂质海底为主要栖息环境的种类开始增多，沉船的船体在一定程度上改变了原有的以软泥和泥沙为主的底质环境。自本层开始至沉积物表层，各层之间软体动物群落的相似性均较高，说明其沉积环境较类似，海洋沉降环境稳定。

第3层深约0.05~1.72米，厚约0.05~0.7米，底栖软体动物群落最为繁盛，其丰度和分布密度均达到最高值，H'虽略有下降，但仍保持较高水平。软体动物群落的繁盛表明，此时的底栖环境较为稳定，受外界因素干扰的影响较小，软体动物生存状况理想，使得贝壳可以充分生长，在本层中采集到的某些种类的体型大于现生个体。在本层所有软体动物种类中，可较好适应岩礁质底栖环境的种类占了1/4（24.90%）。这些现象暗示了沉没的"南海I号"在一定程度上起到了人工渔礁的作用[2]，丰富了原有的海洋底质环境，使得底栖软体动物群落中营附着或固着生活的种类增加。

第2层深约0.05～1.72米，厚约0.1~0.68

① 林唐欧：《"南海I号"沉船凝结物分析》，《中国文物科学研究》2016年第3期。
② Carlos J, Louis H, Antonis P, et al., Fouling Communitie of Two Accidental Artificial Reefs (Modern Shipwrecks) in Cyprus (Levantine Sea). Water, 2017, 9(1): 11.

米，为晚期沉积层，年代较近，属于遗址沉积层中自然沉积的最上端。由于"南海I号"沉船遗址所处海域自古以来既是渔场，又是海上贸易的重要航道，从古至今所受干扰不断，在第2层、第3层和第4层沉积物中发现有较多铅坠、石网坠、渔网等渔业活动遗留，鉴于第2层、第3层海泥在海底形成过程中及形成之后都是松软可穿透的，且第2层的软体动物丰度、物种丰富度及某些种类（如习见赤蛙螺）的体型小于第3层，故可推测近代以来愈发频繁的海洋航行及渔业拖拽活动导致底栖软体动物的种类、数量及个体大小均出现不同程度的下降。

第1层厚约0.05～1.68米，为人为回填的黄沙层，其中大部分贝类在挖掘之初被清理，样本数量有限。

在水平方向上各探方中软体动物群落丰度最高的探方为T0302，分布密度最大值出现在探方T0202，物种丰富度最高的探方为T0201，位于船体前侧和中部。结合前文关于层位的信息，探方T0302、T0202、T0201之中的软体动物残骸集中分布于第2层和第3层，表明船体中部第2层、第3层处沉积层在沉积过程中形成了适宜底栖贝类生活的海底环境，即以黄褐色海泥和灰褐色海泥为主的软泥质海底。此外，探方T0401、T0402在丰度、物种丰富度和分布密度上也表现出较高的值，这两个探方位于船体中后部，其软体动物主要集中在第3层和第4a层。自船体舱3（T0201、T0202）至舱13（T0401、T0402），软体动物的丰度、物种丰富度以及分布密度均较大。但船体中部的舱7～舱10（T0301、T0302）在各多样性指数方面表现出低于前后探方的趋势，H'为各探方最低，由此我们推测，可能是因为舱7是整船数量最多，面积最大，堆

放最高的一个船舱，其内堆放的船货为铁钉，铁质的锈蚀对软体动物的生存产生较大影响；而舱9和舱10在本次发掘之前可能受到过扰动[1]，这些扰动也一定程度上影响了软体动物的生存。

软体动物分布的低值区域主要为船首（舱1～舱2，T0101和T0102）、船尾（舱14～舱15，T0501和T0502）以及船尾外侧（T0601和T0602）。这些探方中多细小的砂石，或船舱内船货较少，或暴露于船体之外，或受现代渔业活动所扰，其栖息环境与船体沉没之前较接近，所包含的软体动物群落的丰度、物种丰富度和分布密度均较低，体型较小或为幼体，如杓形小囊蛤、玉螺等；但各多样性指数却表现较高，T0601、T0602的H'和J'更是达到各探方之最，这与其群落中优势种所占比例较低有关。通过群落相似性分析可知，船首及船尾外侧与船体各探方的相似性较差，表明它们底栖环境有所差异。此外，某些软体动物种类的个体数量在这些区域内发生了较大变化，如波纹巴非蛤在沉箱后部各探方（T0501、T0502、T0601和T0602）各层出现的频率均高于2%，甚至可达5%（T0502第3层），远高于在其他区域出现的频率（0.1%～1%），表现出较适宜波纹巴非蛤的生长环境（砂质海底）；斧光蛤蜊在探方T0101第3层的西北角（样方36，面积1立方米）个体数量达到311个，占比达到18.96%，为该样方之最，表明该探方区域非常适宜斧光蛤蜊的生长（细砂或泥质砂沉积环境）。

4. 沉船遗址沉积层中软体动物的生态类型分布差异。

不同沉积层中，软体动物的生态类型分布有所不同：自第4c层至第3层，各层软体动物群落均以生活在软泥质或砂泥质海底的物种为主，表明该海域的海洋环境总体稳定；但岩礁质种类

① Clarke K R & Warwick R M. *Change in Marine Communities: An Approach to Statistical Analysis and Interpretation.* UK: Plymouth Marine Laboratory, 1994.

在各群落中所占比例呈上升趋势，这可能得益于船体沉没之后相当于人工渔礁，形成了一个巨大的水下固定基质，使得海底的栖息环境多样，为某些营附着生活的海洋植物、海洋动物或海水中漂浮的面盘后期幼虫（已发育出爬行器官）提供了便于附着的场所；船体沉没之后，其周围环境的海流强度、方向以及沉积物大小都会受到影响，有机物质的沉积作用会有所增强[1]，同时沉船对洋流有着屏障作用，会产生上升流，从而带来丰富的营养[2]，增加了船体周围附着生物的丰度。自第3层至第2层，岩礁质生活的物种数目所占比例有所下降，表明沉船遗址趋于恢复原有的软泥质底栖环境。

四 初步结论

通过对采自沉船遗址沉积层中的各类动物残骸的鉴定和计数，以及应用生态学分析，可以得到以下初步结论：

1. 海洋生物的种类与分布。

"南海 I 号"沉船遗址沉积层中的海洋生物残骸数量丰富，种类多样，以软体动物（腹足纲、掘足纲和双壳纲）为主，占98.9%，其余依次为甲壳纲、多毛纲、海胆纲和珊瑚纲。"南海 I 号"古船沉没位点属于暖水海洋生物区，印度—西太平洋区的中国—日本亚区，在我国则属于长江以南沿中国大陆近海的亚热带海区，采集到的底栖动物残骸表现为热带—亚热带种类性质，优势种和常见种都属于热带种或亚热带种，稀有种及少见种则多分布于其他海域或生境条件。"南海 I 号"沉船遗址沉积层中软体动物群落丰度较大，种类丰富，部分区域内软体动物的分布受到船体、船

货、渔业活动、水下调查等的影响，在垂直方向上群落表现为先繁盛后衰落，多样性自底层至表层呈下降趋势，在水平方向上软体动物集中分布于船体中部。船体沉没之后扰动了原有底栖环境，丰富了底质类型，在一定程度上促进了底栖软体动物群落的繁衍，但伴随海洋颗粒的沉积，海底趋于恢复原有的泥砂质地貌，底栖软体动物群落开始衰落，以岩礁质海底和砾石质海底为主要栖息场所的软体动物所占比例表现为先上升后下降。

2. 遗址沉积物对沉船及文物保存的影响。

"南海 I 号"古船沉没之后，船体底部及下层被海底淤泥迅速掩埋，使得这一部分船体暴露于海水之中的时间较短，从而得到较好的保存，部分木材仍坚硬如新，而船体甲板之上的木质建筑坍塌散落，暴露于海水之中，木材遭到极大的破坏，表明沉积物对沉船及文物的保存有着积极意义。

沉积作用形式的变化一般可以通过沉积物频率曲线的峰型变化进行推测和判断。自沉积层底层至表层，砂质颗粒所占比例逐层递减，由第4a层的71.55%降至第2层的1.02%；粉砂质和黏土质颗粒所占比例则逐层递增。其沉积颗粒的粒径频率曲线（图9-6）表明，产生砂质沉积的作用力逐渐减弱，在沉积物表层几乎消失殆尽；而产生粉砂质和黏土质沉积的作用力在逐渐增强。鉴于沉船位点离岸较远，且附近少有较大的河流注入，而土壤样品的采集点相距较近，基本处于同一垂直面，推测第4a层出现的砂质粒级峰为沉船扰动海底造成，遗址所处海域以粉砂质和黏土质沉积为主，沉积颗粒较小，在沉船带来的扰动停止后，逐渐开始恢复原有海底地貌。

由于海底沉积物是包含固相沉积颗粒和液相间隙水的非均匀组合，所以可能会形成沉积物—

① Ambrose R F & Anderson T W. *Influence of an artificial reef on the surrounding infaunal community*. Journal of Biology, 1990, 107(3): 41–52.

② Leitão F. *Artificial reefs: From ecological processes to fishing enhancement tools*. Oceanogr, 2013, 61: 77–81.

间隙水电池，从而产生腐蚀作用。沉积颗粒的粒径越小，沉积层整体结构就越致密，电阻率就越高，腐蚀作用也就越弱。"南海 I 号"沉船遗址的各层沉积物粒径较小，对于海水渗透有较好的阻隔性，腐蚀作用较小，尤其是底层（第 4a 层）沉积物作为船体沉没之后的最早掩体，有效地隔离了海水和海洋生物的侵蚀作用，以及电化学作用。与本调查同步进行的，利用电子和光学显微镜对"南海 I 号"埋藏于淤泥之下的船木细胞结构的观察研究表明了该沉船主要木质部件各细胞之间连接紧密，很少观察到有微生物侵蚀过的痕迹，而暴露于海水中的木材则相反，这说明早期的淤泥掩埋对于船体能在海洋环境中得到较好的保存起了重要作用。

3. 沉船遗址的环境变迁。

遗址所处海域原有海洋底质以软泥和泥砂质为主，各沉积层中软体动物群落丰度较大，物种丰富，多样性水平高，除第 4c 层外，其余各层之间的群落相似性较高，表明海洋环境整体稳定，与海洋生物生存息息相关的海洋条件（如温度、盐度、pH 和溶解氧等）未有较大波动。由沉积物底层到表层，软体动物的群落多样性表现出弱的下降趋势，沉积颗粒的组成也又粗变细，海底环境趋于恢复原有的软泥和泥砂质地貌。

船体沉没时，对原有的海底淤泥产生了挤压，

由于原有底质以软泥为主，加上船体自身重量，船体大部分陷入软泥之内，船体甲板之下及船货多被软泥覆盖；船体部分货物沉没时散落于淤泥之上，在电化学作用和海洋生物的侵蚀作用下逐渐形成凝结物。在船体沉没的这一过程中，海洋底栖动物的生存空间被压缩，再加上凝结物周围的电化学反映，局部环境中原有的稳定状态被破坏，造成贝类幼体死亡。船体沉没之后的一段时间里，底层洋流受到屏障作用，在船体部分产生弱的上升流，带来浮游动物和有机质颗粒的增加，以及浮游植物生产力的提升，使得局部海水溶氧有所增加，加速了凝结物的形成；同时也带来了底栖动物群落的繁荣多样。此后，伴随着海洋颗粒和有机质的沉降，沉积物逐渐增厚，底栖环境较为理想，海水中各因子趋于稳定，动物群落在原有基础上得到较好发展，此时海底受外来因素的干扰较少，船体基本已被完全掩埋，凝结物仍暴露于海底淤泥之上。至 1987 年发现沉船时，海底沉积物较厚，部分区域已近 2 米，海底开始逐渐恢复原本的软泥质栖息环境，淤泥覆盖了遗址大部分区域，但仍有凝结物暴露于海床表面，且上面挂了较多的渔网，表明遗址受渔业活动扰动较大，同时凝结物有效地保护了其下的文物不被拖网作业破坏。

4. 依据沉积物包含信息对古船沉没时间的

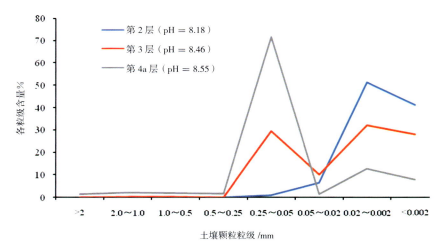

图 9-6 各沉积层沉积颗粒的粒径频率曲线

推测。

船体沉没之后，部分船货形成凝结物，在底层船货与凝结物之间形成空间有限的 4c 层，其中包含有数量较多的幼贝，如玉螺幼体。由于凝结物的形成方式为电化学腐蚀，腐蚀过程中会导致周围环境的 pH、溶解氧、电解质、活性盐等因子发生改变，加之空间有限，推测幼贝的死亡与凝结物的形成相关。凝结物周围分布的玉螺幼体，壳长大多为 5 ~ 8 毫米，而正常的成年玉螺壳长在 45 毫米左右。玉螺的产卵期为 5 ~ 9 月，水温达到 16℃ 以上就可以产卵，胚胎发育的适宜盐度为 32‰，水温范围为 20 ~ 25℃，历经 10 ~ 15 天即可由受精卵发育成为匍匐幼虫（体长 >0.5 毫米）。在条件适宜、饵料充足的情况下，幼贝的日均增长率为 4.41% ~ 9.25%。依据玉螺幼体的成长史，由受精卵生长至壳长 5 毫米需要 2 ~ 3 个月，可知这部分玉螺幼体死亡的大致月份为 7 ~ 12 月。

在蒸汽机发明之前，古代航海依靠的动力主要为风帆和洋流，我国沿海地区季风性气候显著，主要为夏季的偏南季风和冬季的东北季风。我国东南沿海位于副热带，其季节转换相对较早，受冬季风影响的主要时段为 11 月至次年 3 月，其中 12 月至次年 1 月风力最盛；加之东南沿海在冬季南向的沿岸流以及伴随季风而来的漂流作用，冬季为古时船只出航南下的较好时间。在福建泉州发现的南宋祈风石刻是古人对举祈行风的记载，其中关于"遣舶祈风"的描述有"冬十月""季冬朔""闰月廿有四日""十有一月庚申""仲冬二十有一日""仲冬下澣"和"南至后十日"等，即出航时间为 11 月至 12 月。明代郑和历次下西洋的往返时间的统计结果显示郑和船队 7 次出航的时间范围为 10 月至 12 月 9 日，多集中于 12 月。泉州祈风石刻和郑和下西洋的相关资料中关于船只出航时间的记述均符合古代"北风航海南风回"的一般规律，"南海 I 号"的出航时间也应与其相符，大致为 11 月至 12 月，结合凝结物周围玉螺幼体的死亡情况，推测其沉没时间约为 11 月至 12 月。

"南海 I 号"沉没位置位于川山群岛海域西南方，依据近年来对川山群岛海域的沉积学研究结果，川山群岛近海海域的现代沉积速率约为 0.30cm/a，在下川岛西侧远离海岛的海域沉积速率更低；结合船体遗址上层近 2 米厚的沉积物分析，沉没时间应大于 700 年。这与"南海 I 号"沉船属于我国南宋时期（1127 ~ 1278 年）的商船这一判断基本吻合。考虑到"南海 I 号"沉没位置距岸较远，加之淘蚀效应和底层洋流水动力的影响，利用沉积速率进行断代的有效性尚待进一步研究。

表 9-11 "南海 I 号"沉积层中海洋无脊椎动物名录

序号	种类	序号	种类
1	中华楯螺 *Scutus sinensis* (Blainville, 1825)	5	单齿螺 *Monodonta labio* (Linnaeus, 1758)
2	鼠眼孔螺 *Diodora mus* (Reeve, 1850)	6	中国小铃螺 *Minolia chinensis* (Sowerby, 1888)
3	史氏背尖贝 *Notoacmea schrenckii* (Lischke, 1868)	7	美丽丽口螺 *Calliostoma formosense* (Smith, 1860)
4	银口凹螺 *Chlorostoma argyrostoma* (Gmelin, 1791)	8	项链螺 *Monilea callifera* (Lamarck, 1822)

续表 9-11

序号	种类	序号	种类
9	马蹄螺（未定种）*Trochus* sp.	26	展凤螺 *Strombus dilatatus swainsoni* (Reeve, 1850)
10	节蝾螺 *Turbo bruneus* (Roding, 1798)	27	凤螺（未定种）*Strombus* sp.
11	渔舟蜑螺 *Nerita albicilla* (Linnaeus, 1758)	28	横山廉玉螺 *Lunatia yokoyamai* (Kuroda & Habe, 1952)
12	齿舌拟蜑螺 *Neritopsis radula* (Linnaeus, 1758)	29	扁玉螺 *Glossaulax didyma* (Roeding, 1798)
13	麂眼螺科（未定种）*Rissoidae* sp.	30	椭圆真玉螺 *Eunaticina papilla* (Gmelin, 1791)
14	棒锥螺 *Turritella bacillum* （Kiener, 1845）	31	乳玉螺 *Polynices mammata* (Roeding, 1798)
15	笋锥螺 *Turritella terebra* (Lnnaeus, 1758)	32	大窦螺 *Sinum neritoideus* (Linnaeus, 1758)
16	锥螺（未定种）*Turritella* sp.	33	扁平窦螺 *Sinum haliotoideum* (Reeve, 1864)
17	覆瓦小蛇螺 *Serpulorbis imbricate* (Dunker, 1860)	34	窦螺（未定种）1 *Sinum* sp.1
18	珠带拟蟹守螺 *Cerithidea cingulata* (Gmelin, 1791)	35	窦螺（未定种）2 *Sinum* sp.2
19	双带光螺 *Eulima bivittata* (A. Adams, 1853)	36	褐玉螺 *Natica vitellus* (Linnaeus, 1758)
20	马氏光螺 *Eulima martinii* (A. Adams, 1853)	37	斑玉螺 *Natica tigrina* (Roding, 1798)
21	三肋愚螺 *Amathina tricarinata* (Linnaeus, 1767)	38	线纹玉螺 *Natica lineata* (Roeding, 1798)
22	扁平管帽螺 *Siphopatella walshi* (Reeve, 1859)	39	玉螺（未定种）*Natica* sp.
23	笠帆螺 *Calyptraea extinctorium* （Lamarck, 1822）	40	黍斑眼球贝 *Erosaria miliaris* (Gmelin, 1791)
24	光衣笠螺 *Xenophora exuta* (Reeve, 1842)	41	紫口拟枣贝 *Erronea walkeri* (Sowerby, 1832)
25	带凤螺 *Strombus vittatus* (Linnaeus, 1758)	42	半纹翁螺 *Calpurnus lacteus semistriatus* (Pease, 1862)

续表 9-11

序号	种类	序号	种类
43	白带骗梭螺 *Phenacovolva danci* (Cate, 1973)	60	浅缝骨螺 *Murex trapa* (Roeding, 1798)
44	双沟鬘螺 *Phalium bisulcatum* (Schubert & J. A. Wagner, 1829)	61	花篮骨螺 *Lataxiena fimbriata* (Hinds, 1844)
45	棋盘鬘螺 *Phalium areola* (Linnaeus, 1758)	62	红螺 *Rapana bezoar* (Linnaeus, 1758)
46	网纹扭螺 *Distorsio retilculuta* (Roeding, 1798)	63	梨红螺 *Rapana rapiformis* (Born, 1778)
47	尾嵌线螺 *Cymatium caudatum* (Gmelin, 1791)	64	黄口荔枝螺 *Thais luteostoma* (Holten, 1803)
48	毛嵌线螺 *Cymatium pileara* (Linnaeus, 1758)	65	瘤荔枝螺 *Thais bronni* (Dunker, 1860)
49	圆肋嵌线螺 *Cymatium cutaceum* (Lamarck, 1816)	66	红豆荔枝螺 *Thais alouina* (Roeding, 1798)
50	双节蝌蚪螺 *Gyrineum bituberculare* (Lamarck, 1816)	67	蛎敌荔枝螺 *Thais gradata* (Jonas, 1846)
51	粒蝌蚪螺 *Gyrineum natator* (Roeding, 1798)	68	多皱荔枝螺 *Thais rugosa* (Born, 1778)
52	习见赤蛙螺 *Burfonaria rana* (Linnaeus, 1758)	69	可变荔枝螺 *Thais mutabilis* (Link, 1807)
53	沟鹑螺 *Tonna sulcosa* (Born, 1778)	70	刺荔枝螺 *Thais echinata* (Blainville, 1823)
54	带鹑螺 *Tonna olearium* (Linnaeus, 1758)	71	荔枝螺（未定种） *Thais* sp.
55	鹑螺（未定种） *Tonna* sp.	72	骨螺科（未定种） *Muricidae* sp.
56	长琵琶螺 *Ficus gracilis* (Sowerby, 1825)	73	丽核螺 *Pyrene bella* (Reeve, 1859)
57	白带琵琶螺 *Ficus subintermedius* (d'Orbigny, 1852)	74	布尔小笔螺 *Mitrella burchardi* (Dunker, 1877)
58	杂色琵琶螺 *Ficus vaiegata* (Roeding, 1798)	75	双带核螺 *Mitrella bicincta* (Gould, 1860)
59	格子三口螺 *Viriola cancellata* (Hinds, 1843)	76	泥东风螺 *Babylonia lutosa* (Lamarck, 1822)

续表 9-11

序号	种类	序号	种类
77	方斑东风螺 *Babylonia areolata* (Link, 1807)	94	红侍女螺 *Ancilla rubiginosa* (Swainson, 1823)
78	甲虫螺 *Cantharus cecillei* (Philippi, 1844)	95	中国笔螺 *Mitra chinensis* (Griffith & Pidgeon, 1834)
79	缝合海因螺 *Hindsia suturalis* (A. Adams, 1855)	96	沟纹笔螺 *Mitra proscissa* (Reeve, 1857)
80	矛唇齿螺 *Engina lanceolata* (Kuroda & Habe, 1971)	97	紫带笔螺 *Cancilla carnicolor* (Roeding, 1798)
81	管角螺 *Hemifusus tuba* (Gmelin, 1781)	98	环肋笔螺 *Mitra circula* (Kiener, 1845)
82	厚角螺 *Hemifusus crassicaudus* (Philippi, 1848)	99	蛹形笔螺 *Mitra chrysalis* (Reeve, 1844)
83	大角螺 *Hemifusus colosseus* (Lamarck, 1844)	100	瓜螺 *Cymbium melo* (Solander, 1786)
84	西格织纹螺 *Nassarius siquijorensis* (A. Adams, 1852)	101	小狐菖蒲螺 *Vexillum vulpeculum* (Linnaeus, 1758)
85	红带织纹螺 *Nassarius succinctus* (A. Adams, 1852)	102	金刚衲螺 *Cancellaria spengleriana* (Deshayes, 1830)
86	节织纹螺 *Nassarius hepaticus* (Pulteney, 1799)	103	椭圆衲螺 *Cancellaria oblonga* (Sowerby, 1825)
87	方格织纹螺 *Nassarius conoidalis* (Deshayes, 1832)	104	白带三角口螺 *Trigonostoma scalariformis* (Lamarck, 1823)
88	光华纹螺 *Nassarius acuminatus* (Marrat, 1880)	105	古老三角口螺 *Trigonostoma antiquatum* (Hind, 1843)
89	光织纹螺 *Nassarius dorsatus* (Roeding, 1798)	106	中华衲螺 *Cancellaria sinenis* (Reeve, 1856)
90	织纹螺（未定种） *Nassarius* sp.	107	三带缘螺 *Marginella tricincta* (Hinds, 1844)
91	伶鼬榧螺 *Oliva mustelina* (Lamarck, 1844)	108	黄芋螺 *Conus flavidus* (Lamarck, 1810)
92	彩榧螺 *Oliva inspidula* (Fischer, 1807)	109	矛形蕾螺 *Gemmula hastula* (Reeve, 1843)
93	平小榧螺 *Oliva plana* (Marrat, 1871)	110	细肋蕾螺 *Gemmula(U.) deshayesii* (Doumet, 1839)

续表 9-11

序号	种类	序号	种类
111	多序细肋螺 *Epidirona multiseriata* (E. A. Smith, 1877)	128	方格笋螺 *Terebra cumingi* (Deshayes, 1857)
112	假奈拟塔螺 *Turricula nelliae spurius* (Hedley, 1922)	129	笋螺（未定种）*Terebra* sp.
113	爪哇拟塔螺 *Turricula javana* (Linnaeus, 1767)	130	褐叙鲁螺 *Syrnola brunnea* (A. Adams, 1854)
114	美丽蕾螺 *Gemmula speciosa* (Reeve, 1843)	131	拟高捻塔螺 *Monotigma pareximia* (Nomura, 1936)
115	白龙骨乐飞螺 *Lophiotoma leucotropis* (Adams & Reeve, 1850)	132	小塔螺科（未定种）*Pyramidellidae* sp.
116	乳色短口螺 *Brachytoma alabaster* (Reeve, 1843)	133	大轮螺 *Architectonica maxima* (Philippi, 1849)
117	杰氏裁判螺 *Inquisitor jeffreysii* (Smith, 1875)	134	滑车轮螺 *Architectonica trochlearis* (Hinds, 1844)
118	假主厚旋螺 *Inquisitor pseudoprinciplis* (Yokoyama, 1920)	135	长海蜗牛 *Janthina prolongata* (Blainville, 1823)
119	斑痕尖肋螺 *Tompleura cf. cicatrigula* (Hedley, 1922)	136	梯螺 *Epitonium scalare* (Linnaeus, 1758)
120	齿舌精致螺 *Cytharopsis radulina* (Habe & Oyama, 1971)	137	宽带梯螺 *Epitonium clementinum* Grateloup, 1940
121	弱小塔螺 *Antimitra aegrota* (Reeve, 1845)	138	锹形梯螺 *Epitonium pallasii* (Kiener, 1838)
122	锥形半桂螺 *Daphnella (H.) subula* (Reeve, 1845)	139	尖光梯螺 *Epitonium stigmaticum* (Pilsbry, 1911)
123	帝汶裁判螺 *Inquisitor timorensis* (Schepman, 1913)	140	耳梯螺 *Epitonium auritum* (Sowerby, 1844)
124	塔螺科（未定种）1 *Turridae* sp.1	141	尖高旋螺 *Amaea acuminate* (Sowerby, 1844)
125	塔螺科（未定种）2 *Turridae* sp.2	142	缝线斑捻螺 *Punctacteon suturalis* (A.Adams, 1855)
126	塔螺科（未定种）3 *Turridae* sp.3	143	亲缘露齿螺 *Ringicula propinquans* (Hinds, 1844)
127	白带笋螺 *Terebra dussumieri* (Kiener, 1839)	144	东京梨螺 *Pyrunculus tokoyoensis* (Habe, 1959)

续表 9-11

序号	种类	序号	种类
145	圆筒原盒螺 *Eocylichna braunsi* (Yokoyama, 1920)	162	锈粗饰蚶 *Anadara ferruginea* (Reeve, 1844)
146	长吻龟螺 *Cavolinia longirostris* (Lesueur, 1821)	163	联珠蚶 *Anadara consociate* (Smith, 1885)
147	肋变角贝 *Dentalium octangulatum* (Donovan, 1804)	164	比那毛蚶 *Scapharca binakaganensis* (Faustino, 1932)
148	象牙光角贝 *Laevidentalium eburneum* (Linnaeus, 1767)	165	唇毛蚶 *Scapharca kafanovi* (Lutaenko, 1993)
149	棒形棱角贝 *Cadulus clavatus* (Gould, 1859)	166	不等壳毛蚶 *Scapharca inaequivalvis* (Bruguiere, 1789)
150	日本狭缝角贝 *Fustiaria nipponica* (Yokoyama, 1922)	167	赛氏毛蚶 *Scapharca satowi* (Dunker, 1882)
151	宽壳胡桃蛤 *Nucula convexa* (Sowerby, 1833)	168	球蚶 *Potiarca pilula* (Reeve, 1844)
152	凸小囊蛤 *Saccella confuse* (Hanley, 1860)	169	泥蚶 *Tegillarca granosa* (Linnaeus, 1758)
153	杓形小囊蛤 *Saccella cuspidate* (Gould, 1861)	170	角毛蚶 *Scapharca cornea* (Reeve, 1844)
154	鳞梯形蛤 *Portlandia lepidula* (H. & A. Adams, 1850)	171	蚶科（未定种）*Arcidae* sp.
155	舟蚶 *Arca navicularis* (Bruguiere, 1782)	172	粒帽蚶 *Cucullaea labiata* (Lightfoot, 1786)
156	双纹须蚶 *Barbatia bistrigata* (Dunker, 1866)	173	棕栉毛蚶 *Didimacar tenebrica* (Reeve, 1844)
157	布纹蚶 *Barbatia grayana* (Dunker, 1858)	174	翡翠贻贝 *Perna viridis* (Linnaeus, 1758)
158	须蚶（未定种）*Barbatia* sp.	175	隆起隔贻贝 *Septifer excisus* (Wiegmann, 1837)
159	褶白蚶 *Acar plicata* (Dillwyn, 1817)	176	隔贻贝（未定种）*Septifer* sp.
160	青蚶 *Barbatia obliquata* (Wood, 1828)	177	短石蛏 *Lithophaga curta* (Lischke, 1784)
161	鳞片扭蚶 *Trisidos kiyoni* (Kuroda, 1930)	178	带偏顶蛤 *Modiolus comptus* (Sowerby, 1915)

续表9-11

序号	种类	序号	种类
179	珠母贝（未定种）*Pinctada* sp.	196	日本巨牡蛎 *Crassostrea nippona* (Seki, 1934)
180	方形钳蛤 *Isognomon nucleus* (Lamarck, 1819)	197	咬齿牡蛎 *Saccostrea mordax* (Gould, 1850)
181	长肋日月贝 *Amusium pleuronectes pleuronectes* (Linnaeus, 1758)	198	猫爪牡蛎 *Ostrea pestigris* (Tchang & Lou, 1956)
182	栉孔扇贝 *Chlamys farreri* (Jones & Preston, 1904)	199	密鳞牡蛎 *Ostrea denselamellosa* (Lischke, 1869)
183	华贵类栉孔扇贝 *Mimachlamys nobilis* (Reeve, 1853)	200	齿牡蛎 *Dendostrea folium* (Linnaeus, 1758)
184	赭类栉孔扇贝 *Mimachlamys senatoria* (Gmelin, 1791)	201	牡蛎科（未定种）1 *Ostreidae* sp.1
185	扇贝科（未定种）*Pectinidae* sp.	202	牡蛎科（未定种）2 *Ostreidae* sp.2
186	粗鳞栉孔扇贝 *Chlamys asperulata* (Adams & Reeve, 1850)	203	牡蛎科（未定种）3 *Ostreidae* sp.3
187	箱形扇贝 *Pecten pyxidatus* (Born, 1778)	204	满月无齿蛤 *Lucina edentula* (Linnaeus, 1758)
188	血色海菊蛤 *Spondylus cruentus* (Lischke, 1868)	205	长圆蛤 *Cycladicama oblonga* (Hanley, 1844)
189	尼科巴海菊蛤 *Spondylus nicobaricus* (Schreiber, 1793)	206	杜比圆蛤 *Cycladicama dubia* (Prashad, 1932)
190	海月 *Placuna placenta* (Linnaeus, 1758)	207	习见圆蛤 *Cycladicama ethima* (Melvill & Standen, 1899)
191	不等蛤科（未定种）*Anomiidae* sp.	208	糙猿头蛤 *Chama asperella* (Lamarck, 1819)
192	平濑雪蛤 *Limaria hirasei* (Pilsbry, 1901)	209	螠虫共生蛤 *Pseudopythina ochetostomae* (Morton & Scott, 1989)
193	覆瓦牡蛎 *Parahyotissa imbricata* (Lamarck, 1819)	210	尖顶绒蛤 *Pseudopythina tsurumaru* (Habe, 1959)
194	斑顶牡蛎 *Parahyotissa numisma* (Lamarck, 1819)	211	中华鸟蛤 *Vepricardium sinense* (Sowerby, 1838)
195	近江牡蛎 *Crassostrea ariakensis* (Wakiya, 1913)	212	多刺鸟蛤 *Vepricardium multispinosum* (Sowerby, 1834)

续表 9-11

序号	种类	序号	种类
213	镶边鸟蛤 *Vepricardium coronatum* (Schroter, 1786)	230	衣角蛤 *Angulus vestalis* (Hanley, 1844)
214	粗糙鸟蛤 *Trachycardium impolitum* (Sowerby, 1833)	231	胖樱蛤 *Pinguitellina robusta* (Hanley, 1844)
215	强棘栉鸟蛤 *Ctenocardia perornata* (Iredale, 1929)	232	洁胖樱蛤 *Pinguitellina casta* (Hanley, 1844)
216	毛卵鸟蛤 *Maoricardium setosum* (Redfield, 1846)	233	肥胖樱蛤 *Pinguitellina pinguis* (Hanley, 1844)
217	陷月鸟蛤 *Lunulicardia retusa* (Linnaeus, 1758)	234	美女白樱蛤 *Macoma candida* (Lamarck, 1818)
218	中国蛤蜊 *Mactra chinensis* (Philippi, 1846)	235	长白樱蛤 *Macoma fallax* (Bertin, 1878)
219	粗蛤蜊 *Mactra aphrodina* (Deshayes, 1854)	236	忧蛤 *Pulvinus micans* (Hanley, 1844)
220	吕宋蛤蜊 *Mactra luzonica* (Deshayes, 1854)	237	截形白樱蛤 *Psammotreta gubnanulum* (Hanley, 1844)
221	华丽蛤蜊 *Mactra ornate* (Grag, 1837)	238	相似泊来蛤 *Exotica assimilis* (Hanley, 1844)
222	斧光蛤蜊 *Mactrinula dolabrata* (Reeve, 1854)	239	斧形泊来蛤 *Exotica donaciformis* (Deshayes, 1854)
223	瑞氏光蛤蜊 *Mactrinula reevesii* (Gray, 1837)	240	樱蛤科（未定种） *Tellinidae* sp.
224	蛤蜊科（未定种） *Mactriidae* sp.	241	索形双带蛤 *Semele cordiformis* (Holten, 1802)
225	平濑蛤 *Lutraria complanata* (Gmelin, 1791)	242	狄氏斧蛤 *Donax dysoni* (Deshayes, 1855)
226	奇濑蛤 *Lutraria impar* (Deshayes, 1854)	243	莱氏紫云蛤 *Gari lessoni* (Blainville, 1826)
227	拟心蛤 *Cardilia semisulcatia* (Lamareck, 1819)	244	截形紫云蛤 *Gari trunicata* (Linnaeus, 1767)
228	斯氏小樱蛤 *Tellinlla spengleri* (Gmelin, 1769)	245	狭仿缢蛏 *Azorinus coarctata* (Gmelin, 1791)
229	中国仿樱蛤 *Tellinides chinensis* (Hanley, 1844)	246	大竹蛏 *Solen grandis* (Dunker, 1861)

续表 9-11

序号	种类	序号	种类
247	小英蛏 *Siliqua minima* (Gmelin, 1791)	264	奋镜蛤 *Dosinia exasperata* (Philippi, 1847)
248	小刀蛏 *Cultellus attenuates* (Dunker, 1862)	265	缀锦蛤 *Tapes literatus* (Linnaeus, 1758)
249	亚光棱蛤 *Trapezium sublaevigatum* (Lamarck, 1819)	266	钝缀锦蛤 *Tapes dorsatus* (Lamarck, 1818)
250	红树蚬 *Gelonia coaxans* (Gmelin, 1791)	267	屈巴非蛤 *Paphia sinuosa* (Lamarck, 1818)
251	对角蛤 *Antigona lamellaris* (Schumacher, 1817)	268	锯齿巴非蛤 *Paphia gallus* (Gmelin, 1791)
252	粗帝汶蛤 *Timoclea scabra* (Hanley, 1844)	269	真曲巴非蛤 *Paphia euglypta* (Philippi, 1847)
253	伊萨伯雪蛤 *Clausinella isabellina* (Philippi, 1849)	270	斑纹巴非蛤 *Paphia lirata* (Philippi, 1848)
254	美叶雪蛤 *Clausinella calophylla* (Philippi, 1836)	271	波纹巴非蛤 *Paphia undulata* (Born, 1778)
255	头巾雪蛤 *Clausinella foliacea* (Philippi, 1846)	272	帘蛤科（未定种）1 *Veneridae* sp.1
256	面具美女蛤 *Circe personata* (Deshayes, 1854)	273	帘蛤科（未定种）2 *Veneridae* sp.2
257	细纹卵蛤 *Pitar striatum* (Gray, 1838)	274	环巧楔形蛤 *Cyclosunetta concinna* (Dunker, 1858)
258	三角凸卵蛤 *Pelecyora trigona* (Reeve, 1850)	275	小文蛤 *Meretrix planisulcata* (Sowerby, 1815)
259	高镜蛤 *Dosinia altior* (Deshayes, 1853)	276	薄壳和平蛤 *Clementia vatheleti* (Mabille, 1901)
260	射带镜蛤 *Dosinia troscheli* (Lischke, 1873)	277	绿螂科（未定种）*Glauconcomidae* sp.
261	薄片镜蛤 *Dosinia corrugate* (Reeve, 1850)	278	衣硬篮蛤 *Solidicorbula tunicate* (Hinds, 1843)
262	圆镜蛤 *Dosinia arbiculata* (Dunker, 1877)	279	深沟篮蛤 *Corbula fortisulcata* (Smith, 1878)
263	日本镜蛤 *Dosinia japonica* (Reeve, 1851)	280	灰异篮蛤 *Anisocorbula pallida* (Hinds, 1843)

续表 9-11

序号	种类	序号	种类
281	篮蛤科（未定种）1 *Corbulidae* sp.1	289	日本杓蛤 *Cuspidaria japonica* (Kuroda, 1948)
282	篮蛤科（未定种）2 *Corbulidae* sp.2	290	新加坡寻形蛤 *Cardiomya singaporensis* (Hinds, 1843)
283	篮蛤科（未定种）3 *Corbulidae* sp.3	291	长臂蟹（未定种） *Myra* sp.
284	多粒开腹蛤 *Eufistulana grandis* (Deshayes, 1855)	292	华美盘管虫 *Hydroides elegans* (Haswell, 1883)
285	贻形开腹蛤 *Spengleria mytiloides* (Lamarck, 1818)	293	十角饼干海胆 *Laganum depressum* (L. Agassiz, 1841)
286	全海笋 *Barnea australasiae* (Sowerby, 1849)	294	细雕刻肋海胆 *Temnopleurus toreumaticus* (Leske, 1778)
287	马特海笋 *Martesia striata* (Linnaeus, 1758)	295	蜂巢珊瑚科（未定种） *Faviidae* sp.
288	卵形马特海笋 *Martesia ovum* (Gray, 1837)	296	薄壳条藤壶 *Striatobalanus tenuis* (Hoek, 1883)

南海Ⅰ号

沉船考古报告之二

2014~2015年发掘

附 录

附录一　"南海Ⅰ号"沉船出土人骨的初步鉴定

"南海Ⅰ号"出土人骨主要包括一个完整的下颌骨、一枚完整的位置较靠下的胸椎、一枚完整指骨、十枚保存状况较差的肋骨（片）及一颗完整臼齿。这些骨骼多较零碎，从形态学上无法确切判断是否属于同一个体，仅能根据零碎骨骼进行简单的鉴定。

1. 2015NHIT0501 ④ c:904，完整下颌骨，附着 M1、M2，两枚牙齿。男性，30 ± 岁。

下颌极其粗壮，下颌角外翻，咬肌发达，牙齿磨耗三级，颊侧，舌侧都有牙结石现象。

生前正值壮年肌肉发达，粗壮有力（附图1-1）。

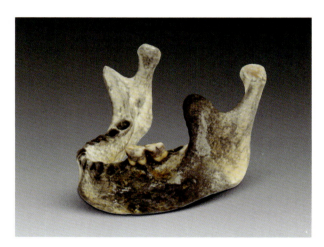

附图 1-1　下颌骨

2. 2015NHIC10c ①，出土一枚较靠下的接近腰椎的胸椎（第十一或十二胸椎）。倾向于男性，18~24 岁。

椎体上下沿骨缝未愈合，椎体发达，骨密度较大，附着的肌肉点粗糙，暗示生前背部肌肉发达（附图1-2）。

3. 2015NHIT0501 ④ c，出土一枚指骨，倾向于男性，青壮年。

指骨光滑、指骨缝完全愈合，骨密度较大，暗示正值青壮年时期；指骨的粗壮程度倾向于男性（附图1-3）。

附图 1-2　胸椎

4. 2015NHIT0501 ④ c，出土十枚肋骨片。

其中三枚具有明显的男性特征，肋骨较为粗壮，棱嵴明显；其余肋骨保存状况较差，性别特征不明显，性别不明，但皆为成年肋骨片（附图1-4）。

5. 2015NHIT0302 ③，出土一枚下颌右侧第

附图 1-3　指骨

附图 1-4 肋骨

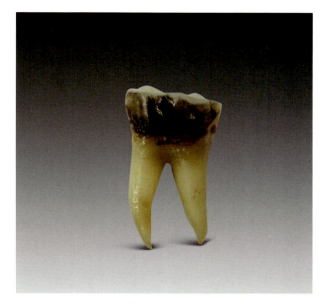

附图 1-5 牙齿

二前臼齿，性别倾向于男性，壮年（附图 1-5）。

牙齿相对较为粗大，仅从牙齿形态上判断为男性的可能性较大；

牙齿磨耗中等，约 2 级磨耗，齿质点基本磨平，按照牙齿磨耗成都判断为壮年。

骨骼保存较差，且数量较少，可获得的有效信息较少，但我们仍然能够从以上初步鉴定得到一些认识，在可判断性别年龄的骨骼中，皆为青壮年男性，较为符合船员的身份。还有部分肋骨碎片无法判断性别，但是都属于成年个体的骨骼。

没有发现明显的儿童的老年个体骨骼，也没有发现明显的女性个体骨骼，这也与船员的成分比较一致。但是根据这些零碎骨骼，缺少形态学研究的基础材料，我们无法判断这些骨骼是当时"南海 I 号"船员的骨骼，还是后来在附近死亡个体漂流到"南海 I 号"的。

（中国社会科学院考古研究所　王明辉）

附录二 "南海Ⅰ号"沉船出土动物遗存鉴定分析报告

"南海Ⅰ号"是南宋中晚期一条由海上丝绸之路进行远洋贸易时沉没的木质"福船",沉没地点位于中国广东南海川山群岛附近。该沉船于1987年8月被发现之后,"南海Ⅰ号"考古队于2014年对其进行了全面的考古发掘,除对该船的船体结构有深入了解之外,还出土了瓷器、金器、银器、铜器、铁器、锡器、漆木器、货币、朱砂等遗物,为复原海上丝绸之路的历史、陶瓷史提供极为难得的实物资料,甚至可以获得文献和陆上考古无法提供的信息①。

2016年10月至12月,中国社会科学院考古研究所科技考古中心动物考古实验室对该沉船遗址2014年度发掘出土的动物遗存进行鉴定和研究。我们通过种属鉴定、数量统计、痕迹观察和测量数据汇总等动物考古学研究工作,结合考古背景、历史文献及相关沉船的研究,在此基础

上,对宋代海员在航海过程中对动物资源的获取和利用进行探讨。下文按动物种属、数量统计、测量数据、讨论和结语等5个部分报告如下(附图2-1、2-2)。

一 动物种属

"南海Ⅰ号"沉船遗址出土动物遗存包括刺胞动物门(珊瑚纲)、软体动物门(瓣鳃纲和腹足纲)、棘皮动物门(海胆纲)、节肢动物门(甲壳纲)和脊椎动物门(软骨鱼纲、硬骨鱼纲、爬行纲、两栖纲、鸟纲和哺乳纲)等5门动物,具体种类包括珊瑚、帘蛤科动物、楯形目动物、锯缘青蟹、虎鲨、鲭鲨、鲨、日本燕魟、鲤形目动物、鲶属动物、赤鲷属动物、鲷科动物、鲷属动物、棘鲷属动物、断斑石鲈、带鱼属动物、石鲈

附图 2-1 "南海Ⅰ号"出土动物遗存 ▶

1.海胆(T0402③:0127) 2.锯缘青蟹(螯,T0402②:0319) 3.虎鲨(侧齿,T0501④c:0004) 4.鲭鲨(游离齿,T0401④:0029-9) 5.日本燕魟(齿板,T0401④:0093) 6.鲶属(鳍棘,T0402④-7.8:0162) 7.赤鲷(左侧主上颌骨,T0402④:0106) 8.棘鲷属(左侧齿骨,T0301②:0034-11) 9.鲷属(右侧前上颌骨,T0402④N:0051) 10.断斑石鲈(头骨,T0501④c:706) 11.带鱼属(右侧前上颌骨,采④0022-2) 12.鲾属(右侧方骨,T0302②:0032-10) 13.鲀鳅属(右侧腭骨,T0302②:0207) 14.石斑属(左侧主上颌骨,T0201③:0036-8) 15.鲈形目(右侧前上颌骨,T0502④-11:0176) 16.海鳗(下颌骨,T0302②-6:0157) 17.东方鲀(左侧前上颌骨,T0402④:0024-10) 18.兔头鲀(右侧齿骨,C09:0391) 19.鲉形目(左侧前上颌骨,T0501④-35:0334) 20.鲑属(左侧隅骨,T0401④:0028-5) 21.太平洋鲑属(右侧前鳃盖骨,T0602④-25:0021-1) 22.棘鲆科(右侧前上颌骨,T0402④:0104) 23.牙鲆科(左侧齿骨,T0402③-15:0309) 24.狭鳕属(右侧齿骨,T0402④:0104) 25.鲉属(左侧前上颌骨,T0201②-8:0217)

---

① "南海Ⅰ号"考古队:《"南海Ⅰ号"宋代沉船2014年的发掘》,《考古》2016年第12期。

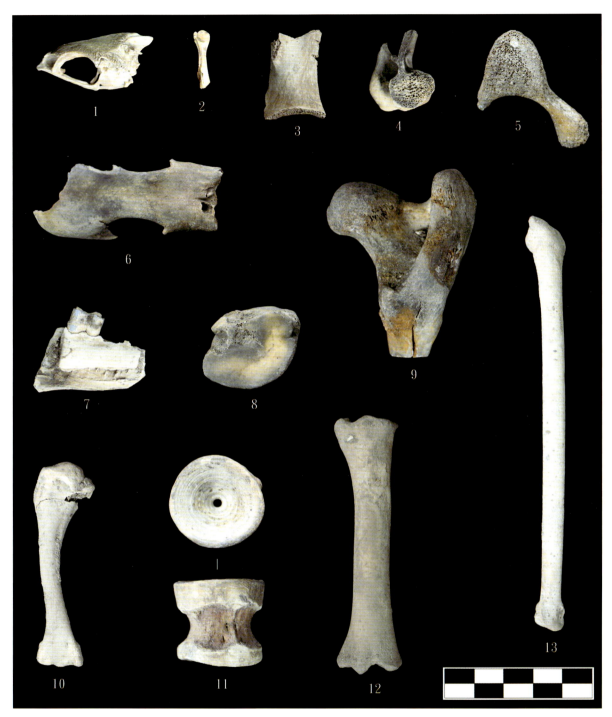

附图 2-2 "南海 I 号"出土动物遗存

1.龟（颅骨，2015NHIT0301-8：0201） 2.蛙（右侧肱骨，2014NHIT0102③：0172） 3.羊（左侧肩胛骨，屠宰痕迹，2015NHIT0501④c-2：0278） 4.羊（右侧肱骨，屠宰痕迹，2015NHIT0502④-4：0339） 5.海洋哺乳动物（椎骨，2015NHIT0501④-16：0326） 6.鹅（颅骨，烧痕，2015NHIT0302③4：0272） 7.绵羊（右侧下颌骨，2015NHIT0302③20：0280） 8.牛（左侧第2/3腕骨，屠宰痕迹，2015NHIT0401舵12左区：0240） 9.绵羊（右侧股骨，2015NHIT0501④：c0386） 10.鸡（左侧肱骨，2015NHIT0501④c0364：9） 11.海洋鱼类（椎骨，骨器，2014NHIT0402④：5） 12.绵羊（右侧桡骨，2015NHIT0501④：c0369） 13.鹅（右侧尺骨，2015NHIT0501④：c0364）

属动物、鲕属动物、鳀鲦属动物、石斑属动物、鲈形目动物、东方鲀、兔头鲀属、鲀科动物、鲑属动物、太平洋鲑属动物、棘鲹科动物、牙鲆科动物、牙鲆属动物、狭鳕属动物、鲔属动物、鲉形目动物、海鳗、鳗、龟、蛙、鸡、鹅、猪、牛、山羊、绵羊、羊和海洋哺乳动物，另有极为破碎的动物遗存，只能做大类和尺寸的区分，大体区分为软体动物、甲壳类动物、鱼类动物、两栖类动物、中小型鸟类动物、小型鸟类动物、鸟类动物、小型哺乳类动物和哺乳类动物等（附表 2-1）。需要说明的是，大量软体动物遗存已经鉴定，据发掘者描述，包括习见赤蚌螺、假奈拟塔螺、假主厚旋螺、白龙骨乐飞螺、白带笋螺、浅缝骨螺、中国小铃螺、乳玉螺未定种、玉螺、西格织纹螺、方格织纹螺、覆瓦小蛇螺、梯螺、联球蚶、比那毛蚶、美叶雪蛤、沟纹巴菲蛤、波纹巴菲蛤、镰边鸟蛤、中华鸟蛤、长白樱蛤、同心凸卵蛤等动物种属，这些软体动物不在本文讨论之列，但需列入"南海 I 号"沉船遗址出土动物种属清单。

二　数量统计

本次鉴定"南海 I 号"沉船遗址出土动物遗存共计 3193 件，其中 35 件难以鉴定种属和部位，因此，计入数量统计的可鉴定动物遗存共计 3158 件。

从大类上看，刺胞动物 1 件，占可鉴定动物遗存总数的 0.03%，软体动物 28 件，占 0.89%，棘皮动物 1 件，占 0.03%，节肢动物 1443 件，占 45.69%，脊椎动物 1685 件，占 53.36%。

就脊椎动物而言，以硬骨鱼纲动物的数量最多，计有 1302 件，占脊椎动物总数的 77.27%；次之以哺乳纲动物，计有 227 件，占 13.47%；鸟纲动物也占有一定的比例，计有 116 件，占 6.88%；软骨鱼纲、爬行纲和两栖纲动物数量较少，分别计有 25 件、13 件和 2 件，比例分别为 1.48%、0.77% 和 0.12%（附表 2-1）。

三　测量数据

鹅：趾骨测量标本 1，Bp 值为 9.01 毫米，Bd 值为 5.58 毫米。肱骨测量标本 1，Bp 值为 32.76 毫米，Bd 值为 22.66 毫米。股骨测量标本 2，Bp 测量数据 2，最大值 22.36 毫米，最小值 19.61 毫米，平均值 20.99 毫米，标准偏差 1.94；BD 测量数据 1，值为 20.34 毫米；Dp 测量数据 2，最大值 14.78 毫米，最小值 13.76 毫米，平均值 14.27 毫米，标准偏差 0.72；Lm 测量数据 1，值为 69.51 毫米；GL 测量数据 1，值为 74.38 毫米；SC 测量数据 2，最大值 9.19 毫米，最小值 8.24 毫米，平均值 8.72 毫米，标准偏差 0.67。胫跗骨测量标本 2，Bd 测量数据 2，最大值 17.66 毫米，最小值 17.55 毫米，平均值 17.61 毫米，标准偏差 0.08；Dip 测量数据 2，最大值 26.11 毫米，最小值 23.51 毫米，平均值 24.81 毫米，标准偏差 1.84；LA 测量数据 2，最大 142.96 毫米，最小值 137.32 毫米，平均值 140.14 毫米，标准偏差 3.99；GL 测量数据 1，值为 149.49 毫米；SC 测量数据 2，最大值 8.19 毫米，最小值 7.24 毫米，平均值 7.72 毫米，标准偏差 0.67；Dd 测量数据 1，为 18.34 毫米。腕掌骨测量标本 1，Bp 值为 21.17 毫米。

鸡：跗跖骨测量标本 1，Bd 值为 13.83 毫米。趾骨测量标本 1，GL 值为 15.04 毫米。股骨测量标本 1，Bp 值为 14.49 毫米，Dp 值为 9.41 毫米，GL 值为 71.65 毫米，SC 值为 6.56 毫米。胫跗骨测量标本 2，Bd 测量数据 1，值为 12.63 毫米；Dip 测量数据 1，值为 19.94 毫米；Dd 测量数据 1，值为 13.48 毫米。桡骨测量标本 2，Bd 测量数据 2，最大值 6.32 毫米，最小值 6.06 毫米，平均值 6.19 毫米，标准偏差 0.18；GL 测量数据 2，最大值 66.03 毫米，最小值 51.73 毫米，平均值 58.88 毫米，标准偏差 10.11；SC 测量数据 2，最大值 3.12 毫米，最小值 2.58 毫米，平均值 2.85 毫米，标准偏差 0.38。

附表 2-1 "南海Ⅰ号"沉船遗址动物种属

刺胞动物门 Cnidaria
　珊瑚纲 Anthozoa
软体动物门 Mollusca
　瓣鳃纲 Lamellibranchia
　　真瓣鳃目 Eullamellibranchia
　　帘蛤科 Veneridae
棘皮动物门 Echinodermata
　海胆纲 Echinoidea
　真海胆亚纲 Euechinoidea
　　楯形目 Clypeasteroida
节肢动物门 Arthropoda
　甲壳纲 Crustacea
　　十足目 Decapoda
　　　梭子蟹科 Portunoidea
　　　　青蟹属 Scylla
　　　　　锯缘青蟹 Scylla serrata
脊椎动物门 Vertebrata
　鱼纲 Pisces
　软骨鱼纲 Chondrichthyes
　虎鲨目 Heterodontiformes
　　虎鲨科 Heterodontidae
　　　虎鲨属 Heterodontus
　　　　虎鲨 Heterodontus sp.
　鲭鲨目（鼠鲨目）Lamniformes
　　鲭鲨科 Isuridae
　　　鼠鲨属 Lamna
　　　　鲭鲨 Lamna ditropis
　鳐形总目 Rajiformes
　鲼形目 Myliobatiformes
　　燕魟科（鲼科）Myliobatidae
　　　燕魟属 Gymura
　　　　日本燕魟 Gymnura japonica
　硬骨鱼纲 Osteichthyes
　鲤形目 Cypriniformes
　鲶形目 Siluriformes
　　鲶科 Siluridae
　　　鲶属 Silurus
　鲈形目 Perciformes
　　鲈亚目 Percoide
　　　鲷科 Sparidae
　　　　赤鲷属 Pagrus
　　　　　赤鲷 Pagrus pagrus Linnaeus
　　　　鲷属 Sparus

　　　　棘鲷属 Acanthopagrus
　　　石鲈科 Pomadasyidae
　　　　石鲈属 Pomadasys
　　　　　断斑石鲈 Pomadasys hasta
　　　带鱼科 Trichiuridae
　　　　带鱼属 Trichiurus
　　　仿石鲈科 Haemulidae
　　　　石鲈属 Pomadasys
　　　鰤亚科 Seriolinae
　　　　鰤属 Seriola
　　　鲯鳅科 Coryphaenidae
　　　　鲯鳅属 Coryphaena
　　　鮨科 Serranidae
　　　　石斑鱼属 Epinephelus
　鲀形目 Tetrodontiformes
　　鲀科 Tetraodontidae
　　　东方鲀属 Fugu
　　　　东方鲀 Takifugu sp.
　　四齿鲀科 Tetraodontidae
　　　兔头鲀属 Lagocephalus
　鲑形目 Salmoniformes
　　鲑亚目 Salmonoidei
　　　鲑科 Salmonidae
　　　　鲑属 Salmo
　　　　太平洋鲑属 Oncorhynchus
　鲽形目 Pleuronectiformes
　　棘鲆科 Citharidae
　　　棘鲆属 Citharoides
　　牙鲆科 Paralichthyidae
　　　牙鲆属 Paralichthys
　鳕形目 Gadiformes
　　鳕科 Gadidae
　　　狭鳕属 Theragra
　鲉形目 Scorpaeniformes
　　鲬科（牛尾鱼科）Platycephalidae
　　　鲬属 Platycephalus
　鳗鲡总目 Anguillomorpha
　鳗鲡目 Anguilliformes
　　海鳗科 Muraenesocidae
　　　海鳗属 Muraenesox
　　　　海鳗 Muraenesox Cinereus
爬行纲 Reptilia
　龟鳖目 Chelonia

龟科 Testudinidae
两栖纲 Amphibia
　无尾目 Anura
　　新蛙亚目 Neobatrachia
　　　蛙科 Ranidae
鸟纲 Aves
　鸡形目 Galliformes
　　雉科 Phasianidae
　　　原鸡属 *Gallus*
　　　　家鸡 *Gallus gallus domesticus*
　雁形目 Anseriformes
　　雁亚科 Anserinae
　　　雁属 *Anser*

家鹅 *Anser anser domesticus*
哺乳纲 Mammalia
　偶蹄目 Artiodactyla
　　猪科 Suidae
　　　猪属 *Sus*
　　　　家猪 *Sus scrofa domestica*
　　牛科 Bovidae
　　　羊亚科 Caprinae
　　　　山羊属 *Carpra*
　　　　　家山羊 *Capra aegagrus domestica*
　　　　盘羊属 *Ovis*
　　　　　家绵羊 *Ovis aries domestica*

中小型鸟类动物：胫跗骨测量标本 1，Bd 值为 6.49 毫米，SC 值为 2.87 毫米。

牛：第 2、3 腕骨测量标本 1，GB 值为 29.38 毫米。

绵羊：尺骨测量标本 2，BPC 测量数据 2，最大值 24.54 毫米，最小值 15.94 毫米，平均值 20.24 毫米，标准偏差 6.08；DPA 测量数据 2，最大值 30.17 毫米，最小值 22.53 毫米，平均值 26.35 毫米，标准偏差 5.40；SDO 测量数据 2，最大值 22.83 毫米，最小值 19.59 毫米，平均值 21.21 毫米，标准偏差 2.29。桡骨测量标本 1，Bp 值为 32.48 毫米，BFp 值为 31.35 毫米。

山羊：桡骨测量标本 2，Bd 测量数据 2，最大值 31.13 毫米，最小值 26.73 毫米，平均值 28.93 毫米，标准偏差 3.11；BFd 测量数据 2，最大值 28.03 毫米，最小值 25.11 毫米，平均值 26.57 毫米，标准偏差 2.06。

羊：髌骨测量标本 2，GL 测量数据 2，最大值 29.46 毫米，最小值 28.44 毫米，平均值 28.95 毫米，标准偏差 0.72；GB 测量数据 2，最大值 22.44 毫米，最小值 21.57 毫米，平均值 22.01 毫米，标准偏差 0.62。尺骨测量标本 4，BPC 测量数据 4，最大值 23.24 毫米，最小值 14.46 毫米，平均值 18.75 毫米，标准偏差 4；DPA 测量数据 3，最大值 27.11 毫米，最小值 18.72 毫米，平均

值 23.30 毫米，标准偏差 4.25；SDO 测量数据 2，最大值 22.31 毫米，最小值 19.69 毫米，平均值 21 毫米，标准偏差 1.85。第 2、3 腕骨测量标本 1，GB 值为 16.54 毫米。跟骨测量标本 1，GB 值为 16.38 毫米。股骨测量标本 1，Bp 值为 49.04 毫米，DC 值为 21.15 毫米。肩胛骨测量标本 2，BG 测量数据 1，值为 19.95 毫米；LG 测量数据 2，最大值 28.47 毫米，最小值 23.31 毫米，平均值 25.89 毫米，标准偏差 3.65；GB 测量数据 1，值为 18.86 毫米；GLP 测量数据 2，最大值 29.55 毫米，最小值 20.28 毫米，平均值 24.92 毫米，标准偏差 6.55；SLC 测量数据 1，值为 17.84 毫米。胫骨测量标本 3，Bd 测量数据 1，值为 28.13 毫米；SD 测量数据 2，最大值 14.41 毫米，最小值 10.02 毫米，平均值 12.22 毫米，标准偏差 3.10，Dd 测量数据 1，值为 22.02 毫米。距骨测量标本 3，Bd 测量数据 3，最大值 16.65 毫米，最小值 15.56 毫米，平均值 16.06 毫米，标准偏差 0.55；DI 测量数据 3，最大值 14.22 毫米，最小值 12.43 毫米，平均值 13.30 毫米，标准偏差 0.90；GLI 测量数据 3，最大值 26.51 毫米，最小值 23.08 毫米，平均值 25.04 毫米，标准偏差 1.77，GLm 测量数据 3，最大值 24.91 毫米，最小值 21.63 毫米，平均值 23.27 毫米，标准偏差 1.64。桡骨测量标本 2，Bp 测量数据 2，最大值 29.61 毫米，最

小值 21.48 毫米，平均值 25.55 毫米，标准偏差 5.75；BFp 测量数据 2，最大值 28.89 毫米，最小值 21.24 毫米，平均值 25.07 毫米，标准偏差 5.41。上颌骨测量标本 1，测量项 21 值为 71.85 毫米，测量项 22 值为 47.68 毫米，测量项 23 值为 26.31 毫米。炮骨测量标本 1，Dd（i）值为 13.45 毫米，Dd（m）值为 13.54 毫米。第 1 节趾骨测量标本 2，Bd 测量数据 2，最大值 10.98 毫米，最小值 10.71 毫米，平均值 10.85 毫米，标准偏差 0.19；SD 测量数据 1，值为 9.98 毫米。第 2 节趾骨测量标本 2，Bp 测量数据 2，最大值 11.63 毫米，最小值 10.56 毫米，平均值 11.10 毫米，标准偏差 0.76；Bd 测量数据 2，最大值 10.34 毫米，最小值 8.97 毫米，平均值 9.66 毫米，标准偏差 0.97；GL 测量数据 1，值为 22.54 毫米；Glpe 测量数据 1，值为 22.19 毫米；SD 测量数据 2，最大值 8.92 毫米，最小值 7.39 毫米，平均值 8.16 毫米，标准偏差 1.08。中央跗骨测量标本 1，GB 值为 23.76 毫米。

四 讨论

（一）动物遗存的来源分析

“南海Ⅰ号”沉船中出土动物遗存按来源对象和先后顺序大体可分为 3 类：当时海员所用（随带或利用）的动物资源、沉船之后形成的动物遗存堆积和发掘时混入的动物遗存。对于一般遗址而言，要区分此 3 类动物遗存，我们可以借助于考古地层的划分及相关考古发掘背景资料，但对于沉船遗址，其受到洋流、海洋生物作用等因素的影响较大，层位的形成更为复杂，因此，在对动物遗存的来源进行认定时，其出土层位的参考价值不大。

我们依据动物地理学及考古发掘者提供的相关考古背景资料，对“南海Ⅰ号”沉船遗址发现动物遗存的来源简要推测如下：

1. 当时海员所用的动物资源：笔者在下文将重点对此问题进行讨论。

2. 沉船之后形成的动物遗存堆积：主要是各种海洋鱼类和海洋哺乳类动物。

3. 发掘时混入的动物遗存：根据发掘者提供的资料，发掘时可能混入一些现代人所食用的猪和鹅等动物的残骨。

（二）宋代海员对动物资源的利用

关于宋代海员在远航过程中的饮食来源，历史文献记载着墨不多。如宋代徐兢《宣和奉使高丽图经》中有关于储备淡水及水柜的记载（“凡舟船将过洋，必设水柜，广蓄甘泉，以备食饮，盖洋中不甚忧风，而以水之有无为生死耳”）；宋代周去非《岭外代答》中记载：用以远航南海的木兰舟中储备可供数百人一年所需的粮食以及在船上养猪酿酒用以副食供应（“一舟数百人，中积一年粮，豢豕酿酒其中……人在其中，日击牲酣饮，迭为宾主”）。

考古（特别是水下考古）发掘为研究海员饮食状况提供了第一手实证资料。如 1973 年发掘的福建省泉州湾宋代沉船中，除出土植物遗存（椰子壳 14 件、桃核 34 件、李核 2 件、杨梅核 5 件、银杏核 1 件、橄榄核 8 件、荔枝核 13 件，应是海员在生活中尝啖的时新水果或预防晕船的止呕物品，有研究依据果实成熟的季节，推测该船沉没的时间在阴历 7 月份[①]）外，还出土有动物遗存（包括珊瑚、海生软体动物）猪（19 件）、羊（8 件）、狗（2 件）、鼠（39 件）以及鱼类（其中包括齐氏虹，出土其结鳞 1000 多件）和鸟类动物（9 件），这些动植物遗存应属船员食用后的部分遗存[①]。

“南海Ⅰ号”沉船遗址中出土有反映船员生

① 黄天柱、林宗鸿：《泉州湾宋船出土果核的考释》，《农业考古》1983 年第 1 期。

活状况的文化遗物（如陶罐，外形朴实，其中一些陶罐可能是用于盛酒），而动植物遗存能够提供更为直接的证据。通过对动物遗存进行研究，我们对"南海 I 号"及宋代海员利用动物资源的情况探讨如下。

1. 利用动物资源的种类。

大体可分为两种情况：一是随船携带的动物，主要是家养动物，包括家养哺乳动物（包括猪、牛、绵羊和山羊等）和家禽（包括鸡和鹅等），此外，还包括淡水爬行动物（包括龟）和淡水两栖动物（包括蛙）；二是航海过程中捕获的动物，包括海洋鱼类动物、海洋哺乳类动物、鸟类、软体动物和节肢动物等。

这个动物资源种属清单与福建泉州湾宋代沉船出土动物遗存的情况大体相同，就随船携带家养动物的情况而言，都包括猪和羊等家养哺乳动物，但具体种属和数量比例存在一定的差异，主要表现在："南海 I 号"沉船出土有牛以及家鸡和家鹅等家养动物，而泉州湾宋代沉船不见此 3 种动物遗存、但有狗和鼠的遗存出土；"南海 I 号"沉船携带的家养动物中以羊的数量最多（86 件，其中绵羊数量较多），次之以家鸡（46 件）和家鹅（40 件），猪的数量相对较少（9 件），而泉州湾宋代沉船中除鼠的数量最多外，家养动物以猪的数量最多，次之以羊，狗的数量相对较少。需要说明的一点是，随着水下考古工作的推进，"南海 I 号"沉船的考古发掘工作更为科学，出土动物遗存的鉴定和量化统计也更为全面，这也会对两者的差异造成一定的影响。

综上，上述两处宋代沉船遗址出土动物遗存的情况表明宋代远航随船携带家养动物，具体种属包括猪、羊、狗、牛、鸡和鹅等，考古资料证

实和补充了历史文献中提及的宋代航海中携带动物的记载。

2. 对动物资源的利用方式。

依据"南海 I 号"沉船出土动物遗存的骨骼破碎情况以及屠宰和食物加工痕迹，我们认为这些动物主要是为人所食用，下文将就屠宰和食物加工方法进行简述。此外，我们还发现 1 件鱼脊椎，上有打磨痕迹，应为骨饰品，表明船员会将一些动物残骨制作成骨器以打发闲暇时间。

3. 屠宰和食物加工方法。

哺乳动物（主要是羊）的肢骨（包括肱骨、股骨和胫骨）、肋骨和肩胛骨两端以及脊椎骨，鹅的股骨、胫骨的远端，上有切割痕迹，此类切割痕迹在 47 件动物遗存上有发现，其形成主要来源于船员屠宰动物时肢解牲体，但也有剔骨取食时留下的痕迹。

有 9 件动物遗存上有烧烤痕迹，包括羊肱骨 2 件、羊中央跗骨 1 件、哺乳动物椎骨 2 件、哺乳动物肋骨 1 件、哺乳动物胸骨 1 件、哺乳动物碎骨 1 件和鹅头骨 1 件，说明烧烤是制作食物的方法之一，食物种类可能包括烤猪排或羊排、烤羊腿（以前腿常见）和烧鹅等。

4. 保持长期供应的策略。

对动物而言，其一生只能提供一次肉食资源，而其次级产品（如奶、蛋、毛和畜力等）则可以贯穿其整个生命周期，二者相当于是"本金"与"利息"的关系[2]，因此，对于航船而言，要保证动物资源的长期供应，应从"开源"和"节流"两个方面加强工作。

1）"开源"。航船航行过程中，应通过多种渠道及时补充动物资源，对野生动物的捕获、靠岸后及时补充供应等措施能够有效地扩充动物

① 泉州湾宋代海船发掘报告编写组：《泉州湾宋代海船发掘简报》，《文物》1975 年第 10 期；沈玉水：《从泉州宋船遗物看宋代海员的生活》，《航海》1983 年第 1 期；杨钦章：《宋代的海船与海员生活》，《文史知识》1983 年第 9 期。

② 王明珂：《游牧者的抉择》，广西师范大学出版社，2008 年，第 29、30 页。

资源的储备。此外，对随船携带的动物也会采取有效措施保证其资源供应，应更加重视对次级产品的利用，如"南海 I 号"动物遗存所展现的一样，携带幼年个体的猪、羊、鸡和鹅，一方面保证了动物种群结构的稳定，同时，生命力更强的年轻个体能够有效地防止传染病对其种群的破坏性影响，另一方面保证了次级产品——如羊奶、鸡蛋和鹅蛋——的有效供应，年轻动物个体在这方面更具优势。

2）"节流"。首先要充分开发动物资源，对于随船携带的动物而言，次级产品所能提供的营养总值远较肉食资源更多且更为重要，因此，不随便宰杀此类动物显得尤为重要，这样就保证动物在生前提供次级产品、宰杀后提供肉食，从而达到对动物资源较为充分的利用。其次要限制动物资源的消费，已有研究表明，宋代远航船员较多（百余人甚至数百上千人），分工明确（分船主、纲首、艄公、招头、作头、碇手、贴客、水手、火儿等）且有等级区分（同一船中，船主地位最高，或兼纲首，如无船主在船则纲首是一船之长，其次是艄工，碇手低于艄工，水手低于碇手）[①]，因此，在随船携带动物资源相当有限的前提下，对肉食和动物次级产品的日供应加以限制以及由特定的人群所享用可能是必要的措施。

五　结语

"南海 I 号"沉船遗址出土动物遗存能够反映宋代海员在航海过程中对动物资源的利用情况，动物考古学研究的结果表明：宋代海员会携带猪、羊、牛、鸡和鹅等家养动物以保证航海过程中肉食和次级产品（如奶、蛋、毛和畜力等）的供应，同时通过捕捞海洋生物的方法以扩充食物来源；以家养动物为主的动物遗存上有因屠宰和加工肉食形成的人工痕迹，烧烤是制作食物的方法之一；除食用外，船员闲暇时还将残骨制成骨器；为保证动物资源在航海过程中的长期供应，船员可能会从扩充动物资源的来源（多种渠道及时补充动物资源、更加重视次级产品的利用等）和节省动物资源消费（充分开发和利用动物资源、限制动物资源的消费等）。该研究证明和补充了相关历史文献中的记录并深化了我们关于宋代海员生活的认知，同时，也为水下埋藏学研究提供了资料。

（中国社会科学院考古研究所　吕鹏）
（中国社会科学院研究生院　左豪瑞）

---

① 黄纯艳：《宋代海船人员构成及航海方式》，《海交史研究》2015 年第 2 期；沈玉水：《从泉州宋船遗物看宋代海员的生活》，《航海》1983 年第 1 期。

附录三 "南海Ⅰ号"沉船出土植物遗存鉴定分析报告

广东阳江海域发现的"南海Ⅰ号"沉船是一艘属于南宋时期的海运商贸木船。

出土器物除了瓷器之外，还发现了大量的铁器、玉器、木器等其他文物，以及动植物遗存。其中的植物遗存送交给中国社会科学院考古研究所植物考古实验室进行整理和鉴定。本报告为植物遗存的鉴定结果和初步分析。植物种属的鉴定工作由杨金刚馆员负责完成。

一 植物遗存的获取

"南海Ⅰ号"沉船的水下发掘以及整体打捞后在室内的清理工作都是严格按照考古发掘操作规范进行的，船体以及埋藏区域被划分成一系列6×6米探方进行清理，这些探方自船艏向船艉顺序编号，例如T0101和T0102是位于船艏的两个探方，而T0601和T0602则是位于船艉的探方。植物遗存的发现和获取是伴随着水下考古发掘和室内清理过程进行的。为了认识出土植物遗存与沉船的关系，进而分析在古代远洋航行中不同植物种类的作用和功能，在发掘和清理过程中以探方为基础，按照堆积单位获取植物遗存，如果发现植物遗存则给予样品编号，累计获得210份样品，分别采自13个探方。需要说明的是，这210份植物遗存样品在探方中的分布并不均匀，有些探方内埋藏的植物遗存丰富，样品数量较多，有些探方植物遗存贫乏，样品数量较少，还有些探方没有发现植物遗存。

由于"南海Ⅰ号"沉船长期在海水中浸泡，这种特殊的埋藏环境对有机物质起到了良好的隔氧保护作用，虽然历经800余年，从沉船中发现和获取的植物遗存仍然保存良好，有利于植物种属的鉴定工作。通过整理和鉴定，在210份样品中共发现3105粒植物种子或果实，分属于19个不同的植物种属。另外还有少量的尚未鉴定出种属的植物种子，暂称之为未知种子（附表3-1）。

二 植物遗存的鉴定和统计

出土的植物种类中绝大部分都是可食用植物，分为水果、瓜类、谷物、香料四大类。其中水果类的出土数量丰富，种类繁多，所以又按照果实构造再进一步细分为核果类、坚果类、浆果类和荔枝类。除了可食用植物之外，还有些种类不可食用，或者一般不被当作可食用植物种类，暂划归为其他类。下面按照核果类、坚果类、浆果类、荔枝类、瓜类、谷物类、香料类以及其他类，分别给予介绍。

（一）核果类

核果（drupe）的种子被三层果皮所包裹，外果皮很薄仍被称之为"果皮"，中果皮异常发达成为可食用的"果肉"，内果皮木质化变成了坚硬的"果核"。人类喜爱的桃、李、杏、梅、枣、樱桃、芒果、橄榄等都是核果类果品。核果的果核十分坚硬，容易长期保存，因此，在考古遗址的发掘过程中经常可以发现核果的果核遗存。"南海Ⅰ号"沉船也不例外，共出土了6种核果的果核，包括梅、槟榔、橄榄、枣、南酸枣和滇刺枣，其中以梅核的出土数量最多。

梅核：梅（*Prunus mume* Sieb.）属于蔷薇科

附表 3-1 出土植物种子鉴定结果一览表

植物分类	植物种属	出土情况		绝对数量（3105 粒种子）		出土概率（210 份土样）	
		完整	残破	合计数量	百分比	占有样品数	出土概率
核果类	梅（Prunus mume）	715	84	799	0.257	100	0.476
	槟榔（Areca catechu）	64	110	174	0.056	41	0.195
	橄榄（Canarium pimela）	22	4	26	0.008	20	0.095
	枣（Zizyphus jujuba）	4		4	0.001	3	0.014
	滇刺枣（Ziziphus mauritiana）	1	2	3	0.001	2	0.010
	南酸枣（Choerospondias axillaris）	1		1	< 0.001	1	0.005
坚果类	锥栗（Castanea henryi）	1535	439	1974	0.636	121	0.576
	银杏（Ginkgo biloba）	8		8	0.003	6	0.029
	香榧（Torreya grandis）	3		3	0.001	3	0.014
	松子（Pinus sp.）	25		25	0.008	20	0.095
浆果类	葡萄（Vitis sp.）	3		3	0.001	2	0.010
荔枝类	荔枝（Litchi chinensis）	3		3	0.001	3	0.014
瓜类	冬瓜（Benincasa hispida）	1		1	< 0.001	1	0.005
谷物类	水稻（Oryza sativa）	2		2	0.001	2	0.010
香料类	花椒（Zanthoxylum bungeanum）	13		13	0.004	7	0.033
	胡椒（Piper nigrum）	31		31	0.010	9	0.043
其他	石栗（Aleurites moluccana）	10		10	0.003	9	0.043
	楝树（Melia azedarach）	3		3	0.001	3	0.014
	草海桐（Scaevola sericea）	3		3	0.001	3	0.014
	未知	19		19	0.006	12	0.057

（Rosaceae），是一种落叶小乔木，既是果树也是观赏树。梅树在我国南北方都可以栽培，但以长江以南地区为主。梅与桃、李、杏、枣并列为中国古代五大水果品种，《诗经》中有数篇诗文提到梅，说明梅在当时种植很普遍。梅与杏和李的果实形状十分相似，特别在未成熟时几乎难以

分辨，例如现今市场销售的"话梅"大多数实际上是用青杏制作的。但三者的果核特征却非常明显，例如梅核的特征是表面布满了蜂巢状的凹点和小孔穴，很容易辨识。在"南海 I 号"沉船中发现的梅核数量很多，总计多达 799 粒，占出土植物种子总数的 25.7%。其中完整的有 715 粒。随机抽取 50 粒进行了测量，果核的平均长度是 15.17 毫米，平均宽度为 12.03 毫米（附图 3-1）。在古代中国，梅不仅是常见的水果，也被用做调味品。《书经》中有记载："若作和羹，尔惟盐梅"，这也许就是"南海 I 号"沉船出土梅的原始用途。

槟榔核：槟榔（*Areca catechu* L.）属于棕榈科（Palmae），是一种热带常绿乔木，在我国主要分布于海南，云南、广西、福建和台湾等地也有种植。槟榔有 30 余个不同的品种，果实的形状有长圆形也有卵圆形，种子即果核一般为卵圆形，表面有线网纹，基部截平。"南海 I 号"沉船出土槟榔果核的数量也较多，总计达 174 粒，占出土植物种子总数的 5.6%。其中完整的有 64 粒，随机抽取 10 粒进行了测量，果核的最大径为 10~30 毫米，平均值约为 23 毫米（附图 3-2）。槟榔果实因含槟榔碱和鞣酸，具有刺激神经的效能，中国南方一些地区的人们将槟榔作为一种咀嚼嗜好品，长期咀嚼，以获得精神兴奋、消除疲劳的效果。咀嚼槟榔的嗜好在中国古代早有记载，例如南唐李后主的《一斛珠·晓妆初过》中有"烂嚼红茸，笑向檀郎唾"的词句，一般认为"烂嚼"的就是槟榔。

橄榄核：橄榄（*Canarium album* Raeusch.）属于橄榄科（Burseraceae），是一种高大乔木，在我国主要分布于岭南、福建、台湾一带，其中以福建省最多。在"南海 I 号"沉船中发现的橄榄核呈梭形，两端尖锐，中部圆鼓，表面有浅沟

附图 3-1　梅核

附图 3-2　槟榔果核

纹（附图 3-3）。共发现 26 枚，占出土植物种子总数的 0.8%，其中完整的有 22 粒，测量结果显示，这些橄榄核的长度为 21~31 毫米，最大腹径为 11~15 毫米。橄榄是南方地区特有果品，直接鲜食或经过腌渍再食用，生津止渴，味道鲜美。橄榄在我国种植历史悠久，古代文献多有记载，考古也常有发现。例如，在南越国宫苑遗址中发现了数量较多的橄榄核，说明至少在秦汉时期食用橄榄的习惯在岭南地区已经相当普遍[①]。

枣核：枣（*Ziziphus jujuba* Mill.）属于鼠李科（Rhamnaceae），是一种落叶乔木。枣树原产

---

① 赵志军：《南越宫苑遗址 1997 年度浮选结果分析报告》，南越王宫博物馆筹建处、广州市文物考古研究所编著，《南越宫苑遗址——1995、1997 年考古发掘报告》，文物出版社，2008 年，第 200~210 页。

附图 3-3　橄榄核

附图 3-4　枣核

于中国，在我国的分布非常广泛，南北均有种植。在"南海Ⅰ号"沉船中发现了4粒枣核，呈圆梭形，两端尖锐，表面有深沟纹（附图 3-4）。测量结果显示，这些枣核的粒长为10~15毫米，最大腹径为4~7毫米。枣树是中国的特产果树，很早就有古代文献记载，例如《诗经·豳风·七月》中

有"八月剥枣，十月获稻"的诗句。在安徽蚌埠双墩一号汉墓出土的枣核长14毫米，最大腹径7毫米，与现今枣核已相差无几，说明至迟在西汉初年枣树已经栽培而成[①]。枣在汉代遗址中屡有发现，例如，长沙马王堆汉墓[②]、广东象山南越王墓[③]、南越国宫苑遗址[④]都曾出土有枣核。

滇刺枣核：滇刺枣（*Ziziphus mauritiana* Lam.）也属于鼠李科，与枣同科同属，但却是一种常绿小乔木或灌木，在我国主要分布在云南、四川及两广地区，福建和台湾有栽培。"南海Ⅰ号"沉船出土了3粒滇刺枣核，呈圆柱状，表面有深沟纹，粒长约9毫米，直径约8毫米（附图 3-5）。滇刺枣也可以食用，但味道酸涩，一般用糖腌渍成果脯，或用作中药材。

南酸枣核：南酸枣（*Choerospondias axillaris* Burtt et Hill.）虽名"枣"，但在植物分类上与枣树没有关系。南酸枣属于漆树科（Anacardlaceae），是一种落叶乔木，主要分布于长江以南地区，树高可达30米。南酸枣又称"五眼果"，因其果实在成熟时顶端呈现出五个明显的凹眼而得名。"南海Ⅰ号"沉船出土了一粒南酸枣的果核，已经残破，但性状特点仍然可见，圆柱状，顶端有五个突起（附图 3-6）。南酸枣树的木材纹理清楚，有光泽，材质柔韧，收缩率小，易加工，是良好的制作和建筑用材。南酸枣的果实成熟时显黄色，果肉较薄但酸甜，略有涩味，可以生食，现今主要用于酿酒和制作果酱。

（二）坚果类

坚果是干果（dry fruits）的一种，其果皮或

① 赵志军、汪景辉：《双墩一号汉墓出土植物遗存的鉴定和分析》，《农业考古》2016年1期，第1~8页。
② 湖南省博物馆、中国科学院考古研究所编：《长沙马王堆一号汉墓》，文物出版社，1973年。
③ 南越王宫署博物馆筹备处：《西汉南越王墓》，文物出版社，1991年。
④ 赵志军：《南越宫苑遗址1997年度浮选结果分析报告》，南越王宫博物馆筹建处、广州市文物考古研究所编著，《南越宫苑遗址——1995、1997年考古发掘报告》，文物出版社，2008年，第200~210页。

者种子的外皮木质化，形成了十分坚硬的"果壳"，可食用的部分为种子的子叶或胚乳，被称为"果仁"。常见的坚果有核桃、板栗、榛子、腰果、菱角、椰子等。在"南海I号"沉船中发现的坚果包括锥栗、银杏、香榧子和松子四个品种，其中以锥栗的出土数量最为突出。

锥栗：锥栗（*Castanea henryi* Rehd. et Wils.）属于壳斗科（Fagaceae），是一种落叶乔木。锥栗与板栗同属于栗属（*Castanea*）：板栗的分布较为广泛，以我国北方地区为主；锥栗则主要分布在南方地区，其栽培种以福建武夷山脉东南麓种植的建瓯锥栗最为著名。锥栗果实的形状特殊，呈水滴状，从侧面观察为锥形，故名锥栗。在"南海I号"沉船中发现的植物遗存中以锥栗的出土数量最多，总计多达1974粒，占出土植物种子总数的63.6%。其中完整的有1535粒，随机抽取50粒进行了测量，出土锥栗的平均粒高是9.59毫米，平均粒径是8.77毫米（附图3-7）。锥栗是我国名特优经济林干果，果肉细嫩甘甜，比板栗更适合生吃。

银杏果：银杏树（*Ginkgo biloba* L.）属于银杏科（Ginkgoaceae），是一种落叶大乔木，事实上银杏科仅包含了银杏一个种，在植物界属于非常特殊的单属单种植物科。银杏为中生代孑遗的珍稀古老树种，目前仅在浙江天目山有野生树种，但栽培种分布世界各地。在"南海I号"沉船中发现了8粒银杏果，呈卵圆形，表皮光滑，经测量，粒长约20毫米，粒宽约16毫米（附图3-8）。银杏的果实又被称作白果，味道鲜美，营养丰富，具有很高的食用价值。

香榧子：香榧树（*Torreya grandis* Fort.）属于红豆杉科（Taxaceae），是一种常绿乔木。香榧是中国特有的原产树种，属于世界稀有经济树种，集中分布在浙江东北部的会稽山和天目山间。香榧的果实呈橄榄形，两端略尖。在"南海I号"沉船中发现了3粒香榧果，粒长在24~38毫米之间，最大径为15~23毫米（附图3-9）。香榧果

附图3-5　滇刺枣核

附图3-6　南酸枣核

附图3-7　锥栗

实也称"香榧子"，香味浓郁，营养价值高，为著名的坚果品种。宋代苏轼就曾写过描述香榧子的诗即《送郑户曹赋席上果得榧子》。

松子：松子是松科（Pinaceae）松属（*Pinus*）中各种松树的种子的统称。松属含约80余个树

附图 3-8　银杏

附图 3-9　香榧子

附图 3-10　松子

附图 3-11　葡萄籽

种，中国有 22 个种，遍布全国，现今市场上销售的松子主要产自红松（*P. koraiensis* Sieb. et Zucc.）。"南海 I 号"沉船发现了 25 粒松子，扁卵圆形，粒长约 15 毫米，粒宽约 10 毫米（附图 3-10）。松子是常见的坚果之一，古今中外的人们都喜爱食用。

（三）浆果类

浆果（berry fruits）是一种肉质果，其果实肉质化或浆液化，内含一粒或多粒种子。常见的有葡萄、猕猴桃、草莓、石榴、杨桃等。在"南海 I 号"沉船中发现的浆果仅有葡萄籽一种。

葡萄籽：葡萄属于葡萄科（Vitaceaea）的葡萄属（*Vitis*），是落叶藤本植物。葡萄属有 60 余个种，中国有近 30 个种，多数分布在长江以南地区。"南海 I 号"沉船发现了 3 粒葡萄籽，呈水滴形，背面的中部有一个内凹的合点，腹部

有两条并列的深槽，经过测量，这 3 粒葡萄籽的粒长约 6.2 毫米，粒宽约 4.5 毫米（附图 3-11）。葡萄属植物种子的形态特征突出，很容易鉴定，但在本属内部种与种之间的区分比较困难，因此目前只能鉴定到属一级。葡萄属中绝大多数品种的果实都可以食用或酿酒。

（四）荔枝类

荔枝类（litchies fruits）水果的主要特征是外果皮革质化，假种皮成为可食用部分。常见的品种有荔枝、龙眼、红毛丹等。在"南海 I 号"沉船中发现的是荔枝核。

荔枝核：荔枝（*Litchi chinensis* Sonn.）属无患子科（Sapindaceae），是一种常绿乔木，成材后树高可达 30 米以上。在中国主要分布于南方地区，其中以福建和广东最为普遍。"南海 I 号"沉船出土了 3 粒荔枝核，呈长圆形，外表黝黑光

滑，粒长约20毫米，粒宽约16毫米（附图3-12）。荔枝的果实十分甘美，除糖分外，还含有维生素等各种营养成分，是一种名贵的水果品种。葛洪在《西京杂记》中记述："南越王尉佗献高绞鱼、荔枝，高祖报以蒲陶、锦四疋"。这说明，早在西汉初年荔枝就已经成为一种名贵果品。

（五）瓜类

瓜类是葫芦科（Cucurbitaceae）中可食用果蔬品种的统称，包括西瓜、香瓜、南瓜、丝瓜、西葫芦、黄瓜、冬瓜，等等。在"南海I号"沉船中发现了一粒冬瓜籽。

冬瓜籽：冬瓜（*Benincasa hispida* Cogn.）又名毛瓜，一年生粗大藤本。冬瓜的果实很大，呈长圆筒形或近圆形，种子为扁平卵形，一般有增厚边缘。"南海I号"沉船出土的冬瓜籽长10毫米，宽6毫米（附图3-13）。冬瓜是一种常见的蔬菜，也可腌制成蜜饯食品。

（六）谷物类

谷物又称粮食作物，以属于禾本科的栽培作物为主，例如水稻、小麦、玉米、高粱等。在"南海I号"沉船中发现的谷物仅有水稻一种。

稻壳："南海I号"沉船出土的水稻遗存为两粒稻谷壳，由于长期被水浸泡，处在隔氧条件下，这些出土稻谷保存良好，呈亮黄色，稻壳表面的纹饰清晰可见（附图3-14）。

（七）香料类

作为调味品的植物种类被称之为香料。常见的有八角、肉桂、花椒、胡椒、丁香等。"南海I号"沉船出土了花椒和胡椒两种香料。

花椒籽：花椒（*Zanthoxylum bungeanum* Maxim.）属于芸香科（Rutaceae），是一种落叶小乔木，花椒的种植十分普遍，以产于四川省的较为著名。在"南海I号"沉船样品中发现了13粒花椒种子，呈圆球状，表面有突起网格纹，直径约4毫米（附图3-15）。学界一般认为，花椒起源于中国，是中国特有的香料。古代文献也多有记载，例如，《诗经·周颂》中有"有椒其馨，胡考之宁"的

附图 3-12　荔枝核

附图 3-13　冬瓜籽

附图 3-14　稻谷壳

诗句，这里的"椒"应该指的就是花椒。作为一种重要的香料，花椒不仅是烹饪食物的调味品，还被用作其他用途，例如，《汉书·车千秋传》中记载，在西汉的未央宫中有一处宫殿被称之为

附图 3-15　花椒籽

附图 3-16　胡椒籽

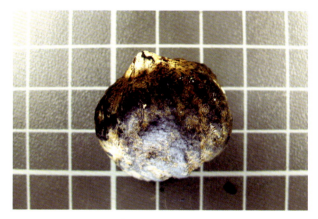

附图 3-17　石栗

附图 3-18　楝树种子

"椒房"。颜师古注："椒房，殿名，皇后所居也，以椒和泥涂壁，取其温而芳也"。

胡椒籽：胡椒（*Piper nigrum* L.）属于胡椒科（Piperaceae），是一种藤本植物，原产于南亚，现在世界各地都有种植。"南海Ⅰ号"沉船出土的是胡椒种子，呈圆球状，表面光滑，顶端有脐，底端有小突起（附图 3-16）。出土数量较多，总计 31 粒，占出土植物种子总数的 1%。随机抽取了 10 粒测量，平均直径为 4.31 毫米。胡椒的气味芳香，性味辛辣，是人们喜爱的调味品。胡椒还具有防腐抑菌的作用，使用胡椒烹饪的菜肴不易变质。

（八）其他

"南海Ⅰ号"沉船出土的植物遗存中还有些不可食用或者一般不被当作食物的植物种类，包括石栗、楝树和草海桐。

石栗种子：石栗（*Aleurites moluccana* Willd.）属于大戟科（Euphorbiaceae），是一种常绿乔木，可高达 20 米。原产于东南亚地区，现今大多数热带国家都有种植，包括我国的岭南地区。"南海Ⅰ号"沉船出土了 10 粒石栗种子，呈圆球状，种皮坚硬，表面有疣状突棱（附图 3-17）。经测量，这些出土石栗种子的平均直径 29 毫米。由于石栗树生长快，树干挺直，树冠浓密，现今的主要用途是街道或园林观赏树种。但在东南亚一些地区也使用石栗作为调味品烹饪食物。

楝树种子：楝树（*Melia azedarach* L.）属于楝科（Meliaceae），是一种落叶乔木。"南海Ⅰ号"沉船出土了 3 粒楝树的种子，呈长圆形，表面有数道粗棱，长约 13 毫米，最大径约 9 毫米（附图 3-18）。楝树材质轻韧，容易加工，常被用做家具、建筑、工具等。

附图 3-19 草海桐

附图 3-20 未知

草海桐核果：草海桐（*Scaevola sericea* Forst. F. *ex Vahl*）属于草海桐科（Goodeniaceae），是一种多年生常绿灌木。"南海 I 号"沉船出土了 3 粒草海桐核果，卵圆形，中部有一条纵向的深沟槽，将果分为两部分，经测量，核果的直径约 8 毫米（附图 3-19）。草海桐是一种滨海植物，常见于华南沿海海滩。

三 出土植物遗存的分析

对于出土的植物遗存而言，"南海 I 号"沉船属于一种十分特殊的埋藏背景。考虑到船体的狭小空间以及远离陆地的沉船海域，从沉船中出土的植物遗存应该都与这艘海船直接相关。根据前面的描述可以看出，"南海 I 号"沉船出土的植物遗存中的绝大多数都是可食用的植物，说明这些出土植物遗存很可能原本属于船员们的食物和生活用品。但是，有些植物种类出土的数量异常丰富，例如坚果类中的锥栗和核果类中的梅核，分别占到出土植物遗存总数的 63.6% 和 25.7%，因此这两种植物也有可能属于被贩运的商贸货物，即在该船装运的销往东南亚或南亚的货物中，除了瓷器和铁器之外，可能还包括了一些海船始发地的植物类土特产。

按照常识推理，锥栗和梅子如果是作为货物进行贩运，需要进行包裹装袋或装箱，储藏在货舱内，所以出土位置应该相对集中；如果是船员们的食物或日常用品，应主要放置在船员的生活区域内。根据对船体结构的分析，"南海 I 号"沉船属于福船类型的古船，货仓应该在甲板下的主船体，船员的生活区则集中在船尾，包括甲板上的船楼和甲板下的船体部分。

根据统计发现（附表 3-2），"南海 I 号"沉船发现的梅核集中出土于探方 T0501 内，共发现 593 粒，占全船出土梅核总数的 74.2%；样品平均密度（该探方内的出土梅核总数 / 探方内的样品总数）为 10.1 粒 / 样品，远高于全船出土梅核的样品平均密度（3.8 粒 / 样品）。探方 T0501 出土锥栗的数量也很多，共发现 967 粒，占全船出土锥栗总数的 49.0%，样品平均密度为 16.4 粒 / 样品。但与梅核略有不同的是，除了探方 T0501 之外，探方 T0402 出土锥栗的数量也很突出，共发现 615 粒，占全船出土锥栗总数的 31.2%，样品平均密度更是高达 23.7 粒 / 样品，远高于全船出土锥栗的样品平均密度（9.4 粒 / 样品）。前面提到，"南海 I 号"沉船的探方编号是自船艏向船艉顺序编排的，探方 T0501 应该就在船艉的船楼位置，与船员生活区相关的这个探方内集中出土了丰富的梅核和锥栗似乎说明"南海 I 号"沉船上的梅子和锥栗应该是船员们的食物。但是，考虑到锥栗在探方 T0402 的出土数量同样丰富，样品平均密度甚至还高于探方 T0501，而梅核的

附表 3-2 锥栗和梅核的出土位置分析

探方	样品数量	锥栗		梅核	
		出土数量	样品平均密度	出土数量	样品平均密度
T0101	7	1	0.1	1	0.1
T0102	1				
T0201	15	9	0.6	4	0.3
T0202	4	2	0.5		
T0301	10	7	0.7	8	0.8
T0302	22	39	1.8	81	3.7
T0401	11	5	0.5	14	1.3
T0402	26	615	23.7	31	1.2
T0403	1				
T0501	59	967	16.4	593	10.1
T0502	19	56	2.9	14	0.7
T0601	1			1	1
T0602	1				
其他	33	273	8.3	52	1.6
合计	210	1974	9.4	799	3.8

附表 3-3 出土植物的原产地分析

植物种属	主要分布区域
橄榄 （*Canarium pimela*）	岭南及福建和台湾
荔枝 （*Litchi chinensis*)	岭南及福建和四川
胡椒 （*Piper nigrum*）	岭南及福建
石栗 （*Aleurites moluccana*）	岭南及福建
滇刺枣 （*Ziziphus mauritiana*）	岭南及福建
草海桐 （*Scaevola sericea*）	岭南及福建沿海
锥栗（*Castanea henryi*）	长江以南，以福建最为集中
香榧 （*Torreya grandis*）	江苏、浙江、福建、安徽
槟榔 （*Areca catechu*）	海南、云南、台湾
梅 （*Prunus mume*）	长江以南
南酸枣 （*Choerospondias axillaris*）	长江以南

续表 3-3

植物种属	主要分布区域
枣 （*Zizyphus jujuba*）	南北方广泛种植
银杏 （*Ginkgo biloba*）	南北方广泛种植
冬瓜 （*Benincasa hispida*）	南北方广泛种植
水稻 （*Oryza sativa*）	南北方广泛种植
花椒 （*Zanthoxylum bungeanum*）	南北方广泛种植
楝树 （*Melia azedarach*）	全国
松子 （*Pinus* sp.）	——
葡萄 （*Vitis* sp.）	——

出土位置又过于集中，四分之三的梅核出自一个探方内，所以，也不能完全排除梅子和锥栗这两种植物属于被贩运的商贸货物的可能性。

"南海Ⅰ号"沉船出土植物遗存有一个显著特点，即绝大多数种类都属于热带或亚热带植物。从附表 3-3 中可以看出，"南海Ⅰ号"沉船出土的植物遗存中半数以上的种类在我国境内主要分布于长江以南地区，再考虑到无法确定分布范围的仅能鉴定到属一级的种类，例如松子和葡萄，以及在人为作用下可以广泛种植的栽培植物，如水稻、冬瓜、枣、花椒等，"南海Ⅰ号"沉船出土的植物种类几乎都属于南方地区植物品种。其中又以岭南及福建地区特产的植物种类最为突出，例如橄榄、荔枝、石栗、滇刺枣、香榧、草海桐等，而占出土植物遗存总数 63.6% 的锥栗更是以福建产的建瓯锥栗为最著名。根据历史文献记载、船体构造的复原与分析以及对装载货物的种类和产地的梳理，发掘者认为"南海Ⅰ号"沉船很可能是由福建泉州起航，驶向东南亚和南亚进行商贸活动。据此推测，"南海Ⅰ号"沉船的船员应该是以来自福建沿海的为主，为远航采购和储备的植物类食物也应该以产于华南特别是福建当地的植物品种为主。"南海Ⅰ号"沉船出土植物种类的分布范围或产地的分析印证了这一点，同时也再次说明了出土的食物类植物遗存的

大多数原本应该属于船员们的食物和生活用品。

对于长时间的远洋航行而言，食物保鲜是一个难题，只能携带可以长期保存的或经过腌制的食物。在"南海Ⅰ号"沉船上出土的植物种类中以核果类和坚果类为多。坚果属于干果，而且其木质化的果皮或种子外皮十分坚硬，一般都可以长期保存，因此"南海Ⅰ号"沉船出土有大量坚果遗存很容易理解。核果一般属于鲜果，虽然果核坚硬，但果皮细薄，果肉鲜嫩多汁，保鲜期一般都非常短，不利于远洋航行携带。但是，如果用食盐或其他腌制料进行腌制，减少果肉中的水分，防止腐败菌的繁殖，就可以延长核果的保质期，同时还能够改变和提高果品的食用口感。有意思的是，"南海Ⅰ号"沉船出土的核果种类中确实是以适于腌制的果品为主。例如，梅子虽然可以鲜食，但由于酸度过重，一般都是用盐和糖加工腌制制成果干，称之为"话梅"，含在嘴里，酸咸可口，生津止渴。橄榄可以鲜食，但因富含单宁，口感略涩，一般是经过盐腌或蜜制，制成干果食用，例如蜜饯橄榄、五香橄榄、青津果等。槟榔也可以鲜食，但更多的是煮熟晾干成为干果，或用饴糖腌制。由此看出，"南海Ⅰ号"沉船出土的植物种类应该都是为了远洋航海特意选备的。

值得指出的是，在"南海Ⅰ号"沉船上发现

了两种不同的香料类植物，一是花椒，二是胡椒。花椒和胡椒都是当今世界上重要的调味品，主要用于烹饪肉类食物。前面提到，花椒起源于中国，是中国特有的香料和传统的调味品。胡椒起源于南亚，后传播到世界各地。胡椒何时传入中国，在学术界尚未定论，主要原因是缺乏考古实物证据。此次发现是至今考古出土的年代最早的胡椒遗存，说明至迟在南宋时期，胡椒已经传播到了中国，并成为当时的烹饪调料品之一。在"南海Ⅰ号"沉船上发现的胡椒还说明，南宋甚至更早时期，中国南部与南亚地区的海上贸易十分频繁，"南海Ⅰ号"可能已经多次往返于我国东南海地区与南亚和东南亚地区，因此船上的船员们已经熟悉并习惯使用南亚的一些调味品来烹饪自己的食物。另外，此次发现的石栗虽然是一种观赏树种，但果实在东南亚一些地区被当作调味品使用的，也有可能被"南海Ⅰ号"沉船的船员们用作调味品。

四　结语

由于海水中浸泡环境对有机质物质起到了良好的隔氧保护作用，在"南海Ⅰ号"沉船中发现并获取到了十分丰富的植物遗存。经过整理和鉴定，总计出土了 3105 粒植物种子和果实，分属于 19 个不同的植物种属。这些出土植物种类中的绝大多数都是可食用的植物，分为水果、瓜类、谷物、香料四大类，其中水果类又可细分为核果类、坚果类、浆果类和荔枝类。

"南海Ⅰ号"沉船出土的 19 类植物遗存中以坚果类中的锥栗和核果类中的梅核出土数量最为突出，分别占到出土植物遗存总数的 63.6% 和 25.7%。根据出土位置的分析，锥栗和梅子这两种可食用的植物应该是船员们的食物，但也不能完全排除被贩运的商贸货物的可能性。

"南海Ⅰ号"沉船出土的植物种类都属于热带或亚热带植物，在我国主要分布于长江以南地区，其中又以岭南及福建地区特产的植物种类最为突出。这一发现对"南海Ⅰ号"沉船可能是自福建泉州起航的观点提供了植物考古证据。

"南海Ⅰ号"沉船出土植物种类以核果类和坚果类为多，坚果属于干果，利于长期保存，而核果属于鲜果，不利于保存。但是此次发现的核果种类以适于腌制的果品为主。例如一般被腌制成话梅的梅子，以及常被腌制成干果食用的橄榄和槟榔等。说明"南海Ⅰ号"沉船出土的植物种类都是为了远洋航海特意选备的。

"南海Ⅰ号"沉船出土的胡椒是迄今考古出土的年代最早的胡椒遗存，说明至迟在南宋时期，胡椒已经传播到了中国，在南宋甚至更早时期，中国南部与南亚地区的海上贸易十分昌盛。

（中国社会科学院考古研究所　赵志军）

附录四 "南海Ⅰ号"沉船碳十四年代检测报告

一 样品采集

共选择植物样品 3 例、人骨 2 例进行碳十四测年。植物样品应为船上的生活垃圾，人骨可能为罹难船员的残骸。所有样品的前处理及加速器碳十四年代测定在美国佛罗里达州迈阿密 BETA 实验室完成（实验室测年报告附后）。工作过程如下：

样品前处理：对于植物样品，采用酸碱酸的标准程序去除样品中可能存在的无机碳、有机酸等污染后，去离子水洗至中性并烘干备用；对于骨骼样品，表面机械去污染，并用低温盐酸法提取胶原蛋白后进行干燥处理备用。

加速器碳十四年代测定：将前处理得到的干燥样品在 800℃ 以上、100% 氧气环境下燃烧释放 CO_2，将 CO_2 使用钴催化剂进行氢还原，制成石墨靶后放入加速器质谱仪中完成碳十四年代测试，碳十四年代半衰期按 5568 年计算。

二 树轮校正

使用 Calib 7.0.4 软件对所得到的碳十四年代数据进行日历年代校正，参考数据库为 Intercal 13。

三 检测结果

"南海Ⅰ号"沉船遗址植物物质及人骨加速器碳十四年代的测试结果见附表 4-1 及附图 4-1。3 例植物的碳十四年代分别为 840±30

附表 4-1 "南海Ⅰ号"沉船遗址植物、人骨的加速器碳十四年代测定及树轮校正结果

序号	实验编号	样品种类	加速器碳十四年代 (BP)	校正后年代 (cal AD)	
				1σ (68.2%)	2σ (95.4%)
1	Beta-472192	锥栗 Chinquapin	840±30	1166~1224 (63.5%) 1235~1241 (4.7%)	1154~1264 (95.00%) 1059~1062 (0.40%)
2	Beta-472193	槟榔 Betel nut	850±30	1163~1220 (68.2%)	1152~1260 (90.20%) 1052~1080 (5.20%)
3	Beta-472194	梅核 plum	810±30	1215~1260 (68.2%)	1169~1270 (95.40%)
3	Beta-472195	人下颌 human mandible	1000±30	992~1040 (63.9%) 1110~1116 (4.3%)	983~1051 (71.00%) 1082~1128 (19.20%) 1135~1152 (5.20%)
4	Beta-472196	人指骨 human phalange	940±30	1081~1151 (55.7%) 1035~1051 (12.5%)	1025~1160 (95.40%)

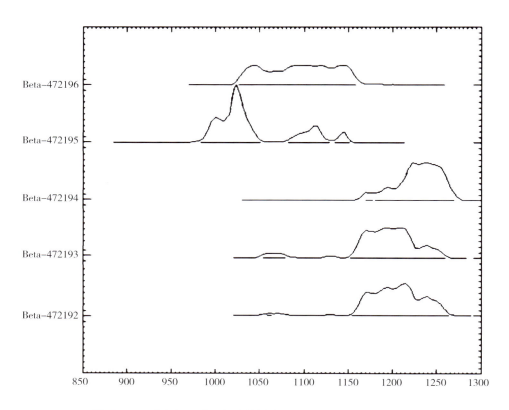

附图 4-1 "南海 I 号"沉船遗址植物、人骨的加速器碳十四年代测定结果
及树轮校正年代分布图（cal AD)

BP、850±30 BP、810±30 BP，树轮校正后的日历年代分布范围为 1052~1270 cal AD（2σ，置信区间为 95.4%）。2 例人骨的碳十四年代分别为 1000±30 BP、940±30 BP，树轮校正后的年代范围为 983 ～ 1160 AD（2σ，置信区间为 95.4%）。综合各个样品的加速器碳十四年代数据并经树轮校正之后可知，样品的日历年代范围分布范围为公元 983~1270 年，相当于宋代。

（中国社会科学院考古研究所　陈相龙）

DR. M.A. TAMERS and MR. D.G. HOOD
4985 S.W. 74th Court
Miami, Florida, USA 33155
PH: 305-667-5167 FAX: 305-663-0964
beta@radiocarbon.com

放射性碳测年报告

报告日期：2017.9.18

收样日期：2017.8.23

样品信息和测试数据	样品编号	常规放射性碳年龄（BP）或现代碳含量百分比（pMC）和稳定同位素 公历年校正结果：95.4%概率 高概率密度范围校正法（HPD）	

Beta - 472192	C14a ①	840 ± 30 BP	IRMS δ¹³C: -25.5 o/oo

		(95.0%) 1154 - 1264 cal AD	(796 - 686 cal BP)
		(0.4%) 1059 - 1062 cal AD	(891 - 888 cal BP)

测试的样品类别： 植物物质
预处理： (植物物质) 酸/碱/酸

测试服务： AMS-Standard测试服务
现代碳含量百分比： 90.07 ± 0.34 pMC
现代碳分数： 0.9007 ± 0.0034
D¹⁴C： -99.29 ± 3.36 o/oo
Δ¹⁴C： -106.56 ± 3.36 o/oo(1950:2017)
测得放射性碳年龄： (没有经过d¹³C校正)：850 ± 30 BP
校正： BetaCal3.21: HPD method: INTCAL13

DR. M.A. TAMERS and MR. D.G. HOOD
4985 S.W. 74th Court
Miami, Florida, USA 33155
PH: 305-667-5167 FAX: 305-663-0964
beta@radiocarbon.com

放射性碳测年报告

报告日期：2017.9.18

收样日期：2017.8.23

样品信息和测试数据	样品编号	常规放射性碳年龄（BP）或现代碳含量百分比（pMC）和稳定同位素 公历年校正结果：95.4%概率 高概率密度范围校正法（HPD）

Beta - 472193　　　　　　　　　　T0501④C:　　850 ± 30 BP　　　　　　　IRMS δ¹³C: -27.8 o/oo

　　　　　　　　　　　　　　　　　　　　　　（90.2%）　1152 - 1260 cal AD　　　（798 - 690 cal BP）
　　　　　　　　　　　　　　　　　　　　　　（ 5.2%）　1052 - 1080 cal AD　　　（898 - 870 cal BP）

测试的样品类别： 植物物质
预处理： (植物物质) 酸/碱/酸

测试服务： AMS-Standard测试服务
现代碳含量百分比： 89.96 ± 0.34 pMC
现代碳分数： 0.8996 ± 0.0034
D¹⁴C: -100.41 ± 3.36 o/oo
Δ¹⁴C: -107.67 ± 3.36 o/oo(1950:2017)
测得放射性碳年龄： （没有经过d ¹³C校正）：900 ±30 BP
校正： BetaCal3.21: HPD method: INTCAL13

测试结果均获得ISO/IEC-17025:2005认可。实验室没有分包商或者学生兼职参与测试。全部的测试都是使用BETA实验室内的4台NEC加速器质谱仪和4台Thermo同位素比值质谱仪（IRMS）完成。"常规放射性碳年龄"是通过利比半衰期（5568年）计算，经过总分馏效应校正得到，并用于公历年龄校正。此年龄精度为10年，单位为BP(before present)，"present"=AD 1950. 当结果大于现代参考标准时即被报告为现代碳含量百分比（percent modern carbon, pMC）。这个现代参考标准是NIST SRM-4990C（草酸）中14含量的95%。使用误差为1个sigma标准差。当统计出来的标准差（sigma）低于±30年，那么我们会较保守地采用±30BP作为标准差值。报告中的d ¹³C数据代表样品本身（不是AMS d ¹³C）。d ¹³C和d ¹⁵N值的参考标准为VPDB-1。公历年校正参考引用信息请见校正图表页的底部。

Beta Analytic
RADIOCARBON DATING
Consistent accuracy delivered on time

DR. M.A. TAMERS and MR. D.G. HOOD
4985 S.W. 74th Court
Miami, Florida, USA 33155
PH: 305-667-5167 FAX: 305-663-0964
beta@radiocarbon.com

放射性碳测年报告

报告日期：2017.9.18

收样日期：2017.8.23

样品信息和测试数据	样品编号	常规放射性碳年龄（BP）或现代碳含量百分比（pMC）和稳定同位素 公历年校正结果：95.4%概率 高概率密度范围校正法（HPD）

Beta - 472194   C9a ①   810 ± 30 BP   IRMS δ¹³C: -25.6 o/oo

(95.4%)　1169 - 1270 cal AD　　(781 - 680 cal BP)

测试的样品类别： 植物物质
预处理： (植物物质) 酸/碱/酸

测试服务： AMS-Standard测试服务
现代碳含量百分比： 90.41 ± 0.34 pMC
现代碳分数： 0.9041 ± 0.0034
$D^{14}C$: -95.92 ± 3.38 o/oo
$\Delta^{14}C$: -103.22 ± 3.38 o/oo(1950:2017)
测得放射性碳年龄： (没有经过d¹³C校正)：820 ± 30 BP
校正： BetaCal3.21: HPD method: INTCAL13

测试结果均获得 ISO/IEC-17025:2005认可。实验室没有分包商或者学生兼职参与测试。全部的测试都是使用BETA实验室内的4台NEC加速器质谱仪和4台Thermo同位素比值质谱仪（IRMS）完成。"常规放射性碳年龄"是通过利比半衰期（5568年）计算，经过总分馏效应校正得到，并用于公历年龄校正。此年龄精度为10年，单位为BP(before present)，"present"=AD 1950.如结果大于现代参考标准时即被报告为现代碳含量百分比（percent modern carbon, pMC）。这个现代参考标准是NIST SRM-4990C（草酸）中14含量的95%。使用误差为1个sigma标准差。当统计出来的标准差（sigma）低于±30年，那么我们会较保守地采用±30BP作为标准差值。报告中的d¹³C数据代表样品本身（不是AMS d¹³C）。d¹³C和d¹⁵N值的参考标准为VPDB-1.公历年校正参考引用信息请见校正图表页的底部。

Beta Analytic
RADIOCARBON DATING
Consistent accuracy delivered on time

DR. M.A. TAMERS and MR. D.G. HOOD
4985 S.W. 74th Court
Miami, Florida, USA 33155
PH: 305-667-5167 FAX: 305-663-0964
beta@radiocarbon.com

放射性碳测年报告

报告日期：2017.9.18

收样日期：2017.8.23

样品信息和测试数据	样品编号	常规放射性碳年龄（BP）或现代碳含量百分比（pMC）和稳定同位素 公历年校正结果：95.4%概率 高概率密度范围校正法（HPD）

Beta - 472195 　　　　T0501④C:904 　　　1000 ± 30 BP 　　　IRMS δ13C: -18.0 o/oo

IRMS δ15N: +13.4 o/oo

(71.0%)	983 - 1051 cal AD	(967 - 899 cal BP)
(19.2%)	1082 - 1128 cal AD	(868 - 822 cal BP)
(5.2%)	1135 - 1152 cal AD	(815 - 798 cal BP)

测试的样品类别： 骨胶原
预处理： （骨胶原）骨胶原提取 碱处理

测试服务： AMS-Standard测试服务
现代碳含量百分比： 88.29 ± 0.33 pMC
现代碳分数： 0.8829 ± 0.0033
D14C： -117.05 ± 3.30 o/oo
Δ14C： -124.18 ± 3.30 o/oo(1950:2017)
测得放射性碳年龄： （没有经过d13C校正）：890 ± 30 BP
校正： BetaCal3.21: HPD method: INTCAL13
碳/石墨： CN：3.2 %C：41.98 %N：15.35

测试结果均获得ISO/IEC-17025:2005认可。实验室没有分包商或者学生兼职参与测试。全部的测试都是使用BETA实验室内的4台NEC加速器质谱仪和4台Thermo同位素比值质谱仪（IRMS）完成。"常规放射性碳年龄"是通过利比半衰期（5568年）计算，经过总分馏效应校正得到，并用于公历年龄校正。此年龄精度为10年，单位为BP(before present)，"present"=AD 1950.如结果大于现代参考标准时即被报告为现代碳含量百分比（percent modern carbon, pMC）。这个现代参考标准是NIST SRM-4990C（草酸）中14含量的95%。使用误差为1个sigma标准差。当统计出来的标准差(sigma)低于±30年，那么我们会较保守地采用±30BP作为标准差值。报告中的d13C数据代表样品本身（不是AMS d13C）。d13C和d15N值的参考标准为VPDB-1。公历年校正参考引用信息请见校正图表页的底部。

DR. M.A. TAMERS and MR. D.G. HOOD
4985 S.W. 74th Court
Miami, Florida, USA 33155
PH: 305-667-5167 FAX: 305-663-0964
beta@radiocarbon.com

放射性碳测年报告

报告日期：2017.9.18

收样日期：2017.8.23

样品信息和测试数据	样品编号	常规放射性碳年龄（BP）或现代碳含量百分比（pMC）和稳定同位素 公历年校正结果：95.4%概率 高概率密度范围校正法（HPD）

Beta - 472196	T0501④ C:364	940 ± 30 BP	IRMS δ¹³C: -18.5 o/oo
			IRMS δ¹⁵N: +13.3 o/oo

(95.4%)   1025 - 1160 cal AD   (925 - 790 cal BP)

测试的样品类别： 骨胶原
预处理： (骨胶原) 骨胶原提取 碱处理

测试服务： AMS-Standard测试服务
现代碳含量百分比： 88.96 ± 0.33 pMC
现代碳分数： 0.8896 ± 0.0033
D¹⁴C: -110.43 ± 3.32 o/oo
Δ¹⁴C: -117.61 ± 3.32 o/oo(1950:2017)
测得放射性碳年龄： （没有经过d¹³C校正）：830 ±30 BP
校正： BetaCal3.21: HPD method: INTCAL13
碳/石墨： CN : 3.2 %C: 41.84 %N: 15.28

BetaCal 3.21

放射性碳年龄的公历年校正

（高概率密度范围法（HPD）：INTCAL13）

（变量：$d^{13}C = -25.5\ o/oo$）

实验室编号   Beta-472192

常规放射性碳年龄   840±30 BP

95.4%概率

(95%)	1154-1264calAD	(796-686calBP)
(0.4%)	1059-1062calAD	(891-888calBP)

68.2% 概率

(63.5%)	1166-1224calAD	(784-726calBP)
(4.7%)	1235-1241calAD	(715-709calBP)

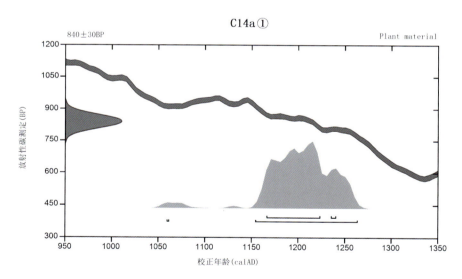

C14a①

使用数据库 / 计算方法
INTCAL13 / OxCal

参考文献
概率法参考文献
Bronk Ramsey, C. (2009). Bayesian analysis of radiocarbon dates. *Radiocarbon*, 51(1), 337-360.
参考数据库 INTCAL13
Reimer, *et.al.*, 2013, *Radiocarbon*, 55(4).

Beta Analytic Radiocarbon Dating Laboratory
4985 S.W. 74th Court, Miami, Florida 33155 • Tel: (305)667-5167 • Fax: (305)663-0964 • Email: beta@radiocarbon.com

BetaCal 3.21

放射性碳年龄的公历年校正

(高概率密度范围法（HPD）: INTCAL13)

（变量:d ^{13}C = -27.8 o/oo）

实验室编号　　Beta-472193

常规放射性碳年龄　　850±30 BP

95.4%概率

(90.2%)	1152-1260calAD	(798-690calBP)
(5.2%)	1052-1080calAD	(898-870calBP)

68.2% 概率

(68.2%)	1163-1220calAD	(787-730calBP)

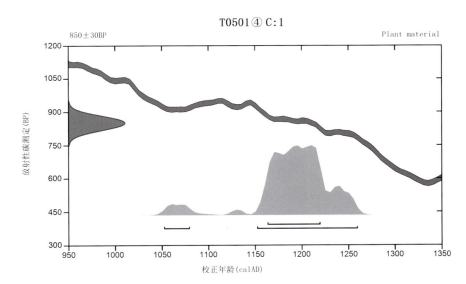

T0501④ C:1

使用数据库 / 计算方法
INTCAL13 / OxCal

参考文献
概率法参考文献
Bronk Ramsey, C. (2009). Bayesian analysis of radiocarbon dates. *Radiocarbon*, 51(1), 337-360.
参考数据库 INTCAL13
Reimer, *et.al.*, 2013, *Radiocarbon*, 55(4).

Beta Analytic Radiocarbon Dating Laboratory

4985 S.W. 74th Court, Miami, Florida 33155 • Tel: (305)667-5167 • Fax: (305)663-0964 • Email: beta@radiocarbon.com

BetaCal 3.21

放射性碳年龄的公历年校正

（高概率密度范围法（HPD）：INTCAL13）

（变量：d¹³C = -25.6 o/oo）

实验室编号　　Beta-472194

常规放射性碳年龄　　810±30 BP

95.4%概率

(95.4%)　1169-1270calAD　　　　(781-680calBP)

68.2% 概率

(68.2%)　1215-1260calAD　　　　(735-690calBP)

C9a①

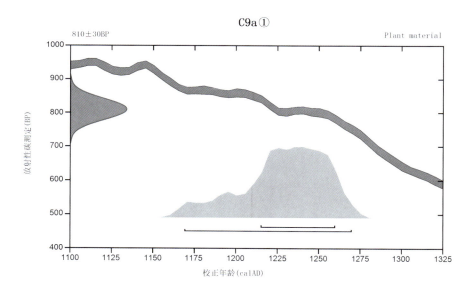

使用数据库 / 计算方法
　　INTCAL13 / OxCal

参考文献
　　概率法参考文献
　　　　Bronk Ramsey, C. (2009). Bayesian analysis of radiocarbon dates. *Radiocarbon*, 51(1), 337-360.
　　参考数据库 INTCAL13
　　　　Reimer, *et.al.*, 2013, *Radiocarbon*, 55(4).

Beta Analytic Radiocarbon Dating Laboratory

4985 S.W. 74th Court, Miami, Florida 33155 • Tel: (305)667-5167 • Fax: (305)663-0964 • Email: beta@radiocarbon.com

BetaCal 3.21

放射性碳年龄的公历年校正

（高概率密度范围法（HPD）：INTCAL13）

（变量：d¹³C = -18.0 o/oo）

实验室编号   Beta-472195

常规放射性碳年龄   1000±30 BP

95.4%概率

(71%)	983-1051calAD	(967-899calBP)
(19.2%)	1082-1128calAD	(868-822calBP)
(5.2%)	1135-1152calAD	(815-798calBP)

68.2% 概率

(63.9%)	992-1040calAD	(958-910calBP)
(4.3%)	1110-1116calAD	(840-834calBP)

T0501④ C:904

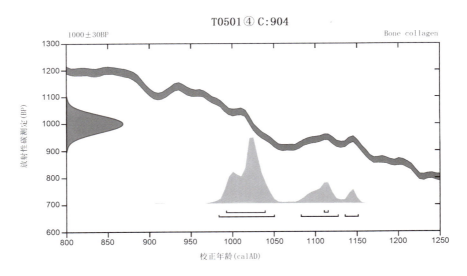

使用数据库 / 计算方法
INTCAL13 / OxCal

参考文献
概率法参考文献
Bronk Ramsey, C. (2009). Bayesian analysis of radiocarbon dates. *Radiocarbon*, 51(1), 337-360.
参考数据库 INTCAL13
Reimer, *et.al.*, 2013, *Radiocarbon*, 55(4).

Beta Analytic Radiocarbon Dating Laboratory
4985 S.W. 74th Court, Miami, Florida 33155 • Tel: (305)667-5167 • Fax: (305)663-0964 • Email:
beta@radiocarbon.com

BetaCal 3.21

放射性碳年龄的公历年校正

（高概率密度范围法（HPD）：INTCAL13）

（变量：d¹³C = -18.5 o/oo）

实验室编号	Beta-472196
常规放射性碳年龄	940±30 BP

95.4%概率

（95.4%）　1025-1160calAD　　　　　　（925-790calBP）

68.2% 概率

（55.7%）　1081-1151calAD　　　　　　（869-799calBP）
（12.5%）　1035-1051calAD　　　　　　（915-899calBP）

T0501④ C:364

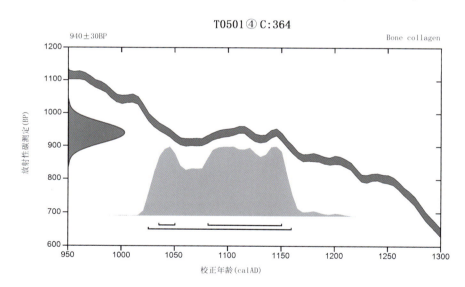

使用数据库 / 计算方法
　　INTCAL13 / OxCal

参考文献
概率法参考文献
　　Bronk Ramsey, C. (2009). Bayesian analysis of radiocarbon dates. *Radiocarbon*, 51(1), 337-360.
参考数据库 INTCAL13
　　Reimer, *et.al.*, 2013, *Radiocarbon*, 55(4).

Beta Analytic Radiocarbon Dating Laboratory
4985 S.W. 74th Court, Miami, Florida 33155 • Tel: (305)667-5167 • Fax: (305)663-0964 • Email: beta@radiocarbon.com

附录五 第五章陶瓷器标本索引

后　记

　　"南海 I 号"的发现、发掘工作前后历经近三十年，先后经历过意外发现、水下搜寻、水下调查、整体打捞等不同工作，也是我国水下文化遗产发展的一个缩影。船体结构基本保存于海泥之下，作为一个相对独立而又结构完整的水下遗存，在相关的船体文物、社会关系、生态环境诸多方面进行考古学观察，其蕴藏的信息总量极为庞杂，对于开展我国古代造船技术、海外航运、对外文化交流研究有着极为重要的意义。长期以来广袤无垠的大海和高耸险峻的崇山一样，是阻碍人类交流的难以逾越的屏障，将生活在不同地域的人们相互隔离开来。随着人类文明的不断进步，渐渐掌握了航海的技能，大海又随之成为相互往来的通衢大道。穿梭航行于瀚海上的船舶促进了不同种族文化间的交流融合。中国的南海是连接中国大陆与外部世界的重要通道。中西交流中的海道大致在 10~13 世纪的宋代趋于极盛，南海海域在海上丝绸之路的历史中，是一个充满活力而且无法取代的地区。南海海上丝路的空间结构大致以海上交通线路出发地和目的地的生产、运输、市场串联成相互连接的整体。宋元以来，方志文献关于南海海上交通的记述汗牛充栋，沿海、内陆地区与外销市场两端的考古工作和相关发现亦多有进展，唯海上线路本身的直接发现却相对稀少，特别是在我国海域内仅"南海 I 号""华光礁沉船"等寥寥数处，与当时繁荣兴旺的南海海上丝路不相匹配。南海海域是联系东西方的桥梁和窗口。从汉魏六朝的佛教东传、唐宋时期的海外贸易、明清时期的"七下西洋""洋务运动""西学东渐"以至于当今的"一带一路"，无不与之相关。每一艘发现的古代沉船都是满含信息的绝佳标本、穿越时空被封存的"时间胶囊"，也是先民付出重大牺牲的见证。诚如梁启超所言："海也者，能发人进取之雄心者也。……彼航海者，其所求固自利也，然求之之始，却不可不先置利害于度外，以性命财产为孤注，冒万险于一掷也。"其珍贵如斯，我们持敬畏之心以待之！

　　"南海 I 号"于 2007 年通过整体打捞的方式异地发掘，使得该项目既不同于水下考古作业，也有异于传统的陆地考古，所有的发掘工作在沉箱内进行，需要根据现场进程随时调整发掘方式，高效提取最全面准确的船载信息。美国作家盖瑞·金德在描述一艘名为"中美洲"的沉船打捞作品中以"海难是上帝写了一半的剧本，句号得由那些沉船打捞者来完成"作为结尾。对于所有参加过"南海 I 号"工作的考古工作者来说又何尝不是如此！"南海 I 号"全面保护发掘工作于 2013 年 11 月 28 日正式启动，考古发掘工作在 2014 年全面铺开。出于第一次对如此体量的水下沉船进行全面考古发掘工作的慎重与外部因素变化等原因，考古工作可谓一波三折，即使到目前为止（2016 年 5 月）也仅是完成了部分发掘工作。

　　"南海 I 号"的整体打捞和保护工作，在有效保护水下文化遗产、深化相关科研工作的同时，也是"边发掘、边保护、边展示"的水下文化遗产保护模式的尝试。"南海I号"整个工作周期过于漫长，我们希望能够将考古工作成果尽快公之于众，能够对研究宋史、航海史、贸易史等各领域的专家学者能有所帮助，做到材料的公开，使社会公众也可以分享文化遗产保护工作的成果。

由此对于报告的编写工作也带来了一些困扰，特别是沉船本体是最为重要的文物，作为单体最大的文物尚未揭露，相关的详细数据与完整资料只能留待下一期报告出版。由于考古工作尚未完成，许多结论性问题还有待于今后随着工作完成才能更加清晰明确，我们尽量不做结论性判断，以免误判或误导。此次是以年度报告的形式编纂，目的就是按照翔实、可靠的原则尽早刊布。其次，在以往的所有考古工作当中，现场发掘与保护是相辅相成的，尤其是不仅要针对船货，作为最大的单体文物的船体本身更为复杂，亦是极为棘手的问题，所有这方面的工作会另行单独编辑出版。再次，在报告的体例当中，因为船货数量巨大，如果在一章中体现过于庞大，不便查找使用，所以我们按照不同材质单独成章处理。此外，我们认为沉船的海底埋藏环境与沉船本体关系密切，在最后增加了海洋生物的章节，希望对水下考古特别是海洋沉船考古工作中，海洋背景的诸多因素对于沉船形成过程、船体与货物的侵蚀所造成的影响等研究有所裨益。

商船战舰　东西辉映

19 世纪中叶开始，人类已从地下寻找自己的以往历史。

20 世纪 40 年代法国海军在世界大战中发明水肺，人类又能从水下寻找自己的一部分历史，科学的水下考古学也发展起来了。至今，英国在朴茨茅斯海港建设的玛丽·露丝沉船保存和展出场地，是耗资最巨大的水下考古博物馆，玛丽·露丝号沉船是一艘战舰，16 世纪时在英吉利海峡沉没。

我国于广东省台山县海域打捞出一艘南宋沉船，今在阳江市建设巨大的保存和陈列馆舍。台山南宋沉船的年代比玛丽·露丝号更早。两艘木船，一为商船，一为战舰，一在东亚，一在西欧，正好东西辉映，是水下考古发展起来后所有成果中极为明亮的两颗珍珠！

2003 年 11 月 10 日凌晨喜闻阳江建设水下考古博物馆深为欣慰，特书此数言，以作纪念。

俞伟超

于广东省人民医院保健楼综合内科 601 病房

这是"南海I号"第一任考古队长俞伟超先生去世前一个月写下的话，先生弃世十年之后"南海I号"在整体打捞成功后开始了全面考古发掘工作，冥冥之中岂非自有定数？俞伟超等诸位先生不仅筚路蓝缕地开创了水下考古的事业，在具体实践中更是亲自出海参加调查乃至发掘。前辈风范，高山仰止，我们只有在水下文化遗产的保护与研究中不断求索才能不负所望。

"南海I号"沉船考古发掘工作历经了发现、水下调查、水下发掘、整体打捞、异地发掘等不同阶段，前后跨越了近三十年，从某种意义上讲也是我国水下工作的起点并伴随贯穿了水下文化遗产保护事业发展。"南海I号"的发掘与保护工作进展至今日，成绩斐然；面对着发掘保护现场，面对着诸多图、文、表格，南海I号的重新面世的经历，深感我国文化遗产保护事业的飞速发展。在这一过程中，所有参与该发掘项目的保护组、测绘组、打捞组等成员都本着对历史负责的态度，付出了无数心血。此外，日本学者田边昭三先生、香港陈来发先生为"南海I号"的发现提供了巨大的帮助；原中国历史博物馆考古部水下考古研究室、广东省文物考古研究所等单位亦都先后负责、参与了前期工作，所做贡献良多，并奠定了良好的基础；在国家文物局、广东省文化厅、广东省文物局的鼎力支持下，国家文物局水下文化遗产保护中心、中国文化遗产研究院、广东省文物考古研究所、广东省博物馆、广东海上丝绸之路博物馆、交通部广州打捞局的同仁们，还有业内的诸位专家学者，自始与我们一道前行，个中艰辛自不必多言，感激之情油然而起。值此之时，寥寥几句，谨以为记，并表谢忱！

报告编写得到了栗建安、徐润林、席龙飞、蔡薇、顿贺、龚昌奇、曹劲、崔勇、黄铁坚、叶子琳诸位同志及李权同学的大力帮助，谨致深深的谢意。由于报告编纂的时间比较仓促，学术水平有限，疏漏谬误之处尚乞方家谅解，并敬请斧正为盼！

孙键
2017 年 5 月于海上丝绸之路博物馆

本阶段考古发掘组成人员：

发掘单位：国家文物局水下文化遗产保护中心　　广东省文物考古研究所

　　　　　中国文化遗产研究院　广东省博物馆　广东海上丝绸之路博物馆

领　队：孙　键　刘成基　魏　峻

参加发掘人员：孙　键　刘成基　魏　峻　王元林　丁见祥　杨　睿

　　　　　　　聂　政　赵哲昊　肖达顺　胡思源　黎飞艳　刘志远

　　　　　　　郭雁冰　余万勤　王志杰　叶道阳　赵　峰　陈士松

　　　　　　　陈浩天　林唐欧　徐安民　龚海洋　张辉煌

本报告参与编写人员：

主　编　孙　键　刘成基

执　笔

第一章　孙　键　余万勤

第二章　王元林　肖达顺　赵哲昊

第三章　王元林　林唐欧　龙志坤

第四章　王元林　肖达顺　陈士松

第五章　第一节　聂　政　叶道阳　　第二节　赵　峰　　第三节　胡思源　田国敏

　　　　第四节　肖达顺　陈浩天　　第五节　陈士松　　第六节　赵　峰　陈士松

　　　　第七节　陈浩天　陈士松

第六章　叶道阳

第七章　杨　睿　胡思源　王元林

第八章　王元林　王志杰　陈浩天

第九章　李　权　徐润林　孙　键

后　记　孙　键

绘　图　林唐欧　余　越　刘慧茹

照　相　黎飞艳　王元林　胡思源

Archaeological Report on Nanhai Ⅰ Shipwreck Series Ⅱ: Excavation of 2014-2015

(Abstract)

Coincidentally discovered in August 1987 in the neighboring water of Taishan and Yangjiang county of Guangdong Province of China, ancient shipwreck the"Nanhai I" was found by a British marine survey company while searching and salvaging an 18th century shipwreck, 247 pieces of objects including pottery and porcelain, copperware, tinware, gilded objects, ironware and others were calm shelled at the same time. Chinese staff on board helped preliminarily assessing objects, and concluded that these objects belonged to another ancient shipwreck. The salvage was called off shortly afterwards. With professional assistance from Japanese experts, in 1989, Chinese archaeologists launched a targeted investigation; through which recovered objects could be compared and matched with findings in 1987, and the shipwreck was finally located. Subsequent work did not immediately follow up since Chinese underwater archaeology was still in its start up phase, lacked sufficient professional competence and technology.

In April 2001, a specialized underwater archaeological team has been authorized and summoned by the State Administration of Cultural Heritage (SACH) to carry out survey and excavation work on the "Nanhai I" shipwreck. For the first time, underwater archaeologists were able to precisely locate the wreck and manually recover sample objects through positioning technologies like side-scanner, sub-bottom profiler and differential GPS. Same year in October, the team re-investigated the wreck site, recovered again large amount of porcelain sherds. Acquired location coordinates of the "Nanhai I"shipwreck was: geodetic coordinate (Beijing 1954) X=2380241、Y=641902, which equals to latitude and longitude: 21°30'38"123N、112°22'09"187E. This set of coordinates was the precise position of the largest congelation on the wreck. The location of the wreck site was again precisely calibrated. As requested by SACH, a series of surveys and trial excavations were launched after 2002, aiming at getting to know the scale of the site, its current state of composition and preservation, so as to facilitate the compilation of a future plan for excavation, salvage and conservation. Underwater dredging, survey, recording, photographing, sample collecting and trial excavation were conducted, valuable first hand material and sample objects collected with help from underwater engineering team and professional technical divers. A total number of over 4500 pieces of complete or restorable objects re-breathed fresh air in 2002, these include dominant amount of porcelain and various other kinds of objects such as gold ware, silver ware, tinware, ironware, copper coins, lacquerware, animal bones and plant fruits.

Guided by the principle of "emphasizing rescue& prioritizing conservation", a carefully deliberated excavation plan which aims at recovering the entire wrecksite then protecting elsewhere has been finalized and was submitted to SACH for professional evaluation in 2005. In 2006, the plan passed evaluation. The salvaging of the "Nanhai I" was formally launched in April 2007 and the wreck was surfaced in December 22nd, 2007. On 28th of December, the wreck was transported to the "crystal palace" museum which was intentionally designed and built for this shipwreck, the salvaging process has been completed.

The current comprehensive excavation has been fully launched in November 28th, 2013. This new excavation approach was different from both underwater archaeology and field archaeology work. Every step had to be carried out inside the savaging container, and needed to be adjusted accordingly to achieve maximum effectiveness and efficiency. The work flow of the excavation is: firstly clear away the cargoes to lighten the burden from the inside, then deal with the ship hull after strengthening the ribbon sides of the ship. This is to avoid the dangling arc-shaped hull to be broken down due to rotten condition, At the same time, in order to guarantee the excavations of each hold of the ship proceeded spontaneously to retain their close relationship; the team has had the progress of the excavation of all areas controlled at the same level. In the premise of managing the excavation layout and comprehending the inter-relationship of different ship parts, the excavation of the outside of the lower hull part will be gradually advanced after comprehensive assessment and adequate support and reinforcement, and eventually the hull will be entirely separated from the container. The seawater outside the container in the "crystal palace" has always been manually controlled to guarantee regular circulation; an appropriate altitude difference has been maintained between the excavation surface inside the container and the seawater surface outside. A gradual fall of the water surface is beneficial in keeping the site's environment from great variation, thus helping minimizing damage of objects, and keeping environmental temperature and humidity at an appropriate level. On site object preservation has also been considered an important part of this archaeological work. It has been a challenging mission to protect both the hull and the objects of the "Nanhai I" shipwreck, especially when the working terms are of great lengthy. The conservation of the wooden hull is the nucleus and conundrum of the excavation. Its (and the objects') smooth implementation owes to the careful tasks division in respect to subjects' material, and the collective effort from the Chinese Academy of Cultural Heritage (CACH), the Guangdong Museum and the Maritime Silk Road Museum of Guangdong.

The salvaging and conservation of the "Nanhai I" shipwreck has effectively protected Underwater Cultural Heritage, facilitated research in relative areas and as well trial-rana new heritage management approach which synchronizes excavation, conservation and interpretation. Despite the lengthy excavation, the team hopes that useful information of the shipwreck can be presented to the public at the earliest possible time to contribute to research in various areas such as the history of the Song dynasty, the navigation history and the trade history and so on. Experiences and achievements of UCH conservation can also be shared with the public. However,being all-around extended the working period, the largest object—the ship hull has not yet been entirely uncovered, and we will have to wait until our next reporth as been published to see more detailed data and completed information. For now we intentionally avoided a verdict to avoid misjudgment and misleading since the excavation is not yet finished, more questions are to be answered when future work continues. This report is an annual report that promptly publishes reliable detailed information. Excavation and preservation supplements one another in all past archaeological works, when it comes to the preservation of both cargo and ship, the situation gets extremely complicated, and therefore we will compile another publication to cover all contents on the hull of the ship and the remaining unexcavated parts.At the same time, it would be too cumbersome if we fit everything about the cargo into one chapter, so we categorized them by material and put into different chapters. It is also easier to look up. Besides, we specially added one chapter on marine organism at the end, because we believe that the burial environment of the shipwreck is closely related to its state of preservation. We are hoping that this can help us understand how marine environment works to influence the formation process of the wreck site and the erosion of the hull and the cargo that we often have to deal with in the process of underwater archaeology, especially marine shipwreck archaeology.

From underwater survey, to underwater excavation, then to salvaging and re-located in-situ excavation, "Nanhai I" shipwreck has gone through 20 years of progress, and in some sense, its progress went all the way along the gradual development of the Chinese Underwater Archaeology undertaking. With a respectful attitude towards history, all participants including the preservation team, the survey & mapping team and the salvaging team has dedicated themselves and paid great efforts to this progress. In addition,Japanese scholar Mr.ShouzouTanabe and Mr.ChanLoifat from Hong Kong offered great help to the discovery of the shipwreck. The underwater archaeology unit of the former National History Museum of China, the Guangdong Provincial Institute of Cultural Relics and Archaeology and many other institutions were involved in the preliminary stage and contributed to the formation of a solid work foundation.With full support from SACH, the Guangdong Provincial Department of Culture and the Guangdong Provincial Administration of Cultural Heritage, the National Centre of Underwater Cultural Heritage, CACH, the Guangdong Provincial Institute of Cultural Relics and Archaeology, the Guangdong Museum and the Maritime Silk Road Museum of Guangdong have accompanied us throughout the entire process. We would like to pay tribute to all of them.

This report is compiled in a relatively short period of time, we welcome comments and criticisms from all our readers, your corrections will be mutually beneficial.